UNIVERSITÉ DE DIJON — FACULTÉ DE DROIT

LES ORIGINES DE L'HYPOTHÈQUE EN BOURGOGNE

ET

CHARTES DE L'ABBAYE DE SAINT-ÉTIENNE

des VIIIe, IXe, Xe et XIe siècles

THÈSE POUR LE DOCTORAT

(SCIENCES JURIDIQUES)

Soutenue devant la Faculté de droit de l'Université de Dijon

Le jeudi 11 juillet 1907, à une heure et demie du soir

PAR

Joseph COURTOIS

AVOCAT A LA COUR D'APPEL DE DIJON

Président : M. CHAMPEAUX, *Professeur.*

Suffragants : M. LOUIS-LUCAS, *Professeur.* M. ROUX, *Professeur.*

DIJON

IMPRIMERIE JOBARD

Place Darcy, 9

1907

BIBLIOGRAPHIE

Ancien cartulaire de l'abbaye de Citeaux, Archives départementales de la Côte-d'Or, série H. 188, registre manuscrit.

ARBAUMONT (J. d'), *Cartulaire du prieuré de l'abbaye de Saint-Etienne de Vignory*, avec introduction, appendice et des tables, Langres, Dangien, 1897.

BANNELIER, *Traités sur diverses matières de Droit françois, à l'usage du duché de Bourgogne*, par Gabriel Davot, avec des notes de feu Jean Banneller, 1788.

BASNAGE, *Traité des hypothèques, divisé en deux parties, nouvelle édition, revue et augmentée de plusieurs arrêts et règlemens de la Cour, d'édits et déclarations concernant la manière de conserver les hypothèques sur les offices*, Rouen, Eustache Herault et Pierre le Boucher, 1702.

BÉGAT (Jean), *La coutume du duché de Bourgogne, enrichie des remarques de Mes Philipes de Villers, Jean de Pringles et Jean Guillaume, anciens avocats au Parlement de Dijon, suivies d'arrêts recueillis par Me Jean Begat, président au même Parlement*, Dijon, Antoine de Fay, 1717.

BERNARD (Aug.), *Recueil de chartes de l'abbaye de Cluny*, publié par Alexandre Bruel, 7 vol., 1876-1904.

BOUGAUD et GARNIER, *Chronique de Saint-Bénigne* (dans *Analecta divionensia*, t. IX, Dijon, Darantière, 1875).

Bouhier, *Les coustumes du duché de Bourgogne avec les anciennes coutumes tant générales que locales de la même province, et les observations de M. Bouhier, président au Parlement de Bourgogne*, Dijon, Augé, 1742-1746, 2 vol.

Bouvot, *Nouveau recueil des arrets de Bourgongne où sont contenues diverses notables questions de droict, tant coustumier que romain, controversées entre les docteurs, proposées à Me I. Bouvot, advocat au Parlement de Bourgongne : décidées par iugements et arrets de la Cour souveraine du Parlement de Dijon distingué en III parties, et icelles ordonnées selon les matières et ordre alphabetic, avec un commentaire du mesme autheur sur le titre de la coustume de Bourgongne des droicts appartenant à gens mariez*, Genève, Pierre et Jaques Choüet, 1623.

Brissaud, *Manuel d'histoire du droit français*, Paris, Fontemoing, 1898-1904.

Cartulaire de l'abbaye de Saint-Etienne, Archives départementales de la Côte-d'Or, G. 132, registre manuscrit. — G. 134, registre manuscrit. — G. 356, liasse.

Champeaux (E.), *Grande encyclopédie*, vo Privilèges. — *Ordonnance des ducs de Bourgogne* (en préparation). — *Le coutumier bourguignon de Montpellier : Nouvelle revue historique de droit*, année 1906.

Charmasse (A. de), *Cartulaire de l'évêché d'Autun, connu sous le nom de Cartulaire rouge, publié d'après un manuscrit du treizième siècle*, Paris, Durand et Pédone Lauriel ; Autun, Dejussieux, 1880. — *Cartulaire de l'église d'Autun, publié en trois parties*, première et deuxième parties, Paris, Durand ; Autun, Dejussieu, 1865 ; troisième partie, Paris, Pédone ; Autun, Dejussieu, 1900.

Chasseneuz, *Consuetudines ducatus Burgundiæ fereque totius Galliæ, Commentariis D. Bartholomæi a Chassenæo ut amplissimis illustratæ, summaque diligentia et labore recognitæ*, Lugduni, apud Antonium Vincentium, 1552.

Darlan, *Projet de réforme hypothécaire déposé au Sénat le 27 octobre 1896, Journ. off.*, 1897, Doc. parl., Sénat, p. 332.

Esmein (A.), *Etude sur les contrats dans le très ancien droit français*, Paris, Larose et Forcel, 1883.

Fyot, *Histoire de l'église abbatiale et collégiale de Saint-Etienne de Dijon*, Dijon, Jean Ressayre, 1696.

Garnier et Bougaud, *Chronique de Saint-Pierre de Bèze : « Analecta divionensia »*, t. IX, Dijon, Darantière, 1875.

Gauthier, *Les Lombards dans les Deux Bourgognes*, Paris, Honoré Champion, 1907.

Giraud, *Coustumes et stiles observez au duché de Bourgogne avant la réformation des dites coustumes*, publié dans la *Revue de législation*, 1843, t. II.

Giry, *Manuel de diplomatique*, Paris, Hachette, 1891.

Glasson, *Histoire du droit et des institutions de la France*, Paris, Pichon, 8 vol. parus, 1887-1903.

Guillemard (Maurice), *L'enquête civile en Bourgogne, spécialement à l'époque des derniers ducs*, Dijon, Jobard, 1906.

Jobbé-Duval, *Etude historique sur la revendication des meubles en droit français*, Paris, Larose, 1880.

Marnier (A.-J.), *Ancien coutumier de Bourgogne*, dans la *Revue historique de droit français et étranger*, 1857, t. III, p. 525 et suiv.

Moissenet (F.), *Etude sur le droit de suite en matière de privilèges mobiliers*, Dijon, Venot, 1901.

Peltier (F.), *Du gage immobilier dans le très ancien droit français*, Paris, 1893.

Perrier, *Arrests notables du Parlement de Dijon recueillis par M. François Perrier, substitut de M. le Procureur général, avec des observations sur chaque question par Guillaume Raviot, écuyer, avocat au Parlement et conseil des Etats de Bourgogne*, 2 vol., Dijon, Arnauld-Jean-Baptiste Augé, 1735.

Petit, *Histoire des ducs de Bourgogne de la race capétienne, avec des documents inédits et des pièces justificatives*, Dijon, Darantière, 9 vol., 1885-1905.

Planiol, *Traité élémentaire de droit civil*, 2e édit., Paris, Pichon, 1904.

Pothier, *Traités sur différentes matières de droit civil appliquées à l'usage du barreau et de jurisprudence française*, 2e édit., 7 vol., Paris, Debure ; Orléans, Rouzeau-Montaut, 1781.

Pothier, *Traité des hypothèques* (annoté par Bugnet), œuvres de Pothier, 10 vol. et la Table, Paris, 1861.

RIDARD, *Essai sur le douaire en Bourgogne*, Dijon, Jobard, 1906.

SCHRŒDER, *Lehrbuch der deutschen Rechtsgeschichte*, Leipzig, 1889.

SMITH (Valentin), *La loi Gombette. Reproduction intégrale de tous les manuscrits connus*, traduction de Gaupp et Bluhme, Paris, Picard, 1889-1890.

TAISAND, *Coutume générale des pays et duché de Bourgogne, avec le commentaire de M. Taisand*, Dijon, Jean Ressayre, 1698.

VIOLLET (P.), *Précis de l'histoire du droit français accompagné de notions de droit canonique*, Larose et Forcel, 1886.

INTRODUCTION

Intérêt d'une étude sur les origines de l'hypothèque, tant au point de vue historique qu'au point de vue de la conception théorique de la nature du droit. — Importance des travaux entrepris sur la question. — Les deux théories actuellement dominantes : elle vient du droit romain ; elle a une origine coutumière. — L'hypothèque a une origine coutumière : elle est le point d'aboutissement des efforts faits jusqu'au quinzième siècle pour donner des sûretés au créancier. — Plan de l'ouvrage.

Une étude sur les origines de l'hypothèque, sans avoir le mérite d'une nouveauté absolue, n'est cependant pas dénuée de tout intérêt.

Elle semble, au contraire, appelée à jeter un jour nouveau, en même temps qu'à préciser quelques idées, sur cette importante institution du droit. Et elle nous apparaît comme d'autant plus nécessaire que l'intérêt qui s'en dégage au point de vue historique, ne le cède en rien à son utilité au point de vue de la connaissance exacte et approfondie de notre hypothèque moderne.

C'est d'ailleurs là une double assertion à laquelle il est facile d'apporter une justification.

Au point de vue historique, tout d'abord, l'origine de

l'hypothèque se place à une période de grande transformation juridique et économique.

On commence à sortir peu à peu de cet état primitif où toute circulation de la richesse, depuis la production jusqu'à la consommation, s'effectue dans le cercle fermé et extrêmement restreint de la communauté de famille.

Jusqu'alors les relations commerciales avec le dehors ont été peu étendues et se sont bornées à quelques rares échanges d'armes grossières ou de produits de première nécessité.

Les besoins sont d'ailleurs peu nombreux, car ils ne peuvent trouver que difficilement à se satisfaire, et l'homme, réduit au strict nécessaire, ne sent croître en lui que lentement ces désirs qui, assouvis, ne tarderont pas à devenir des nécessités.

Mais bientôt les individus, obéissant à cet instinct de sociabilité qui est le propre de la nature humaine, et trouvant dans le fait de vivre en société, non seulement une satisfaction naturelle, mais encore et surtout un avantage considérable au point de vue de la production de la richesse et de leur défense contre les déprédations et les rapines auxquelles, dans leur solitude, ils sont livrés sans défense, ne tardent pas à se grouper dans des agglomérations toujours grandissantes.

La civilisation pénètre peu à peu les masses et c'est alors qu'apparaissent de nouveaux besoins.

Le droit, un droit encore rudimentaire, mais qui, jusque-là, avait suffi aux opérations limitées d'une vie étroitement renfermée, ne répond plus aux nécessités de jour en jour plus pressantes qui résultent du nouvel état des choses.

Les institutions juridiques vieillies doivent être complétées et adaptées aux nombreux services qu'elles sont appelées à rendre.

C'est alors que nous assistons à une véritable expansion, à un développement de plus en plus considérable des notions d'un droit resté encore dans l'enfance.

Animées d'une vie nouvelle sous l'influence du droit romain que les juristes et les commentateurs se sont mis à étudier pour y chercher les solides principes juridiques qui l'imprègnent, les vieilles institutions coutumières éclairées et complétées par ces vivifiantes notions se transforment et s'adaptent aux besoins de la pratique nouvelle.

L'hypothèque n'échappe pas à cette loi commune.

Inconnue à l'origine, où son utilité ne saurait exister, elle ne s'est d'abord montrée que sous la forme d'institutions rudimentaires et imparfaites, mais suffisant toutefois aux nécessités limitées d'alors.

Puis elle se développe, se précisant davantage à mesure que les relations juridiques entre les individus deviennent plus complexes, elle se manifeste enfin telle qu'elle existe aujourd'hui.

L'étude de l'origine de l'hypothèque se confond donc avec celle de l'évolution des institutions coutumières d'où elle est sortie, évolution qui a abouti à la création, à la fixation définitive de la notion de notre droit actuel d'hypothèque.

On comprend que l'on soit amené à rencontrer un grand nombre d'institutions anciennes, à l'histoire desquelles son histoire est intimement liée.

C'est ainsi que, parmi tant d'autres, nous pouvons citer la fidéjussion, la garantie, l'engagement avec sa forme la plus récente, l'assignat, le mort gage et le vif gage, l'obligation par espécial et l'obligation générale.

Nous verrons, au cours de cette étude, comment elles se sont mêlées, confondues et transformées, pour donner naissance au droit d'hypothèque tel que nous le connaissons aujourd'hui.

Une pareille étude est donc propre à soulever des questions du plus grand intérêt; or, cet intérêt, indéniable au point de vue historique, n'apparaît pas comme moins grand, si l'on considère les avantages que l'on peut retirer de cette étude, *au point de vue de la conception théorique du droit d'hypothèque.*

Qu'est-ce, en effet, que ce droit?

C'est, disent les auteurs modernes, une sûreté réelle qui, sans déposséder actuellement le propriétaire du bien hypothéqué, permet au créancier de s'en emparer à l'échéance, pour le faire vendre en quelques mains qu'il se trouve et s'en faire payer sur le prix, par préférence aux autres créanciers.

Or, cette définition, parfaitement exacte en elle-même, ne fait pas ressortir cette idée à laquelle, jusqu'ici, on a prêté trop peu d'attention, à savoir que l'hypothèque aboutissant, en définitive, à un droit de préférence sur le prix d'une chose, n'est, après tout, qu'un droit réel sur la valeur commerciale de cette chose (1).

Cette manière d'envisager le droit d'hypothèque résulte nettement de l'étude de son origine.

Car cette étude nous indique clairement que l'histoire de l'hypothèque se résume dans celle des efforts faits par les juristes, pour donner au créancier un droit éventuel sur la valeur des biens du débiteur, valeur qui fut envisagée différemment, selon les époques, et elle permet de voir que si, dès l'abord, on n'est pas arrivé à créer un droit d'hypothèque analogue, par sa nature, à notre droit actuel, c'est que la notion de la valeur des biens a été se modifiant à travers les âges, à mesure que l'on arrivait à une conception plus précise du droit.

La recherche de l'origine de l'hypothèque nous permettra donc de préciser la nature même de ce droit, que nous serons amené à mieux comprendre en connaissant

---

(1) Champeaux, *La grande encyclopédie*, v° privilèges, § 3, ancien droit.

les phases successives de sa transformation, et, à ce point de vue encore, elle nous a paru présenter quelque utilité.

Il est donc facile de se rendre compte qu'une étude qui présente un si grand intérêt, au point de vue historique, puisqu'elle touche à une foule de notions et d'institutions juridiques qui se développent parallèlement à l'hypothèque ou la compénètrent, aussi bien qu'au point de vue de la connaissance approfondie de la nature intime du droit d'hypothèque, puisqu'elle met pleinement en lumière, d'une façon, l'idée fondamentale de ce droit, droit réel sur la valeur d'une chose, apparaisse comme devant attirer au plus haut point notre attention.

Et certes, on peut penser que cet intérêt n'a pas échappé aux auteurs, si l'on considère le nombre toujours grandissant de ceux qui, au moyen de matériaux puisés dans les documents que nous a laissés le moyen âge et des travaux, en cette matière, que nous ont légués les auteurs coutumiers, se sont efforcés de rechercher les origines de l'hypothèque. Aussi, pourrait-on croire qu'il y a quelque chose de vain à recommencer ce qui a déjà été fait tant de fois, et qu'il est bien inutile de se livrer à un travail qui parait devoir être stérile.

Mais si, aujourd'hui encore, nous venons présenter une théorie sur l'origine de l'hypothèque, c'est qu'il nous semble que, malgré les nombreuses et savantes études qui ont été données sur la question, la lumière n'est pas faite d'une façon définitive et qu'il reste encore un grand nombre de points à élucider : l'abondance même des travaux entrepris jusqu'ici vient à l'appui de notre croyance, et si la question eût été définitivement tranchée, nous ne serions pas en présence de constructions juridiques si abondantes et si diverses, qu'une rapide étude va nous révéler.

Les travaux faits pour solutionner la question qui nous

occupe sont, en effet, fort nombreux; nous n'avons pas la prétention d'en faire ici une critique approfondie, ce qui serait hors de propos : nous nous bornerons à dire que, d'une façon très générale, il y a, au sujet de l'origine de l'hypothèque, *deux grandes écoles*, et à indiquer, pour chacune d'elles, les conclusions auxquelles ont abouti les juristes qui peuvent en être regardés comme les chefs.

La première de ces théories prédomine en Allemagne et dans certains milieux en France, elle assigne à l'hypothèque une origine coutumière; l'autre a été soutenue, en France, par M. Esmein, dans son très important ouvrage sur *Les contrats dans le très ancien droit français*, et c'est actuellement la théorie la plus documentée.

Pour M. Esmein, l'origine de l'hypothèque se trouve dans l'*obligatio* du droit romain à laquelle les jurisconsultes du moyen âge ont été l'emprunter.

Au début du moyen âge, le créancier ne peut exercer la saisie que sur les biens meubles du débiteur.

Pour faire vendre ses héritages, il est nécessaire de s'assurer le consentement du débiteur lui-même et ce consentement on l'obtiendra, soit en mettant ce dernier en prison, soit en installant chez lui des garnissaires, ou encore en faisant intervenir le seigneur justicier.

Lorsque les jurisconsultes du moyen âge eurent étudié plus à fond le droit romain, c'est-à-dire vers les douzième et treizième siècles, ils s'aperçurent qu'il existait à Rome une institution appelée l'*obligatio*, en vertu de laquelle tous les biens meubles et immeubles du débiteur se trouvaient engagés au créancier.

Ils imaginèrent alors de joindre à tous les contrats une clause dite « clause d'obligation », par laquelle le débiteur engageait lui et ses hoirs et tous ses biens meubles et immeubles au paiement de la dette.

Ce fut l'*obligation générale*, elle fut très fréquente au moyen âge.

Cette obligation comportait un certain droit de préférence, mais pas de droit de suite.

Mais peu à peu, suivant M. Esmein, on serait passé à l'obligation par espécial qui comportait droit de préférence et droit de suite à l'égard de l'immeuble engagé ; c'est en réalité un véritable droit réel : c'est notre hypothèque actuelle.

L'évolution se continue : la clause obligatoire insérée dans la charte et qui, jusque-là, avait paru nécessaire pour obliger les biens du débiteur, devient clause de style ; on ne tardera pas à la sous-entendre et à admettre que l'acte n'en emportera pas moins hypothèque ; pour être logique, il aurait fallu décider que tout acte authentique ou non emporterait hypothèque; on n'alla pas jusque-là; par suite de l'évolution de la théorie des preuves, du fait que le sceau des gentilshommes a perdu de sa force spéciale, que la signature et l'écriture privée, en dehors du cas de reconnaissance en justice, n'ont plus la même valeur, que la preuve par témoins est prohibée par l'ordonnance de Moulins, il résulta que, seul, un acte notarié pouvait emporter hypothèque (1).

Cette théorie, ainsi exposée avec une précision remarquable par M. Esmein, dans ses études sur *Les contrats dans le très ancien droit français*, a rallié en France la majorité des auteurs. C'est elle que professe M. Viollet (2), dans son histoire du droit français, bien qu'à un certain endroit il avoue lui-même qu'il ne peut s'empêcher d'avoir quelques doutes (3).

M. Glasson (4) s'y rallie aussi, et il est facile, en lisant les explications qu'il donne à ce sujet, de se rendre compte

---

(1) Esmein, *Les contrats dans le très ancien droit français*.
(2) P. Viollet, *Histoire du droit civil français*.
(3) P. 743, note 1.
(4) Glasson, *Histoire du droit et des institutions de la France*.

que M. Brissaud (1), tout en prétendant que l'obligation diffère trop de l'hypothèque romaine pour qu'on puisse voir en elle une résurrection de cette institution oubliée (2), n'en présente pas moins une théorie fortement imprégnée des idées de M. Esmein

Et cependant, nous croyons que l'on peut formuler, à son égard, un certain nombre d'objections.

M. Esmein donne, à notre avis, une part beaucoup trop large au droit romain dans la formation de l'hypothèque. Sans doute, l'hypothèque n'a pas une origine absolument étrangère au droit romain ; sans doute à chaque pas on est frappé de voir les similitudes que présentent l'*obligatio* des coutumes et l'hypothèque romaine, similitude qui n'existe pas seulement dans le nom, mais aussi dans le caractère constitutif; mais de là à admettre que l'idée de cette *obligatio* que l'on rencontre dans les textes a été puisée directement dans le droit romain et apportée créée de toutes pièces dans le droit coutumier, il y a loin.

Cette adaptation d'une institution étrangère à une législation qui, jusqu'ici, n'en aurait présenté aucune trace apparaît peut-être comme un peu singulière.

N'est-il pas plus admissible de penser que l'hypothèque a son origine dans la coutume même, que les institutions coutumières, se transformant, ont évolué suivant les nécessités du moment, et sont venues répondre à de nouveaux besoins et à de nouvelles idées; et si le droit romain a eu quelque influence sur tout cela, il a seulement précisé et fixé certaines notions ; ce n'est pas de lui seul qu'est née l'hypothèque.

Un certain nombre d'auteurs s'est d'ailleurs rallié à cette idée de l'origine coutumière de l'hypothèque.

---

(1) Brissaud, *Manuel d'histoire du droit français.*
(2) P. 1507, n° 7.

Déjà Pothier soutenait cette théorie.

De nos jours elle a été reprise par les juristes allemands, et on peut dire qu'elle tend de plus en plus à être considérée comme étant la plus solidement établie (1).

L'hypothèque, dans ce système, proviendrait surtout du gage urbain ; cet engagement était un engagement de valeur : il laissait le débiteur en possession du bien, et ne donnait au créancier qu'un droit éventuel, pour le cas où il ne serait pas payé ; le débiteur reconnaissait sa dette en justice, et cette *confessio in jure* avait un double effet : elle plaçait le gage sous la main de justice, et donnait au créancier un titre paré dont il pourrait user le cas échéant, sans nouveau jugement.

Cette théorie nous semble exacte en ce qu'elle voit l'origine de l'hypothèque dans l'ancien gage, et dans la *confessio in jure* du débiteur.

Mais elle a le tort, selon nous, de ne pas indiquer, d'une façon précise, l'origine de la nécessité de cette *confessio in jure*, elle constate uniquement un fait, sans en donner l'explication, et nous croyons qu'au moins sur ce point, elle demanderait à être complétée et précisée.

C'est à la suite de ces diverses observations que nous avons été amené à penser que cette construction juridique, à savoir la théorie exacte de l'origine de l'hypothèque, n'était peut-être pas établie jusqu'à présent sur des bases définitives, et c'est pourquoi, nous avons voulu, après bien d'autres, essayer à notre tour de présenter quelques remarques sur cette importante question, de décrire les institutions qui ont concouru à sa formation, de voir la part contributive de chacune d'elles, et de déterminer les effets qu'elles ont produits. Cette étude, nous nous proposons de la faire, non pas en nous servant de

(1) Cette théorie a été notamment exposée par M. Schræder : *Lehrbuch der deutschen Rechtgeschichte.*

textes puisés un peu partout dans les cartulaires ou les coutumes de la France, nous nous bornerons simplement à rechercher les origines de l'hypothèque au moyen de documents bourguignons, et nous espérons ainsi arriver à une théorie présentant une unité plus grande. Le droit au moyen âge ne forme pas, on le sait, un droit unique, mais se développe en quelque sorte parallèlement dans les diverses coutumes de la France, et il y a quelque chose d'anormal à puiser dans chacune de ces coutumes des matériaux disparates qui n'ont entre eux que de lointains rapports et il n'en peut résulter de cet assemblage qu'une construction factice et qui ne correspond pas bien à la réalité des faits.

Nous croyons pouvoir établir que l'hypothèque a une origine coutumière, nous sommes donc ainsi amené à suivre l'évolution des institutions juridiques qui ont concouru à sa formation.

Or, l'hypothèque a pour but de fournir aux créanciers des sûretés, pour garantir les obligations contractées envers eux ; l'histoire de l'hypothèque se confondra donc avec l'histoire des différents moyens imaginés, à l'époque primitive et au moyen âge, pour établir cette garantie.

Nous observerons que cette évolution ne s'est pas faite au hasard, mais bien au contraire, conformément aux besoins et aux idées économiques des diverses époques où se sont développées ces institutions.

L'hypothèque est une garantie fournie au créancier : l'idée de garantie est nécessairement liée intimement à l'idée de la valeur de la chose donnée en gage.

Nous ne serons donc point étonnés de voir les diverses institutions ayant pour but de fournir cette garantie, évoluer à mesure que se transforme l'idée qu'on se fait de la valeur des biens, idée qui elle-même se trouve intimement liée aux transformations économiques qui peu à peu se font jour.

Nous verrons que primitivement cette garantie est surtout fournie au moyen de sûretés personnelles, qui, jusqu'au dixième siècle, sont à peu près les seuls modes de garantie que nous rencontrons dans les textes.

C'est tout d'abord la personne même du débiteur qui vient répondre de sa dette.

Puis apparaissent les fidéjusseurs, le pleige, l'otage, les témoins qui viennent s'engager pour le débiteur ou en même temps que lui.

Ceci s'explique : les meubles à cette époque ne sont qu'une source de richesse fort peu appréciable et quant aux immeubles, copropriété de famille, ils ne sont point dans le commerce et on ne saurait songer à les faire servir de gage au créancier.

Mais, peu à peu, cette idée de copropriété familiale disparaît. Les sûretés réelles apparaissent et coexistent avec les sûretés personnelles, d'abord avec le mort gage, vers le dixième siècle, puis le vif gage, aux onzième et douzième siècles.

La jouissance seule de l'immeuble est prise en considération : on ne s'occupe pas de sa valeur d'échange, de sa valeur commerciale. Peu à peu, cette valeur commerciale se dégage, on s'habitue à voir dans la valeur de l'immeuble, surtout sa valeur d'échange : les anciennes formes du gage deviennent insuffisantes ; c'est alors qu'on trouve cette forme plus savante de l'engagement qu'est l'engagement d'un assignat et l'*obligatio par espécial*. Cette évolution est complète au treizième siècle.

Vers cette époque, au douzième siècle, on remarque les premières chartes mentionnant des obligations de tous biens (*obligatio generalis*) : elle dérive de l'ancienne fidéjussion. Elle a son complet épanouissement aux quatorzième et quinzième siècles.

C'est alors que se dégage peu à peu l'idée de l'hypothèque, contenue en germe dans l'*obligatio generalis* et dans l'*obligatio par espécial* et dont chacune possède un certain nombre d'éléments. La réaction réciproque de ces deux institutions d'où devait sortir notre hypothèque actuelle, est singulièrement favorisée par la confusion qui s'opère dans l'esprit des juristes dès le quatorzième siècle, relativement à elles.

Au seizième siècle, elle apparaît dans le texte avec tous les éléments qui la distinguent à notre époque, c'est-à-dire comme un droit réel sur la valeur de la chose donnée en gage.

C'est cette évolution que nous nous proposons de retracer d'une façon plus complète au cours de cette étude.

Nous diviserons notre travail en quatre chapitres :

Dans le premier, nous étudierons les garanties personnelles et les garanties réelles des origines jusqu'à la fin du douzième siècle.

Dans notre second chapitre, nous verrons l'évolution de ces institutions au treizième siècle et surtout l'*obligatio generalis* et l'*obligatio par espécial.*

Le troisième chapitre sera consacré à la naissance de l'hypothèque aux quatorzième et quinzième siècles.

Dans un quatrième chapitre, nous indiquerons également un certain nombre de questions intéressantes, relatives à la nature et à la formation du droit d'hypothèque qui se sont présentées jusqu'à la fin de l'ancien régime.

Enfin, nous rechercherons la part contributive de l'obligation générale et de l'*obligation par espécial* dans la formation de notre droit d'hypothèque actuel.

Et comme conclusion, nous essaierons de montrer que l'origine assignée par nous à l'hypothèque, permet d'expliquer avec une plus grande facilité que dans les autres systèmes, un certain nombre de règles relatives à l'hypothèque.

CHAPITRE PREMIER

Les garanties personnelles et les garanties réelles des origines à la fin du douzième siècle.

SECTION PREMIÈRE

LES GARANTIES PERSONNELLES

Comment la garantie est donnée à l'époque primitive. — Les sûretés réelles à proprement parler n'existent pas : c'est la *personne* du débiteur qui est engagée. — Plus tard, un individu vient prendre la place de ce débiteur et répond de sa dette : l'*ostagium*.

Au sixième siècle, apparition des *fidéjusseurs :* la loi Gombette. — Leur disparition : du septième au onzième siècle, on n'en trouve plus trace. — Explication de ce fait : *la solidarité de famille* et le *rôle des témoins.*

Insuffisance de la garantie des témoins : engagement parallèle du débiteur.

Réapparition des *fidéjusseurs* au douzième siècle. — Ils sont toujours plus nombreux dans les actes. — A la fin du douzième siècle, il est important de noter que le *duc* se porte souvent fidéjusseur.

Lorsque nous examinons de quelle façon la garantie était donnée au créancier, à l'époque primitive, nous nous trouvons en présence d'un système fort imparfait.

A proprement parler, les sûretés réelles n'existent pas.

L'ancien droit germanique ne connait guère que la caution vivante, qui se donne elle-même comme gage et consent, pour le cas où le contrat ne serait pas exécuté, à être réduite en servitude.

C'est donc la personne du débiteur, son corps qui répond avant tout du paiement de la dette ; par extension, ses meubles en répondent aussi, car il est de principe, dans l'ancien droit, que *mobilia ossibus inherent.* C'est en ce sens qu'il est vrai de dire que « qui s'oblige oblige le sien ».

L'insolvable se trouve à la merci de ses créanciers impayés : « Qui ne peut payer de sa bourse paie de sa peau ».

L'esclavage pour dettes est alors le sort normal du débiteur qui ne peut pas se libérer. On connait la fameuse procédure de la loi salique, t. 58, *De chrene cruda.*

Les immeubles, à cette époque, étant propriété familiale, ne sont point susceptibles d'appropriation privée : ils forment le patrimoine de la famille qui en a la jouissance indivise ; l'individu n'a pas le pouvoir de les engager conventionnellement pour garantir le paiement de son obligation, pas plus que la loi ne donne au créancier le droit d'agir contre eux et d'en opérer la saisie.

Nous n'avons pas de documents de droit bourguignon relatifs à ce très ancien état du droit, et c'est pourquoi nous ne donnerons pas de développement plus considérable relativement à cette première forme de la garantie.

Nous dirons seulement qu'on peut conjecturer qu'en Bourgogne il en fut de même que chez les peuples voisins, et que seuls ces moyens de contrainte bien imparfaits furent à la portée du créancier.

Dans ce premier état du droit, nous voyons se développer une institution qui présente une extrême importance dans notre ancien droit, nous voulons parler de la fidéjussion, qui est aussi appelée dans les textes *ostagium, garandia,* puis, plus tard, pleigerie, à l'époque féodale.

Nous n'avons pas de renseignements précis sur les origines de cette institution en Bourgogne.

Il est cependant fort probable qu'ici encore, comme ailleurs, c'était la personne même du débiteur, son corps qu'on remettait en gage au créancier : puis ce fut un individu qui vint prendre sa place et s'engager pour lui. Aussi cette personne était-elle ordinairement choisie parmi celles qui se trouvaient dans la dépendance du débiteur : c'est l'*ostagium*.

Le créancier retenait cet otage en charte privée, et pouvait se venger sur lui en cas de non-paiement de la dette par le débiteur : on comprend qu'une pareille perspective devait l'amener à ne rien négliger pour décider le débiteur à se libérer.

Ce qu'il y a de remarquable, c'est que le débiteur se libérait en donnant une caution : elle s'engageait à sa place et restait seule tenue en fait d'acquitter la dette.

Vers le sixième siècle apparaît un autre mode de fournir la garantie : c'est *la fidéjussion proprement dite*. Elle ne remplace pas l'ancien *ostagium*, mais coexiste avec lui ; elle conserve beaucoup de ses traits, mais elle en diffère profondément en ce que la responsabilité corporelle du garant passe au second plan.

Les premiers textes que nous possédions, relatifs à ce cautionnement, se trouvent dans la loi Gombette (1), qui date de la fin du cinquième ou du commencement du sixième siècle.

Comme cette fidéjussion n'eut qu'une durée éphémère et ne tarda pas à disparaître, nous ne l'étudierons que d'une façon tout à fait succincte. Mais nous en dirons du moins quelques mots, parce que nous considérons

---

(1) La loi Gombettte, reproduction intégrale par Valentin Smith, fasc. 2, manuscrit M. de Blume.

qu'elle n'a pas été sans influence sur la fidéjussion, que nous rencontrerons par la suite.

A l'origine, cette fidéjussion intervenait, dans l'ancienne Bourgogne, principalement à l'occasion des délits : c'est l'hypothèse du *Liber constitutionum*, chapitre LXXXIII (1). Dans la suite on se servit de la fidéjussion pour garantir une dette quelconque (2). Le fidéjusseur est tantôt un parent, tantôt un ami : pendant longtemps, ce fut un devoir pour les parents de se servir mutuellement de cautions, c'est un bon office qu'un ami ne refuse pas de rendre, bien qu'il ne soit pas sans danger pour lui.

Ce fidéjusseur intervenait à deux titres différents : comme caution de présentation ou comme caution de paiement.

Le fidéjusseur, caution de présentation, garantissait de présenter à l'*audientia judicis* l'individu appelé devant le juge. On peut noter ici une analogie frappante avec l'ancien *vadimonium* romain.

Ce fidéjusseur *de audientia* est tantôt garni de gages et tantôt non garni.

Le premier est celui qui a reçu du débiteur des gages suffisants pour garantir la dette, le fidéjusseur s'engageant, en effet, à faire comparaître le défendeur, sinon à payer une somme égale au montant de la dette cautionnée, on comprend que le débiteur soit tenu de lui fournir des gages qui puissent l'indemniser de ce paiement éventuel.

Lorsque la caution est garnie, elle demande au défendeur des biens valant un tiers en sus de la dette (3).

Si le fidéjusseur n'a pas reçu de gages, *il peut en prendre lui-même*. Le chapitre XIX, paragraphe 6, indique qu'il

---

(1) Chap. LXXXIII. « De his qui aput alios res suas agnoscunt. » — Cf., *Le coutumier bourguignon de Montpellier*, n° 46. « De recevoir ploige. »

(2) Chap. XIX. « De ablatis pigneribus et fidejussoribus. Si quis pro parente. »

(3) Chap. IX. « Modus vero pignerum... »

peut même s'emparer d'objets valant un tiers en plus de la dette.

S'il ne fait pas la gagerie lui-même, il met le débiteur en demeure de lui fournir des gages.

Enfin, s'il n'a pas reçu de gages et s'il est poursuivi par le créancier, il pourra se libérer en livrant la personne du débiteur.

Il est très important de remarquer qu'il peut faire une saisie sur les biens du défendeur, pour se garantir de cette dette.

Le fidéjusseur a de nombreuses garanties ayant pour but de lui assurer la conservation des gages reçus (1).

S'il est poursuivi personnellement, il doit, non seulement abandonner les gages, mais encore les porter chez le créancier.

A côté de cette fidéjussion qui garantit la présence d'un débiteur devant un juge, il en est une autre qui nous intéresse plus spécialement : elle se distingue de la première en ce que, ici, le fidéjusseur garantit *le paiement d'une dette.*

Il est assez malaisé de distinguer cette seconde sorte de fidéjussion dans le *Liber constitutionum.*

Mais dans le chapitre XIX, paragraphe 6, il y est fait allusion ; il y est dit que si la caution, après une triple sommation, a payé, elle a droit au triple de la dépense qu'elle a faite (2). Or, le paragraphe 8 du même chapitre dit la même chose (3)

Chacun de ces deux paragraphes vise donc une caution distincte.

Il semble d'ailleurs certain que le paragraphe 8 vise la fidéjussion de paiement, la mention d'une somme triple

---

(1) *Id.*, chap. XIX. « Si quis pro parente... »
(2) *Id.*, chap. XIX. « Modus vero... »
(3) *Id.*, chap. XIX. « Quod si dissimulaverit. »

ne peut, en effet, se comprendre que s'il s'agit d'une pareille fidéjussion.

Comme à l'époque primitive, la responsabilité de la caution n'est pas subsidiaire ; elle est tenue en première ligne comme principal obligé.

La question se pose de savoir si même ce débiteur n'est pas complètement libéré vis-à-vis du créancier, par cela seul qu'il lui a fourni une caution : c'est à elle d'amener le débiteur à exécuter son engagement, mais le créancier n'aurait, en aucun cas, le droit de poursuivre ce dernier : il ne pourrait que s'adresser au fidéjusseur.

Lorsque nous parcourons les documents de droit bourguignon, depuis les origines jusqu'à la fin du onzième siècle, le *Liber constitutionum* est le seul texte où il soit fait mention des fidéjusseurs. Du septième au douzième siècle, nous n'en trouvons plus trace.

Dans quelques actes, cependant, nous rencontrons l'ancien *ostagium*, mais modifié et singulièrement adouci ; l'*ostagium* n'existe d'ailleurs que dans des cas exceptionnels; en principe, nous ne rencontrons plus les anciens garants que nous avons trouvés à l'époque primitive.

Comment expliquer ce fait ?

On peut en donner une double explication.

Une cause de la disparition des fidéjusseurs se rencontre tout d'abord dans la solidarité familiale ou de village : tous les membres de la même famille et même les habitants du même village peuvent être considérés comme solidairement responsables les uns des autres vis-à-vis des engagements pris par un des leurs à l'égard des tiers.

Pour contraindre le débiteur à exécuter les engagements souscrits par lui, le créancier pourra s'emparer d'un homme du village et le garder en charte privée jusqu'à parfait paiement de la dette.

Mais nous croyons que l'on peut donner de ce fait une seconde raison qui nous semble beaucoup plus importante.

Nous voulons parler du rôle qu'ont joué les témoins à cette époque.

Aux neuvième, dixième, onzième et même au douzième siècles, on ne peut guère rencontrer de document où l'on ne voie apparaître un certain nombre de personnes qui sont qualifiées tantôt de *laudatores*, tantôt de *testes* ou *testes legitimi*.

Dans la plupart des ventes, donations, baux à cens, etc., nous rencontrons l'énumération de ces *testes*, ordinairement à la fin de la charte.

Ce ne sont pas seulement des témoins documentaires, appelés pour constater l'accomplissement du fait juridique mentionné dans la charte, et tenus de venir affirmer, sous serment, que ce fait a eu lieu; ce sont surtout des garants et, jusqu'à un certain point, des cautions.

Ce rôle des anciens témoins n'a pas été mis, selon nous, en lumière d'une façon satisfaisante et c'est surtout aux témoins documentaires que songent les auteurs lorsqu'ils y font allusion.

Et cependant, en présence d'un texte que nous rencontrons dans l'*Histoire des ducs de Bourgogne*, de M. Petit, texte de l'année 1181, il nous semble impossible de refuser aux témoins le rôle de garants que nous leur avons assigné (1).

Il s'agit d'une donation, faite à l'abbaye de Maizières, de divers biens situés notamment sur le territoire de Saussey.

Cette donation mentionne le nom des témoins qui étaient présents à l'acte et prend soin d'indiquer et de préciser leur rôle.

---

(1) Petit, *Histoire des ducs de Bourgogne*, t. II, p. 411, n° 667.

« Hujus rei testes sunt hi *et garentitores :* Radulfus de Marne, Hugo de Pareio, Hugo de Chasul. »

Ce ne sont pas des témoins ordinaires ; ce sont de plus des *garentitores,* des garants ; ils n'ont pas pour mission d'attester uniquement la passation réelle de l'acte ou l'accomplissement des formalités requises pour sa validité, mais ils ont surtout pour mission d'en garantir l'exécution.

Ils remplissaient le rôle que jouaient les anciens fidéjusseurs de la loi burgonde ; ils en ont conservé tout au moins la principale attribution, à savoir la garantie de l'acte, et on peut conjecturer que ce n'est pas le seul point commun qui existe entre eux ; ce sont, comme les anciens fidéjusseurs, des amis, des personnes de la famille qui ne peuvent refuser à un des leurs ce bon office ; il suffit d'ouvrir un recueil de chartes pour s'en convaincre ; ainsi, dans un document rapporté par M. Petit (1), il est fait mention d'une confirmation à l'abbaye de Tart-le-Haut d'une donation à elle précédemment faite. Or, parmi les témoins à l'acte, nous remarquons Maria, *sa mère,* et Nicholaus, *capellanus. Testes sunt : Maria, mater mea, Nicholaus, capellanus meus.*

De même, s'il s'agit d'un acte constatant un accord entre une et deux *ecclesiæ,* nous voyons figurer, comme dans une charte de 1102 (2), des chanoines et des moines comme témoins de l'une et l'autre partie.

« Ex utraque parte fuerunt canonici Sancti Stephani medii et testes : Araudus de Briora, etc. Nomina quoque monachorum Molismensium qui hoc fieri decreverunt vel factum laudaverunt sunt hec : Hato, prior, etc. »

Nous pourrions citer un grand nombre d'autres textes analogues.

---

(1) Petit, *Histoire des ducs de Bourgogne,* t. II, p. 344, n° 514.
(2) *Id.,* t. I, n° 115, p. 428.

On comprend, dès lors, l'absence de la mention de fidéjusseurs dans les actes de l'époque qui nous occupe : il n'en n'est plus besoin, ils se confondent, en quelque sorte, avec les témoins qui remplissent le même rôle.

Ce système des témoins était suffisant quand on n'avait affaire qu'à des débiteurs sans importance. Il était facile, en effet, à ces témoins d'exercer, le cas échéant, une contrainte sur ce débiteur et à le forcer à exécuter son engagement.

Mais il n'en n'est plus de même s'il s'agit d'un grand personnage : il devient très difficile de trouver un nombre suffisant de personnes dont l'ascendant soit assez grand pour dicter leur volonté à ce débiteur et, au besoin, pour la lui imposer en vue de sa libération.

Aussi, voyons-nous, au commencement du douzième siècle, le débiteur, au moment où il contracte son obligation, venir prendre une sorte d'engagement moral envers le créancier et s'offrir comme otage.

Un document de l'année 1101 (1) nous offre à ce sujet une clause curieuse : il s'agit d'une donation faite aux moines de Cluny, du village de Gevrey et de la justice dudit lieu, par Eudes, duc de Bourgogne. Voici en quels termes il se constitue otage, pour le cas où lui ou ses descendants viendraient à ne pas respecter la convocation.

« ...Ille infans prior natu, aut junior si Ducatum tenuerit se ipsum in prehensionem apud Divionem castrum conducat, nec inde per burgum et villam clausum est exeat, nisi quantum ab aliquo predictorum seniorum judicatus fuerit. »

Tel fut le rôle joué par les témoins aux neuvième, dixième et onzième siècles ; ils ont un véritable rôle actif, ils remplacent les anciens fidéjusseurs qui ont disparu (2).

---

(1) Petit, *Histoire des ducs de Bourgogne*, t. II, n° 108, p. 423.

(2) Voyez sur le rôle des témoins : Guillemard, *La procédure d'enquête au moyen âge*, thèse.

Mais ce rôle, ils ne devaient pas le conserver : au commencement du douzième siècle, nous voyons réapparaître les anciens fidéjusseurs (1).

Sans doute, les textes n'en mentionnent pas moins l'existence des témoins, mais en présence des fidéjusseurs, la nécessité de ces témoins devient moins grande, leur rôle s'amoindrit et s'efface, ils passent au second rang et n'apparaissent plus guère que comme témoins instrumentaires.

D'une charte du début du douzième siècle ressort l'existence de ces fidéjusseurs.

C'est un texte de 1113 (2). Voici comment est confirmée une donation par Milon de Montbard à l'église de Molesme.

« Et hoc per manum comitis Milonis de Barro domini nostri, facere pollicemur qui in fide hoc nos veraciter agere promisimus, per manum etiamque Tecelini, qui dicitur Sorus et Milonis de Nucerio, et etiam hominum et casatorum nostrorum, *quos omnes et fideijussores* inter nos et predictam Ecclesiam constituimus. »

Puis, les documents indiquant la présence des fidéjusseurs deviennent de plus en plus nombreux, et marquent une curieuse tendance à donner aux anciens témoins le rôle de fidéjusseurs.

Nous pouvons indiquer d'abord une charte sans date, mais écrite vers l'an 1154 (3). Guy de Vergy s'engage à réparer ses torts envers les religieux de Saint-Bénigne de Dijon et, comme garantie de sa parole, donne quatre de ses chevaliers :

---

(1) Ce ne sont plus les anciens fidéjusseurs de l'époque burgonde : cependant ils ont avec eux de nombreux traits communs, spécialement en ce qui concerne les gages qu'ils reçoivent du débiteur. Nous le verrons plus en détail lorsque nous étudierons la fidéjussion donnée par le duc de Bourgogne.

(2) Petit, *Histoire des ducs de Bourgogne*, t. I, n° 234, p. 509.

(3) *Id.*, t. II, n° 343.

« Fidei vinclo me ipsum et quatuor milites meos obligavi, quatinus... »

Le mot de fidéjusseur n'est pas mentionné dans la charte, mais ce sont là, à n'en point douter, des fidéjusseurs dont ils présentent tous les caractères.

La fin du texte indique bien la relation qui existe entre ces fidéjusseurs et les anciens témoins :

« Porro nomina militum sunt hii... Testes cum his quatuor : Guido... »

Ces témoins et ces fidéjusseurs sont mis sur la même ligne : on a l'air de considérer spécialement ces quatre *milites*, parmi les témoins ordinaires. Ils se présentent cependant tout spécialement comme des garants.

Un certain nombre d'autres documents mentionnent ces fidéjusseurs vers le milieu du douzième siècle (1).

A la fin du douzième siècle, ces fidéjusseurs apparaissent toujours plus nombreux dans les actes :

Par exemple, dans la première moitié du tome VII du *Cartulaire de Cluny*, nous en trouvons au moins quarante.

Il en est de même dans le *Cartulaire de l'évêché d'Autun*.

Cette institution devait, d'ailleurs, survivre de longues années.

Vers 1400, nous trouvons encore un texte relatif aux fidéjusseurs (2).

Mais, à notre époque, il se passe un fait qu'il est extrêmement important de noter et qui mérite de retenir notre attention.

---

(1) Petit, *Histoire des ducs de Bourgogne*, t. II, n° 352, p. 266 : n° 527 (a° 1171). — Ce dernier document est surtout fort intéressant : il nous renseigne sur le rôle du fidéjusseur qui doit : *garantiam portare monarchis*.

(2) Fonds Saint-Etienne, Archives départementales, série G. 134, reg., fol. 813 v°.

Alors que primitivement c'est une personne quelconque qui se présente comme fidéjusseur, on voit le duc, le seigneur justicier, se porter fidéjusseur dans de nombreux actes.

Nous possédons plusieurs documents qui établissent ce fait.

Le premier que nous ayons rencontré date de l'année 1174. Hugues de Bourgogne notifie un accord fait entre l'église de Notre-Dame de Châtillon-sur-Seine, Calo de Grancey et son frère Guillaume. Il se porte fidéjusseur de cet accord :

« Me autem fidejussorem et obsidem pactionis hujus tenende canonicis dedit (1). »

A partir de cette époque et spécialement au treizième siècle, les actes sont fort nombreux où le duc se porte fidéjusseur.

Nous verrons que cette fidéjussion du duc a eu une importance des plus considérables, relativement à la formation de l'hypothèque : nous l'étudierons plus en détail au chapitre suivant ; nous montrerons son mécanisme et ses effets, lorsque nous rechercherons comment la garantie personnelle fut donnée au cours du treizième siècle.

En résumé, le système des sûretés personnelles depuis les origines à la fin du douzième siècle est simple.

D'abord, ce fut la personne même du débiteur qui fournit la garantie; bientôt le débiteur met à sa place un otage, tenu lui-même sur son corps, puis sur ses biens: c'est la fidéjussion franque.

Ces fidéjussions disparaissent pour renaître au commencement du douzième siècle.

Dans l'intervalle, la garantie est donnée par les témoins

---

(1) Petit, *Histoire des ducs de Bourgogne*, t. II, n° 569, p. 371 Voyez également : t. II, n°s 592 et 401.

dont le rôle est à peu près le même que celui des fidéjusseurs.

A la fin du douzième siècle, dans de nombreux documents, c'est le duc de Bourgogne lui-même qui se porte fidéjusseur. C'est de cette dernière forme de la garantie que naîtra presque directement notre hypothèque moderne.

SECTION II

LES GARANTIES RÉELLES

Elles apparaissent vers le dixième siècle. — Forme première des garanties réelles : *l'engagement*. — Il revêt deux formes : le *mort gage* et le *vif gage*.

Nature du droit du créancier. — C'est un droit réel. — C'est un droit portant sur la jouissance temporaire du bien engagé. — Ce dernier point est conforme aux idées économiques du temps : le gage en jouissance ne se distingue pas du gage en propriété. — Impossibilité de différencier le gage de la vente à réméré.

Les inconvénients de l'engagement. — On y remédiera par la suite.

Mort gage et vif gage. — Bien qu'elles tiennent une grande place dans le système des sûretés, depuis les origines au treizième siècle, les garanties personnelles n'existaient pas seules à cette époque.

A côté d'elles se développe tout un système de garanties réelles. Le débiteur ne constitue plus, à sa place, un otage ou un fidéjusseur, qui, le cas échéant, prendra la responsabilité de l'inexécution de l'obligation, il offre à son créancier un bien, meuble ou immeuble, qui lui servira de gage pour le cas où il ne serait pas payé : c'est l'*engagement*.

Les premiers documents que nous possédions relatifs à des gages, ne datent guère que du dixième siècle. Cette apparition tardive du gage se comprend facilement : primitivement, en effet, l'immeuble est inaliénable, le meuble est, il est vrai, susceptible de propriété privée, mais les objets mobiliers sont rares et de valeur minime ; ce n'est que quand l'individu pourra s'approprier cet immeuble et en disposer librement qu'il pourra songer à le donner en gage.

La première forme que revêt l'engagement est celle du *mort gage;* dans le cas de mort gage, les fruits de l'immeuble donné en gage ne viennent pas en déduction du montant de la dette, le gage ne travaille pas à l'extinction de cette dette ; il n'a qu'un effet purement passif : les fruits de l'immeuble représentent les intérêts payés aux créanciers, au moins dans la mesure où leur valeur excède les frais d'entretien ou de culture du fonds.

Nous possédons d'assez nombreux documents sur le mort gage ; on peut être sûr qu'il existe un mort gage quand la charte qui mentionne l'engagement dit que le prix doit être payé en entier par le débiteur, ou qu'après un certain laps de temps, la chose n'appartient plus à ce débiteur :

En voici un exemple de la fin du dixième siècle.

« Infra... terminaciones ad annos V pro una libra de argenti : quod si precium istud infra V annos non fuerit vobis *persolutum* a me, tamdiu tenebitis vineam, donec *ex integro* persolvatur vobis perfixa quantitas argenti (1). »

Un autre document de la *Chronique de Bèze* du onzième siècle, nous paraît non moins intéressant (2).

Nous pourrions d'ailleurs citer un grand nombre d'actes analogues (3).

Cette forme du gage se comprend à l'époque où nous nous plaçons ; la proscription du prêt à intérêt n'existe

---

(1) *Cartulaire de Cluny*, n° 908, t. I.

(2) *Chronique de Bèze*, p. 485, 486.

(3) *Cartulaire de Cluny*, t. II, n° 948 (a° 954-994) ; *id.*, n° 968 (a° 954-994) ; *id.*, n° 1122 (a° 962) ; *id.*, n° 1294 (a° 971) ; *id*, n° 1609 (a° 982) ; t. V., n° 3703 (a° 1096). — Petit et Devausse, t. III, n° 1199 (a° 1269) ; *id.*, n° 1444 (a° 1190).

pas ; d'ailleurs c'est une forme de l'usure qui était tellement entrée dans les mœurs qu'elle passa longtemps inaperçue.

Cependant, cette ancienne sévérité du gage tend à disparaître sous diverses influences, et les charges imposées aux débiteurs deviennent moins onéreuses.

Parmi les causes qui occasionnent ces modifications, nous citerons, en dehors de l'influence de l'Eglise, qui s'affirme au premier rang, par la prohibition du prêt à intérêt, tout spécialement le besoin d'argent toujours de plus en plus pressant qui résulte des croisades et dont on retrouve de nombreuses traces dans les textes. La forme revêtue par l'engagement est alors celle du *vif gage.*

Ici, à la différence du mot gage où il était passif, le gage travaille à la libération du débiteur, il devient actif.

C'est que, désormais, le prêt à intérêt est interdit, et que les fruits ne peuvent plus être conservés en compensation : on doit en déduire le montant sur le capital de la dette.

Le délai de jouissance est fixé dans l'intérêt du débiteur : il pourra reprendre son bien avant l'expiration de ce délai à la condition de payer une somme d'argent.

Habituellement ce rachat avait lieu en mars.

Contrairement à ce qui a lieu pour le mort gage, ici nous ne trouvons que de très rares documents. Ceci n'a rien qui puisse nous étonner. Le créancier à qui un gage avait été consenti sous cette forme ne pouvait arriver en aucun cas à en acquérir la propriété. Aussi il n'était pas besoin d'en conserver la trace dans les cartulaires.

On peut conjecturer que l'on est en présence d'un vif gage, lorsque, dans les documents, on constate l'absence des clauses qui nous faisaient regarder ces documents comme des morts gages.

Nous trouvons une charte constatant un vif gage dans le *Coutumier de Marnier* (1).

---

(1) Marnier, *Ancien coutumier de Bourgogne*, p. 537, chap. IX.

« Je te met cest gagière et le raienberai en mars. Se tu ne le raiens en mars que 1 souls iour en soit passez tu ne le puet raienbre, iusques en l'autre mars se il vuet.

» Et se tu le mes en gages par termines tu le doit raienbre par termine et dois en qui en avant le raiemberras quand tu vodras. »

On peut en citer quelques autres exemples : un document du *Cartulaire de Cluny* (1) nous paraît bien être un vif gage, de même que l'acte mentionné à la page 80, même tome. Ce dernier a dû être conservé parce que la charte qui le contient parle en même temps d'une vente.

De même un texte du *Cartulaire de Saint-Etienne,* de l'année 1429 (2).

Quelle est la nature du droit du créancier gagiste ?

Il semblerait à première vue difficile d'établir que l'engagement donnait au créancier un droit réel sur l'objet donné en gage.

En effet, si nous nous reportons aux chartes consacrant ces engagements, nous n'en trouvons qu'un nombre fort restreint mentionnant une *werpitio* de la part du débiteur en faveur du créancier.

Or, nous savons que la *werpitio* est le signe habituel de l'abandon du transfert d'un droit réel.

Il n'est cependant pas douteux pour nous que l'acte de transfert du droit réel existe.

On peut tout d'abord présenter en faveur de cette manière de voir cet argument que le droit ancien est modelé sur les faits, et que si, en fait, le créancier exploite le bien, c'est qu'en réalité, il possède sur ce bien un véritable droit réel. Or, nous savons que celui à qui un

---

(1) *Cartulaire de Cluny*, t. II, p. 983.

(2) Archives départementales, G. 134, fol. 170 r° et 171 v° : « Ils baillent à Jean Bonnot et au prieur du couvent tous les dismes et tous grains. » P. 74.

immeuble a été engagé a la faculté de cultiver ce bien : c'est même là le seul droit qu'il possède, car son droit est un droit de jouissance. Mais nous croyons de plus qu'il est possible d'expliquer pourquoi, malgré qu'en fait un droit réel existe, les chartes, cependant, ne mentionnent pas une *werpitio* du débiteur.

C'est que, en réalité, la situation de celui qui donne sa chose en gage n'apparaît pas comme absolument identique au point de vue du dessaisissement qu'il en opère à la situation de celui qui vend son bien.

Il est donc naturel que l'on ne retrouve pas, pour caractériser l'acte du premier, les formalités qui semblaient nécessaires quand il s'agit du second.

Ce dernier, en effet, renonce complètement à la chose qu'il vend, il en fait une *werpitio solennelle,* une véritable *quittatio,* et ce sont ces formalités sacramentelles que rappellent les chartes et qui montrent bien l'abandon total et définitif que le vendeur fait de sa chose.

Le droit qu'il possédait sur cette chose est complètement anéanti, et la *werpitio* est la cérémonie solennelle qui symbolise cette aliénation de son droit.

Il n'en est pas de même lorsque ce débiteur ne fait que de se dessaisir de son bien pour le donner à gage à son créancier. En effet, ce débiteur n'entend pas faire de sa chose un abandon total et définitif : il se contente uniquement de la déposer temporairement entre les mains du gagiste, et n'en abandonne pas la propriété d'une façon définitive.

Il reste, en quelque sorte, nu propriétaire de ce bien : il n'en a aliéné que *la jouissance temporaire ;* il s'est privé momentanément des avantages que pouvait lui procurer cette propriété, mais pour autant, il n'a pas renoncé aux autres droits qu'il possédait sur la chose et que lui conférait sa qualité de propriétaire. En un mot, il ne cesse pas, à vrai dire, d'en rester propriétaire.

C'est pourquoi les juristes et les praticiens, considérant qu'il n'y a pas là un véritable abandon du bien, ne parlent pas de *werpitio* à l'occasion de l'engagement, ni dans les chartes, ni dans leurs commentaires, ce qui n'implique nullement que le débiteur ne transférait pas au créancier un droit réel.

En réalité, il lui cédait bien un *droit réel, mais portant uniquement sur la jouissance temporaire de la chose*, et, dès lors, les formalités relatives au transfert de la propriété même de cette chose devenaient, non seulement inutiles, mais ne pouvaient pas se comprendre.

Pour transférer ce droit, on employait des expressions propres à marquer nettement la différence existant entre la situation du vendeur et du gagiste, on disait : *ponere in convadium... mittere in vadimonium... deponere in vadimonium.. in convadium... mittere... habere in vadimonio.* On peut croire que vraisemblablement le dépôt se faisait entre les mains du créancier, soit par la remise même de l'objet donné en gage, soit par un objet représentatif, soit par la remise d'une charte.

De plus, on peut présenter trois arguments en faveur de l'existence d'un droit réel.

1° Nous trouvons un premier argument à l'appui de notre théorie dans ce fait que de nombreux textes rapprochent l'engagement de la vente, de la donation, ou d'autres actes de disposition donnant au bénéficiaire un droit réel sur le bien transmis.

Ces textes assimilent les expressions : « dare, vendere, impignorare, vendere vel in vadimonio mittere (1). »

D'où nous sommes fondé à croire que les textes assimilant l'engagement à une aliénation, et l'aliénation étant

---

(1) *Cartulaire de Cluny*, t. V, n° 4117 ; *id.*, n° 4387 ; *id.*, n° 4420. — Petit, t. III, n° 937 ; *id.*, n° 984 ; *id.*, n° 988. — *Ancien cartulaire de Cîteaux*, t. I, fol. 18.

génératrice de droit réel, l'engagement doit, lui-même, faire naître un droit réel.

2° Nous tirons un second argument en faveur de notre théorie d'un texte du *Cartulaire de Cluny*, n° 4420, qui semble absolument probant (1).

Il est fait mention dans cette charte d'Elisabeth, autrefois femme de Renaud d'Autun, qui, pour le repos de son âme, « *resignavit* et *quittavit* in presentia mea (du duc de Bourgogne), ecclesie Cluniacensi et Magobrii gageriam de Maulie, quam eadem Elisabet habebat in vadio pro quinquaginta marchis argenti ».

On ne peut s'expliquer la *quittatio* faite par Elisabeth que si elle possède un droit réel : on comprend que, créancière gagiste, elle fasse une *quittatio*, tandis que le débiteur gagiste ne fait qu'un *ponere in convadium :* le créancier gagiste abandonne, en effet, tout le droit qu'il a sur la chose, dans le présent et dans l'avenir, tandis que le débiteur gagiste n'abandonne qu'un droit temporaire.

3° Enfin, nous possédons de nombreux textes impliquant que cette dation en gage ne peut être faite que par une personne capable d'aliéner, c'est-à-dire ayant la disposition complète de la chose et l'âge légal pour le faire.

La censive ou les biens féodaux ne pouvaient être donnés en gage qu'avec le consentement du seigneur suzerain (2). De même, pour les choses ecclésiastiques, il faut le consentement des autorités ecclésiastiques (3) et, pour les biens de famille, ils ne peuvent être engagés, et ceci

(1) *Cartulaire de Cluny*, t. V, n° 4420.

(2) *Cartulaire de Vignory*, 2e appendice, p. 227, n° 112. — *Deuxième cartulaire de Molesme*, fol. 74. — Cependant on ne tarda pas à se relâcher de cette rigueur. — V. *Coutumier de Giraud*, § 33, et *Compilation de Bouhier*, 81.

(3) *Cartulaire Saint-Etienne de Vignory*, 2e appendice, n° 113. — Dom Plancher, t. I, n° 46. — *Coutumier de Marnier*, p. 537, chap. IX, § 1er : « Se tiens en gages... »

jusqu'au treizième siècle, sans le consentement de la famille (1).

Toutes ces nécessités impliquent bien que l'objet du gage était véritablement aliéné entre les mains du créancier gagiste; s'il en était autrement, comment comprendrait-on l'existence des règles que nous trouvons mentionnées dans les chartes et qui, toutes, ne peuvent s'expliquer que si on suppose le transfert d'un droit réel ?

Nous pouvons affirmer que l'engagement apparait avec tous les caractères d'un droit réel.

Le mort gage et le vif gage confèrent donc au créancier, non la propriété de l'immeuble engagé, mais uniquement un droit réel de jouissance temporaire sur les produits et les fruits de l'immeuble.

Cette première forme du gage immobilier, comme gage de jouissance, est, d'ailleurs, conforme à la situation économique du moyen âge. La propriété est considérée comme une jouissance temporaire de la terre, il s'en suit qu'il n'y a pas, à cette époque, une différence d'essence entre le gage en jouissance et le gage en propriété : le gage ne pouvait être qu'un gage de jouissance et on n'aurait pas pu, étant donné l'état économique du moment auquel nous nous plaçons, séparer le gage de jouissance du gage en propriété.

Ces considérations nous amènent à rejeter l'opinion des auteurs qui distinguent entre le gage en jouissance et le gage en propriété, et qui discutent la question de savoir si l'un de ces gages était préférable et préféré, en fait, à l'autre ; pour nous, avec la notion que nous croyons être celle de la propriété à notre époque, notion essentiellement différente de celle que nous avons actuellement,

---

(1) *Coutumier de Marnier*, p. 537, chap. IX, § 1er, « Se tu vuet mettre... » et § 2, § 11.

nous croyons que la question ne peut pas se poser : c'était sa valeur d'exploitation, sa valeur de jouissance qu'on avait en vue quand on envisageait l'appropriation de la terre, et non sa valeur d'échange, sa valeur commerciale, et dès lors lorsqu'on donnait en gage un immeuble, c'était tout naturellement la jouissance de cet immeuble qui faisait l'objet du contrat.

Cette théorie qui prétend distinguer le gage de jouissance et le gage en propriété a été exposée notamment par M. Peltier dans sa thèse sur l'engagement à l'époque franque (1).

Il admet (2) que l'engagement en jouissance a été préféré à l'engagement en propriété.

Pour lui, le gage d'usage dut exister concurremment avec l'ancien gage de propriété, mais ce dernier ne tarda pas à disparaître et, après le onzième siècle, on n'en trouve plus trace chez nous.

Il explique cette disparition par ce fait que, dans l'immense majorité des cas, cet engagement en propriété était devenu impossible, presque toutes les terres étant, dès cette époque, inféodées et que dans les pays où existaient des alleus, si, à la rigueur, l'ancien gage franc en propriété eût pu se maintenir, en réalité, ce maintien n'avait pas eu lieu, à raison de ce phénomène économique que le débiteur obtient toujours la condition la plus avantageuse pour lui, même quand, en ce qui le regarde, l'obstacle habituel ne se rencontre pas.

En réalité, il n'y a là qu'une simple hypothèse. Tout d'abord, le fait que la presque totalité des terres sont inféodées au onzième siècle, est faux en ce qui concerne la Bourgogne. De plus, nous croyons que, au moyen âge, le phénomène économique dont parle M. Peltier ne pou-

---

(1) Frédéric Peltier, *Du gage immobilier dans le très ancien droit français.*
(2) *Ibid.*, p. 148.

vait pas exister ; il n'a pu apparaitre qu'avec une civilisation plus avancée, et seulement lorsque s'est s'établie entre les individus la concurrence qu'il suppose nécessairement ; or, cette concurrence n'existait pas au moyen âge, et l'explication donnée par M. Peltier ne semble pas justifiée.

D'ailleurs, si on appliquait cette règle, il faudrait se souvenir que dans certaines contrées, la règle : « Nulle terre sans seigneur » prédominait, et on serait amené à dire que dans ces contrées ce serait le gage en propriété, l'ancien gage franc qui eût dû être mis en usage. Or, il est certain qu'il n'en a pas été ainsi, et qu'à partir du douzième siècle, les chartes ne mentionnent plus que des gages de jouissance.

De ce que la propriété est considérée comme une jouissance légitime et ne suppose pas une possession directe, un pouvoir de fait sur une chose meuble et immeuble, il en résulte une conséquence très importante au sujet de la nature de la chose donnée en gage, et qu'il est intéressant de noter : c'est que cet objet peut être indifféremment un objet corporel ou incorporel.

C'est ce qui explique l'existence de ces gages d'avoueries, de dîmes, de corvée, de droits de poursuivre les essaims d'abeilles, de percevoir un impôt, que l'on rencontre si fréquemment au moyen âge.

Ces droits incorporels étaient alors susceptibles de propriété et, par là même, pouvaient faire l'objet d'un engagement.

Nous avons de nombreux textes sur ce point (1).

Mais il est important, toutefois, de remarquer que l'engagement des biens incorporels n'apparut pas dès l'abord. Primitivement, nous n'en trouvons aucun exemple, et

(1) Fyot, *Preuves*, n° 181, p. 114. — *Chronique de Bèze*, p. 484-475 — *Chronique de Saint-Bénigne*, p. 176.

toujours ce sont des vignes que l'on donne en gage, parfois un manse, un champ, plus rarement un curtil.

Nous noterons encore, en passant, une conséquence résultant de la conception primitive de la propriété comme droit de jouissance et, par là même, du gage comme droit de jouissance.

Nous voulons parler de l'impossibilité dans laquelle on se trouvait alors de différencier le gage de la vente à réméré, c'est-à-dire avec faculté de rachat.

De nombreux auteurs modernes ont essayé de faire cette distinction sans y parvenir; et, d'ailleurs, la question avait déjà offert aux canonistes un problème qu'ils avaient vainement essayé de solutionner.

Il semble qu'avec la manière de voir que nous proposons, on peut arriver à résoudre la difficulté.

Si la différenciation n'a pu être faite, c'est qu'il est impossible, au début du moyen âge et jusqu'au commencement du douzième siècle, de la faire.

Ceci s'explique facilement : la situation du créancier gagiste et de l'acheteur à réméré se trouvent absolument identiques, car ils ont tous deux un droit analogue sur la chose qui est entre leurs mains.

Ils ont tous deux sur cette chose un droit de jouissance légitime et temporaire, et la séparation entre les droits qu'ils possèdent respectivement, ne pourra être faite que le jour où la distinction entre la propriété et la possession sera elle-même nettement tranchée (1).

---

(1) On a vu plus haut que nous avions distingué le fait du vendeur qui abandonne son droit sur la chose par la *quittatio* et celui du créancier gagiste qui se contente de *ponere in convadium* l'objet du gage.

Il ne faudrait pas en conclure que le droit qui fait l'objet de la vente est un véritable droit de propriété alors que l'engagement ne porterait que sur la jouissance de la chose : ce qui amènerait à dire que le droit de propriété existait à notre époque et serait ainsi en contradiction avec ce qui précède. — En réalité, le droit transféré dans les deux cas s'analyse bien en un droit de jouissance, et la différence d'expressions employées ne fait que marquer ce fait que, dans le premier cas, ce droit est cédé à perpétuité alors que, dans le second, il ne l'est que pour un temps.

Mais cette forme de l'engagement, à savoir le mort gage ou le vif gage, n'était pas sans présenter de nombreux inconvénients. Elle supposait, en effet, une époque agraire où la seule richesse consistait dans la terre, le seul travail dans la culture de la terre. Comment le créancier citadin, comment le bourgeois d'une ville allait-il pouvoir exploiter (car nous savons que le gage, vif gage, ou mort gage, l'engagement portait sur la jouissance de la chose)? Si on lui donnait en gage un grand nombre de terres, il allait être dans l'impossibilité de profiter des garanties offertes.

Que lui importe, en effet, de se trouver usufruitier de nombreuses propriétés foncières, si ses occupations personnelles le retiennent à la ville, et s'il lui est impossible de tirer parti de cette terre autrement qu'en la cultivant lui-même ou en la faisant cultiver par des salariés.

Et bien plus, pour l'agriculteur lui-même, n'y a-t-il pas un moment où il peut arriver à être à la tête de propriétés trop considérables, et se voir dans l'impossibilité matérielle de faire face aux exigences d'exploitation si considérables.

Outre ceci, l'engagement présentait encore un inconvénient non moins important. Le débiteur, qui avait donné en gage une terre dépassant la valeur de la dette, ne pouvait plus affecter cette terre à une autre dette, et se trouvait ainsi dans la nécessité de ne plus profiter du crédit entier qu'auraient pu lui procurer ses immeubles.

En effet, il avait dû transporter à son créancier la jouissance d'une parcelle de terre constituant, par elle-même, un fonds d'une exploitation utile, c'est-à-dire comportant une certaine étendue; or, la plupart du temps, cette terre était bien hors de proportion avec la valeur de la dette garantie et, pour le surplus, elle profitait au créancier, sans être pour cela d'aucune utilité, relativement au crédit du débiteur.

Aussi, cette forme du gage, bien qu'elle subsistât longtemps dans la pratique, puisque nous en avons encore des exemples au treizième et au quatorzième siècles, ne fut pas la seule employée.

Pour remédier à ces inconvénients nombreux, on imagina de donner au créancier, en gage, non plus un objet spécialement déterminé, dont le débiteur aliénait la possession, mais un droit éventuel sur la valeur de cet objet.

Ce progrès fut réalisé aux treizième et quatorzième siècles, au moyen de l'engagement d'un assignat et de l'obligation par espécial que nous étudierons dans le chapitre suivant.

CHAPITRE II

Les sûretés réelles et personnelles au treizième siècle.

Au treizième siècle, les sûretés réelles et personnelles, que nous avons étudiées précédemment, suivent l'évolution commencée dans la période antérieure, des origines à la fin du douzième siècle.

La notion de droit personnel et de droit réel se précise chaque jour davantage, et on s'efforce de donner au créancier une garantie toujours plus efficace, tout en respectant le droit du débiteur et en mesurant l'étendue de la sûreté, par lui fournie plus exactement à l'obligation qu'il s'agit de garantir.

A notre époque, deux institutions méritent surtout de retenir notre attention : c'est l'*obligatio generalis* et l'*obligatio par espécial*, l'une relative aux sûretés personnelles, l'autre donnant au créancier un droit réel.

Ce sont ces deux institutions que nous allons étudier dans deux paragraphes distincts.

SECTION PREMIÈRE

L'*OBLIGATIO GENERALIS* ET LA GARANTIE DU DUC

Apparition de l'*obligatio generalis* au commencement du treizième siècle. — Nature du droit qu'elle confère à son bénéficiaire ; c'est un droit purement personnel. — Son origine. — Deux théories : elle vient du droit romain ; elle est une institution presque entièrement coutumière. — La seconde idée paraît plus exacte. — Sa justification. — Les textes rapprochent *obligatio generalis* et garantie. — Cette garantie est donnée par le duc qui se porte fidéjusseur : l'obligation générale vient donc de la fidéjussion du duc. — Evolution de la garantie du duc à l'obligation générale. — Le duc, comme fidéjusseur, a en mains tous les biens du débiteur ; comme juge il donne au créancier la possibilité de les exécuter. — Ces formalités complexes se simplifient : le duc ne prononce plus de sentence de condamnation : elle est remplacée par la *confessio* du débiteur en justice. — Bientôt on ne va même plus en justice. La clause obligatoire de la charte suffira à engager tous les biens du débiteur. — Survivance de l'intervention de l'autorité supérieure. — Cette obligation générale n'est pas l'hypothèque, mais elle y tend.

Nous avons vu de quelle manière le débiteur fournissait à son créancier, jusqu'à la fin du douzième siècle, les sûretés personnelles qu'on exigeait de lui.

Il donnait des fidéjusseurs qui promettaient de faire exécuter l'engagement pris et se portaient garants de l'obligation contractée.

Ces fidéjusseurs ont d'abord consisté dans une personne quelconque, puis, étant donné la gravité, l'étendue et la difficulté des fonctions qui leur incombaient, on arriva à ne plus se contenter de fidéjusseurs ordinaires, au pouvoir de coercition peu étendu et n'offrant qu'une garantie précaire. A la fin du douzième siècle, le créancier en vint à exiger normalement, comme fidéjusseur, le seul homme qui soit capable de fournir une entière garantie : le duc, le seigneur justicier.

Vers cette même époque, on voit apparaître, dans les chartes, une institution nouvelle dont l'étude présente le plus grand intérêt : l'obligation générale.

Ce n'est guère qu'au commencement du treizième siècle que l'on rencontre, dans les cartulaires, les premières chartes relatives à la constitution d'*obligations générales, obligatio generalis.*

Elles sont d'abord fort peu nombreuses et ce n'est qu'à de rares intervalles qu'on les aperçoit. Les caractères de cette obligation ne sont pas encore fixés d'une manière bien précise, ils ne se manifestent que d'une façon incertaine et, pour un grand nombre de documents, on peut se demander si on se trouve, soit en présence d'une charte contenant obligation générale ou d'un acte d'une nature différente Puis les caractères distinctifs de l'*obligatio generalis* vont se précisant, les textes se montrent plus nombreux et on rencontre bientôt fréquemment des actes d'une nature parfaitement définie et qui, à n'en point douter, comportent une obligation de tous biens au profit d'un créancier voulant obtenir une garantie.

Le premier document certain que nous possédions se trouve dans l'*Ancien cartulaire de Citeaux* (1).

Il porte la date de 1215.

Il est fait mention de l'engagement que prend Margarita et ses fils pour la sûreté et la garantie des actes passés entre eux et les moines de l'abbaye de Citeaux.

---

(1) *Ancien cartulaire de Citeaux*, t. I, fol. 30.

« Ad hec obligantes omnia que habent vel habebunt. »

Dans le *Cartulaire de Cluny, l'obligatio generalis* ne se trouve qu'un peu plus tard, vers le milieu du treizième siècle.

C'est un document de l'année 1237 (1).

Il s'agit d'une vente faite par Joceramnus Grossus, dominus Branceduni.

Voici de quelle façon il s'engage :

« Si vero predictas conventiones, sicut superius sunt expressæ, in toto vel in parte non observaremus, volumus et concedimus, ut prædicti abbas et conventus nos super hiis coram domino rege vel coram judice ecclesiastico valeat convenire ; addentes quod si nos nostrique successores vel heredes prædicta omnia non servaremus vel contra aliqua occasione venire præsumeremus, quod nos abbati et conventui jamdictis et successoribus suis damna quæ propter hoc sustinerent resarciremus secundum justiciam et etiam æquitatem : *obligantes inde realiter et personaliter stipulando nos et omnia bona nostra, mobilia et immobilia, ubicumque posita* (2). »

Jusqu'à cette époque les chartes qui la mentionnent sont assez rares, et elle n'apparaît, comme définitivement entrée dans la pratique, que dans la seconde moitié du treizième siècle.

Ce n'est guère qu'à partir de ce moment que se rencontrent un grand nombre d'actes, portant constitution d'obligation générale, et que l'on peut dire que cette institution est devenue courante (3).

Avant de rechercher de quelle façon est née cette *obli-*

---

(1) *Cartulaire de l'abbaye de Cluny*, t. VI., n° 4711.

(2) Voyez également *Cartulaire de l'abbaye de Cluny*, n° 4758, a° 1240 ; n° 4970, a° 1255.

(3) De Charmasse, *Cartulaire de l'évêché d'Autun, Cluny*, t. VI, n° 4813, (a° 1244), p. 317, etc.

gatio generalis, il importe d'en rechercher, avec soin, la nature du droit qu'elle confère à son bénéficiaire.

D'une façon très générale, on peut dire que l'*obligatio generalis* aboutit à donner au créancier, sur le patrimoine de son débiteur, un droit analogue à celui que lui procure notre article 2093 du Code civil sur les biens du débiteur, c'est-à-dire un droit de *gage général* sur l'ensemble des valeurs de quelque nature qu'elles soient, qui constituent son patrimoine.

Le créancier qui, à l'échéance de la dette, n'est pas payé, pourra exercer, contre son débiteur, des voies d'exécution ; il pourra se payer sur l'ensemble de ses meubles et de ses immeubles, qui sont affectés à la sûreté de la créance.

Mais il importe de bien fixer la nature de ce droit et de remarquer, avant tout, qu'il est un droit purement personnel, c'est-à-dire que le créancier ne pourra exercer l'action qu'il possède contre son débiteur qu'à l'égard des biens qui sont entre les mains de ce dernier, et dont il ne s'est pas encore dessaisi.

Il n'a aucun droit de préférence ni de suite, et se trouve complètement désarmé si son débiteur a aliéné, d'une manière quelconque, ses meubles ou ses immeubles, ou s'il en a perdu la possession de quelque façon que ce soit.

L'ancien droit, en effet, ne connait pas notre procédure actuelle de l'article 1166; le créancier n'a aucune action pour faire tomber l'aliénation faite en fraude de ses droits : l'*obligatio generalis* qui lui a été consentie lui permet uniquement d'exécuter les biens dont son débiteur est actuellement propriétaire.

Il est à noter, en passant, que ce droit s'applique à l'ensemble du patrimoine et peut aussi bien avoir pour objet des meubles et des immeubles. Ceci résulte des termes mêmes dans lesquels une *obligatio generalis* est rédigée, et c'est cette généralité même du gage qui a donné son nom à cette institution.

Les chartes portent, en effet, ces mentions absolument typiques : « sous l'obligacion et ypothèque de *tous mes biens meubles et immeubles* (1) » « et *obligation* par moy... de tous *mes aultres biens* et des biens de mes... hoirs et ayants cause *meubles et non meubles* (2) ».

Nous aurons occasion, dans la suite, de revenir sur cette idée que nous tenons dès maintenant à bien préciser, étant donné son importance relativement à la naissance du droit d'hypothèque.

Après avoir ainsi indiqué la nature et l'étendue du droit conféré au créancier par la clause d'*obligatio* insérée dans la charte, il est nécessaire de rechercher son origine.

La question de savoir comment elle a été introduite dans la pratique est encore fort obscure et partant sujette à de nombreuses controverses.

On peut dire, d'une façon très générale, que deux grands systèmes se trouvent en présence, les uns y voient une importation du droit romain, les autres, au contraire, en font une institution purement coutumière.

M. Esmein, dans son remarquable travail sur *Les contrats dans le très ancien droit français* (1), a donné, sur cette origine, une étude que nous avons signalée dans notre introduction, qu'il importe d'analyser d'une manière plus complète.

Pour lui, il faut rechercher l'origine de cette *obligatio* de tous biens *dans le droit romain.*

Au moyen âge, le créancier non payé à l'échéance de

---

(1) *Cartulaire de Saint-Etienne*, Archives municipales, G. 134, fol. 249.

(2) *Ibid*, fol. 206, v°. — Voyez également *Vieux cartulaire de Citeaux*, t. I, fol. 21. — *Cluny*, t. VI, n° 4813, p. 317 (a° 1244). — Voyez également : Gauthier, *Les Lombards dans les deux Bourgognes*, ch. XXXI, p. 144; ch. XX, p. 133.

(3) Esmein, *Etude sur les contrats dans le très ancien droit français*, p. 177.

la dette n'avait, en principe, pour gage, que les meubles de son débiteur, *la législation des capitulaires ne connut pas, à proprement parler, la saisie immobilière.*

Pour pouvoir vendre l'immeuble de son débiteur on ne pouvait se passer de son consentement, et ce consentement on l'obtenait par tous les moyens possibles, soit que, par persuasion, on arrivât à le faire donner de bonne volonté, soit que, pour vaincre la résistance des récalcitrants, on employât le moyen radical de la contrainte par corps ou qu'on établît à demeure, dans l'immeuble, des garnissaires qui vivaient à ses dépens.

Certaines coutumes allèrent même jusqu'à admettre la vente forcée des immeubles, mais le créancier n'avait alors à sa disposition que des procédures longues et difficiles, partant infiniment peu pratiques.

Mais, comme le fait remarquer M. Esmein, toute difficulté disparaissait si, dans le contrat qui contenait, en sa faveur, un engagement du débiteur, le créancier obtenait, par avance, l'autorisation de saisir les biens du débiteur pour le cas où il ne serait pas payé à l'échéance.

Or, à l'occasion de la renaissance du droit romain, vers la fin du douzième siècle et au commencement du treizième siècle, les jurisconsultes découvrirent qu'en droit romain, une clause, l'*obligatio bonorum,* l'hypothèque conventionnelle, avait précisément, pour effet, de permettre au créancier non payé d'employer les voies d'exécution vis-à-vis du patrimoine de son débiteur.

Ils imaginèrent de transporter ce mode de faire dans le droit coutumier et au moyen d'une clause d'*obligatio* que l'on insérait dans les chartes, le débiteur obligeait « lui et ses hoirs et tout le sien présent et à venir, meubles et héritages ».

Dès le début, cette *obligatio* offre les deux variétés que déjà elle présentait à Rome : *l'obligation générale et l'obligation spéciale.*

La première ne comportait pas le droit de préférence, quant au droit de suite, elle ne l'entraînait que dans des limites fort restreintes.

Il n'en était pas de même de l'obligation spéciale qui, relative à un nombre restreint d'immeubles déterminés, gagnait en énergie ce qu'elle perdait en étendue.

Telle est, pour M. Esmein, l'origine de l'obligation générale ; ce n'est pas autre chose que l'*obligatio* du droit romain que les juristes du moyen âge ont introduite dans la pratique pour donner au créancier les biens de son débiteur en gage.

Ils n'ont eu qu'à aller puiser dans le droit romain pour y trouver toute construite une théorie qu'il leur a suffi d'adapter aux idées et aux besoins de leur époque.

Pour nous, nous croyons au contraire et nous espérons démontrer que cette manière de voir est loin d'être conforme à la réalité des faits. Il nous apparaît que l'*obligatio generalis* que l'on rencontre dans le texte du moyen âge n'a pas une origine romaine et que ce n'est nullement l'*obligatio* de jurisconsultes romains.

Nous pensons pouvoir affirmer non seulement que son *origine est presque entièrement coutumière,* mais encore que loin d'avoir présenté dès l'abord les caractères qui l'ont distinguée par la suite, elle ne s'est formée que peu à peu, à mesure qu'elle était nécessitée par de nouveaux besoins et qu'elle n'est ainsi que le point d'aboutissement d'une longue évolution d'institutions coutumières tendant toutes vers ce but : donner au créancier une sûreté pour lui garantir, le cas échéant, le remboursement du montant de sa créance. Nous ne voulons cependant pas dire par là qu'elle soit absolument étrangère au droit romain ; nous verrons, par la suite, quelle en a été la part dans sa formation, mais nous pouvons signaler, dès maintenant, que les emprunts qu'elle a pu y faire sont fort restreints et n'ont guère eu pour résultat que de compléter, de préciser une notion qui existait déjà comme une réalité vivante dans la plupart de ses détails.

C'est sous le bénéfice de ces observations préalables que nous allons essayer de justifier ce que nous avons affirmé.

Si nous examinons le texte contenant des obligations générales, nous voyons que dans de nombreuses chartes, cette obligation générale est jointe à la garantie.

Dans un document de l'année 1255, nous rencontrons ce rapprochement (1) : « Hanc autem *obligationem*, ego et dicta uxor mea promittimus et tenemur, per juramentum nostrum super hoc prestitum a nobis, contra omnes guarantire, *bona nostra mobilia et immobilia ad ferendam hujusmodi guarantiam obligantes*, salvo feodo Ecclesie beati Petri Flavigniacensis. »

Il se retrouve, d'ailleurs, dans un certain nombre de documents (2).

Il n'y a, en somme, rien qui puisse nous surprendre, car les idées de gage, de garantie et d'obligation de tous biens sont des idées de la même famille, et il y a entre elles une indéniable connexité.

C'est là une précieuse indication, car nous pouvons conjecturer que tout au moins à l'origine, il existait une liaison intime entre la garantie et l'obligation, liaison qui subsiste peut-être inconsciemment dans les idées des juristes du temps, mais dont nous retrouvons des traces indéniables dans les assimilations constatées dans les textes.

Partant donc de cette idée de liaison entre l'obligation générale et de garantie, nous allons essayer de rechercher si nous ne trouverions pas, dans le rapprochement qui en

---

(1) De Charmasse, *Evêché d'Autun*, p. 34, n° 27 (a° 1255). — *Ancien cartulaire de Citeaux*, t. I, fol. 31. — *Ibid.*, fol. 31.

(2) De Charmasse, *Evêché d'Autun*, p. 348 (a° 1243). — *Ancien cartulaire de Citeaux*, t. I, fol 31 (a° 1214). — *Ibid.*, fol. 30 (a° 1215) — Gauthier, *Les Lombards dans les deux Bourgognes*, ch. CXXXVII, p. 273.

est fait par les textes, une indication nous permettant d'arriver à retracer l'évolution historique de cette institution et de montrer que cette obligation vient de l'*ancienne garantie, de la fidéjussion* dont nous avons étudié rapidement l'histoire dans notre précédent chapitre.

Nous croyons pouvoir affirmer que l'*obligatio generalis* a existé à partir du moment où le duc s'est porté fidéjusseur : *la fidéjussion du duc produit les mêmes effets que l'*obligatio *avec laquelle elle se confond.*

Cette théorie paraît, d'ailleurs, d'autant plus exacte qu'il se trouve des textes qui désignent l'engagement du fidéjusseur sous le nom d'*obligatio* (1).

D'autres textes indiquent également bien cette substitution de l'obligation générale à la fidéjussion.

Nous citerons une charte du *Cartulaire de Cluny* (2), qui précise qu'au lieu de donner un fidéjusseur on soumet tous ses biens aux créanciers :

« Cumque hoc ipsi prioris montis Zeberrii placuisset, pignus pro ipsis c solidis accepit, et loco cautionis se cum possessionibus et rebus suis potestati regine comisit... »

Nous allons étudier cette garantie donnée par le duc et montrer comment l'obligation générale en découle directement.

Nous savons de quelle manière la fidéjussion se donnait à la fin du douzième siècle, et nous avons observé que quelques documents mentionnaient la présence du duc comme fidéjusseur.

Cette tendance ne fait que s'accentuer au cours du treizième siècle : les textes sont toujours plus nombreux dans lesquels nous voyons le duc intervenir et se porter

---

(1) *Cartulaire de Cluny*, t. VI, n° 4478 (a° 1214) ; n° 4584 (a° 1229).

(2) *Cartulaire de Cluny*, t. V, n° 4326 (a° 1188). — Gauthier, *Les Lombards dans les deux Bourgognes*, ch. XLII, p. 159 et 160.

garant ; à cette époque l'évolution est accomplie : le fidéjusseur est toujours le seigneur justicier (1).

L'existence du duc fidéjusseur n'a rien qui nous puisse étonner : on devait naturellement être amené à constituer, comme garant de l'obligation, le seigneur justicier.

Nous savons en effet que, au douzième siècle, comme à l'époque burgonde, le fidéjusseur a pour mission de *contraindre le débiteur* à s'exécuter, à remplir les obligations souscrites par lui et dont il s'est *porté garant.*

D'autre part, si le débiteur se refuse à tenir son engagement, c'est le fidéjusseur lui-même qui supportera la conséquence de ce fait, ainsi que l'indique un document que nous avons déjà cité, dans lequel le duc se porte *fidejussorem et obsidem,* montrant par là qu'il se considère comme otage. (Document précédemment cité.)

Donc, au treizième siècle, le fidéjusseur, qui est le seigneur justicier, apparaît comme se portant garant de l'exécution de l'obligation contractée en sa présence.

Il est tout naturel que le créancier, au lieu d'accepter pour garant une personne quelconque, incapable la plupart du temps de remplir l'office auquel elle s'est astreinte, cherche à se procurer un homme puissant et fort contre lequel elle pourra, le cas échéant, exercer un recours qui ne sera pas illusoire ou qui, par son ascendant moral, sera lui-même capable de forcer le débiteur à exécuter les prestations auxquelles il s'est engagé.

Or, quel est l'homme qui est le plus propre à remplir cette tâche ? Sans aucun doute, c'est celui qui commande à tous, qui a sur tous une indéniable suprématie, j'ai nommé *le duc.* C'est donc sur lui que doit nécessairement porter le choix des parties contractantes, lui seul offre

(1) *Collégiale de Saint-Etienne,* n° 8. — *Cartulaire de Cluny,* t. VI, n° 4478 (a° 1214) ; n° 4525 (a° 1220) ; n° 4583 (a° 1229). — Petit, t. III n° 1141 (a° 1206) ; n° 1241 (a° 1210) ; n° 1251 (a° 1211) ; 1294 (a° 1214).

toutes les garanties qu'exigent les obligations du fidéjusseur, lui seul pourra, à une époque où la force apparaît encore comme la véritable garantie du droit, offrir une pleine sécurité au créancier.

Quels vont être les effets de cette garantie ?

Tout d'abord, le seigneur justicier, qui s'est porté garant de la dette, va, comme l'ancien fidéjusseur de la loi burgonde, se faire *remettre des gages* (1).

Ce droit de gage, conféré au duc, comporte une étendue considérable.

Le débiteur, en effet, lui remet en mains la généralité de son patrimoine, *tous ses biens meubles et immeubles,* et non pas seulement un bien spécialement désigné et proportionné au montant de la créance à garantir.

Il est très important de noter cette généralité du gage donné au fidéjusseur, car nous aurons, au cours de cette étude, l'occasion de revenir à nouveau sur ce fait.

Un certain nombre de textes indiquent cette généralité, qui ne saurait être mise en doute.

Un texte du prieuré de Bar-le-Régulier, rapporté par Petit dans son *Histoire des ducs de Bourgogne* (2), montre bien la remise de tout ce que possède le débiteur entre les mains du duc :

« Et ut ista donatio firmiter haberetur, me fidejussorem domui posuerunt. Ipsi vero *quicquid possidebant...* in manu nostra obligaverunt. »

Ceci est encore confirmé par un document du *Cartulaire de l'abbaye de Cluny :*

« ...Et ad hoc firmiter servandum et tenendum omnia

---

(1) Quelquefois le fidéjusseur est tenu sur ses biens propres : « Et sumes tenus au dit Jehan nostre oncle, sur l'obligation de nos biens, lui garder de domaiges de cette plegerie. » (Gauthier, *Les Lombards dans les deux Bourgognes*, ch. XVI, p. 119). — Ce ne devait évidemment être que l'exception.

(2) Petit, *Histoire des ducs de Bourgogne*, t. III, n° 1214 (a° 1209).

bona nostra mobilia et immobilia ubicumque existentia... obligantes (1). »

« ...Et loco cautionis, se *cum possessionibus* et *rebus suis* potestati *regine* commisit (2). »

On voit bien ici l'engagement de la totalité des biens du débiteur envers le fidéjusseur.

Si, maintenant, nous recherchons de quelle façon les gages sont remis au duc, nous pouvons penser que, dans la plupart des cas, le débiteur remet lui-même ces gages entre ses mains.

Mais en présence d'un débiteur récalcitrant, il est certain que le duc va pouvoir en opérer la saisie ; il est très important d'établir ce droit de saisie du tribunal.

Si l'on se reporte à un texte de l'année 1210 (Archives de la Côte-d'Or, Chambre des comptes, B. 10470) (3), le doute, relativement à l'existence d'un pareil droit, ne peut être permis.

Il s'agit d'une vente au duc de Bourgogne, par Raoul ; cette vente est accompagnée d'une clause pénale dont voici la teneur : « Si vero, quod absit, ab ista venditione resilirem, comes Petrus, dominus meus *fiduciavit* se esse *plegium* erga ducem de mille libris giemensium et tenere hostagium ad mandatum ducis apud montem Barri, dux etiam dictum castrum *in manu sua teneret* quousque haberet mille libras giemensium. »

Le duc se montre donc avec une double qualité : celle de *fidéjusseur* et celle d'*arbitre choisi par les parties*.

Comme fidéjusseur, il a en main l'ensemble du patrimoine, les biens meubles et immeubles, que le débiteur a dû lui remettre.

En sa qualité d'arbitre choisi par les parties et de

---

(1) *Cartulaire de l'abbaye de Cluny*, t. VI, n° 4813 (a° 1214).
(2) *Id.*, n° 4326 (a° 1188).
(3) Petit, t. III, n° 1229.

seigneur justicier possédant tous les attributs de sa fonction et notamment le pouvoir judiciaire, il aura la possibilité d'exercer, contre le débiteur récalcitrant, la contrainte ordinaire (1), ou un interdit, s'il est ecclésiastique (2).

Que se passera-t-il si, à l'échéance de la dette, le débiteur ne peut ou ne veut payer ?

Le créancier se rendra devant le seigneur justicier qui, sur sa demande, prononcera une sentence de condamnation et l'autorisera, en vertu de cette décision, à poursuivre la réalisation des biens meubles et immeubles qu'il détient comme fidéjusseur.

Le créancier se trouve ainsi avoir pour gages un ensemble de meubles et d'immeubles appartenant à son débiteur, biens représentant le montant de sa créance et sur lesquels il pourra exercer les voies d'exécution si, à l'échéance de la dette, ce débiteur n'exécute pas ses engagements.

Le mécanisme de cette garantie offerte par le seigneur justicier est nettement indiqué dans une charte de 1211, rapportée dans Petit (3).

Mathilde, comtesse d'Auvergne, atteste que Bartelemi et Guillaume ont donné au prieuré de Bar-le-Régulier ce qu'ils avaient sur le territoire de Savilly.

Ils ont pris la comtesse Mathilde comme fidéjusseur, et voici comment la charte décrit cette opération :

« Et ut ista donatio firmior haberetur, me fidejussorem domui posuerunt. *Ipsi vero quicquid possidebant,* ne donatio perturbaretur, *in manu nostra obligaverunt...* »

---

(1) Petit, t. III, n° 1084. — *Cartulaire de Cluny*, t. VI, n° 4678 (a° 1235). Dans cette charte, Hugues de Bourgogne confirme les conventions intervenues entre les moines de Cluny et Gautier ; il indique que si une des parties vient à manquer à son engagement « debet ipsum compellere », ce qui montre bien le pouvoir de contrainte exercé par le duc.

(2) *Cartulaire de Cluny*, t. VI, n° 4710 (a° 1248). — Gauthier, *Les Lombards dans les deux Bourgognes*, ch. XLIX, p. 170.

(3) Petit, *Histoire des ducs de Bourgogne*, t. I, n° 1214, p. 420.

Il résulte de tout ceci ce fait très important que *le créancier, après la sentence de condamnation, se trouve en possession de tous les droits, que nous avons considérés comme appartenant au bénéficiaire d'une obligation générale.*

Mais jusqu'ici, la nécessité d'une sentence de condamnation existe.

Il nous reste maintenant à rechercher comment, en pratique, on est arrivé à conserver au créancier le bénéfice de cette garantie du duc, tout en le dispensant d'accomplir l'ensemble de ces formalités gênantes qui lui étaient imposées pour obtenir cette garantie ; en d'autres termes, nous essaierons d'établir comment le seul engagement du débiteur (*la clause d'obligation générale insérée dans la charte*) a suffi pour donner au créancier un gage sur la généralité des immeubles du débiteur, alors que, primitivement, il était nécessaire, pour arriver à ce résultat, de recourir à la garantie du duc et d'obtenir une sentence de condamnation.

Voici, selon nous, comment s'est faite cette évolution.

On a d'abord considéré le débiteur comme *confessus*, c'est-à-dire comme soumis à un jugement le condamnant ; puis cette *confessio* est devenue clause de style et a disparu de la charte : la seule clause d'*obligatio* du débiteur a suffi pour le soumettre à tous les effets de la fidéjussion et de la sentence de condamnation du duc.

Si nous examinons des chartes portant obligation générale, nous voyons qu'il y a, dans un grand nombre d'entre elles, une mention souvent répétée et qui est de nature à attirer spécialement notre attention.

Ces chartes indiquent, à côté de l'*obligatio* de tous biens consentie par le débiteur, une *confessio* de ce dernier (1).

---

(1) Voyez à titre d'exemple une charte du *Cartulaire de Saint-Etienne*, G. 134, fol. 205 v°, de l'année 1227. — Un document, du 6 juin 1312, repro-

Le débiteur se déclare *confessus*, c'est-à-dire dans la situation d'une personne qui, faute de moyens de défense à opposer à la prétention de son adversaire, s'est reconnue débiteur du montant de la réclamation formulée contre elle et a avoué, devant la justice, sa dette

Or, il est certain que, si les textes font mention de cette *confessio*, dont on n'aperçoit plus très bien la nécessité dans la charte, c'est qu'à un moment donné, cette *confessio* du débiteur a bien, en effet, existé comme une formalité substantielle pour la validité de l'engagement.

Et voici comment s'explique l'existence de cette *confessio* : elle est apparue dans la pratique du droit, à la suite des efforts faits par les juristes de l'époque pour simplifier les formalités fort compliquées auxquelles le créancier était obligé de recourir pour obtenir un gage général sur les meubles et les immeubles de son débiteur, à savoir la garantie du duc, et par le désir qu'ils avaient de se rapprocher de plus en plus de la saisie privée sans qu'il soit besoin d'obtenir un véritable jugement de condamnation.

Il était, en effet, nécessaire pour le juge de prononcer, contre le débiteur, soit un jugement de condamnation, soit un interdit permettant au créancier d'exercer des poursuites.

Or, la nécessité de prononcer le jugement disparaissait, si le débiteur reconnaissait sa dette en justice, car une règle romaine bien connue décide que l'aveu du débiteur équivaut à un jugement de condamnation prononcé contre lui : *confessus pro judicato habetur*.

On imagina donc d'appliquer cette règle à notre matière de la garantie du duc, ce qui amena la suppression de la

---

duit par M. Gauthier dans *Les Lombards dans les deux Bourgognes*, mentionne cette *confessio* (p. 158) : « Et toutes ces choses... *confesse* et hai *confessei* en droit por devant noz li diz Jehans de Saint-Louf. » — Voyez également : *Ibid.*, ch. XXXIV, p. 153.

nécessité par le seigneur justicier de rendre un jugement de condamnation : on considéra que le seul fait, par le débiteur, de reconnaître sa dette devant la justice, suffirait pour le mettre dans la même situation que celle où il serait s'il avait été condamné à payer.

Nous retrouvons, d'ailleurs, une trace de cette possibilité pour le créancier de se mettre en possession des biens engagés, en dehors de la sentence du juge.

C'est un document de l'année 1239, dans le *Cartulaire de Cîteaux* (t. I, fol. 21).

Il s'agit d'une vente faite par Nicholaus à l'abbaye de Cîteaux, moyennant un prix à percevoir annuellement sur le manse *qui dicitur de Choires*.

Il y est indiqué que s'il n'y a pas de paiement au terme fixé aux religieux de Cîteaux ou à leur mandataire, ils pourront se mettre, de leur propre autorité, en possession dudit manse jusqu'à ce qu'ils soient pleinement payés.

Donc, à l'origine, il y eut bien une *confessio* du débiteur.

Mais cette exigence de la comparution en justice ne devait pas tarder à devenir lettre morte (1).

En effet, sous l'empire des besoins de la pratique et avec le temps qui s'écoulait et rendait obscure la raison d'être des formalités anciennes qui ne paraissent plus que comme des entraves, on arrivera à ne plus même prendre la peine de se présenter devant le duc : il parut que la simple mention de la *confessio* dans la charte suffisait pour engager les biens du débiteur, et on se borna à indiquer, à côté de l'engagement de fait des biens du débiteur, la mention de sa *confessio* ; il suffisait au débiteur de contracter un engagement à l'égard de son créancier pour que

(1) Un texte de 1304, cité par M. Gauthier, dans *Les Lombards dans les deux Bourgognes*, indique cet abandon de la présence du juge : « Le diz messires Jehans de Bourgoigne ai obligé et oblige... tous ses biens moubles et non moubles .. sanz recréance faire et *sanz requerir.* »

celui-ci eût comme gage les biens meubles et immeubles qui sont à l'avenir affectés à la sûreté de la créance ; cet engagement, c'est l'obligation générale telle qu'elle se manifeste dans les textes et telle qu'elle existera désormais dans la pratique du droit.

Cependant, la nécessité de recourir à la justice n'a pas disparu entièrement ; il en subsista toujours une trace dans l'obligation pour la partie de faire intervenir l'autorité supérieure au contrat : intervention qui se manifestera par *l'apposition du scel,* puis par la *présence du notaire.*

Tout ce qui précède se trouve en outre corroboré par ce passage des *Arrêts notables du Parlement de Bourgogne,* de Perrier (1), qui montre bien qu'au dix-huitième siècle on avait encore conscience de cette évolution :

« Aussi ces actes faits par-devant notaire sont regardez comme des *jugemens :* les notaires sont appelés des juges cartulaires, juges des conventions ; ils *condamnent* les parties de leur consentement à l'exécution des actes et l'ancienne formule des contrats et actes qui portent une action parée contenait cette *condamnation expresse* au lieu qu'à présent elle est *virtuelle* et *sous entendue.* »

Voilà comment nous croyons pouvoir établir la genèse de l'obligation générale qui nous apparaît bien, ainsi que nous l'avions indiqué dès l'abord, et comme nous avons essayé de le montrer au cours de ce chapitre, comme une *institution presque entièrement coutumière* et n'ayant que de lointaines attaches avec le droit romain, qui n'a guère fait que de la préciser et d'en mieux délimiter les contours.

C'est ainsi que le créancier a pu avoir un droit de gage général sur les biens tant meubles qu'immeubles de son débiteur, mais ce qu'il importe de noter c'est que ce

(1) Perrier, *Arrêts notables,* t. I, p. 468.

droit de gage est un droit purement personnel ; sans doute le patrimoine de son débiteur est affecté à la sûreté de sa créance, mais il ne peut poursuivre ces biens que par l'intermédiaire de son débiteur lui-même ; il n'a pas sur eux un droit direct comme est le droit d'hypothèque.

Cette idée, d'ailleurs, est bien celle des auteurs allemands dont nous avons exposé la théorie d'une façon sommaire dans notre chapitre préliminaire.

Pour eux, le débiteur reconnaît sa dette devant le tribunal et est condamné à payer. Cette condamnation produit l'effet de la condamnation d'un jugement ; le terme arrivé, le créancier a, par avance, l'exécution parée, un titre exécutoire et pourra faire vendre le patrimoine de son débiteur. La clause d'obligation générale suppose cette formalité sous-entendue et produit les mêmes effets.

Il est certain qu'il y a là au moins un élément de vérité et il est indiscutable qu'à la fin du treizième siècle, la *confessio* apparaît comme fournissant le moyen pour le débiteur d'engager ses biens ; cette clause insérée dans la charte n'est que la survivance d'une formalité imaginée par les jurisconsultes du moyen âge, pour permettre au créancier d'exécuter les meubles et les immeubles du débiteur et qui consistait uniquement dans le fait de se présenter devant la justice, d'avouer sa dette et de bénéficier ainsi des avantages d'une *confessio* faite en justice. Nous le répétons, cette théorie a pour elle l'avantage de se rapprocher de la vérité, en ce qu'elle assigne à l'*obligatio* générale une origine coutumière, mais elle a le tort de laisser penser que l'origine même de l'obligation est dans le fait de juristes qui, ayant pour but de procurer au créancier un droit de poursuite, ont imaginé de supposer une *confessio*.

Pour nous, nous allons plus loin, nous croyons que l'on peut affirmer, comme nous l'avons montré, que cette *confessio* qui se montre dans les textes, n'a pas été imaginée par les juristes et créée entièrement par eux pour arriver à donner le bien du débiteur en gage au créancier. Nous croyons, au contraire, que c'est par le jeu même de l'évolution des institutions coutumières (fidéjussion et garantie du duc), que l'on est arrivé à donner au débiteur, vis-à-vis de son créancier, une situation de fait analogue à celle du *confessus* ou de celui contre lequel un jugement de condamnation a été obtenu ; cette situation, une fois créée, a été précisée par les juristes et les commentateurs qui, remarquant son analogie avec la *confessio*, l'ont identifiée avec elle, mais nous le répétons, ce ne sont pas eux qui ont créé de toutes pièces cette institution et si, à un moment donné, on a pu considérer ce débiteur comme *confessus*, c'est qu'on n'a fait que de caractériser par un mot, emprunté à la langue romaine, un état de fait créé par l'évolution d'institutions coutumières, tendant à faire donner au créancier comme gage les biens meubles et immeubles de son débiteur.

Telle est l'obligation générale qui se manifeste comme un droit personnel sur certains biens, meubles et immeubles du débiteur, spécialement affectés à la sûreté de la créance.

Le créancier possède sur le meuble et l'immeuble un droit identique et ce droit n'a aucun des caractères de celui qui, en général, s'applique aux immeubles.

On a voulu donner au créancier un droit sur l'immeuble, alors que, à l'origine, nous le savons, les meubles seuls sont saisissables.

Pour cela, on imagine d'assimiler le meuble et l'immeuble, on donne un même droit sur l'un et l'autre par la clause obligatoire qui apparaît ainsi comme réalisant, au regard du créancier, *la mobilisation des immeubles du débiteur*.

Sans doute, nous sommes loin de l'hypothèque, puisque

le créancier n'a pas de droit réel sur son gage et que ce droit réel est de l'essence même de l'hypothèque.

Mais il y a dans l'obligation générale un acheminement vers cette institution. Car, tandis que, à l'origine, le créancier se voyait dans l'impossibilité d'obtenir conventionnellement un gage mobilier et immobilier pour s'assurer contre les risques de l'insolvabilité de son débiteur et devait se contenter de l'unique sûreté qui s'offrait à lui, à savoir la personne physique de ce débiteur, puis, plus tard, ses meubles, ce dernier peut, au moyen de l'obligation générale, obtenir, pour garantie de l'obligation qu'il contracte, ses meubles et ses immeubles, qui pourront, le cas échéant, être exécutés à son profit et ceci en l'absence de toute formalité judiciaire et par la seule force de la convention.

Il manque à cette institution pour s'identifier avec l'hypothèque moderne, la possibilité de pouvoir suivre l'immeuble à lui donné en gage en quelque main qu'il soit passé.

A ce point de vue, l'obligation générale a été complétée par l'obligation spéciale dont nous aborderons l'étude dans la section suivante.

SECTION II

SURETÉS RÉELLES

---

§ 1er. — *L'engagement d'un assignat.* — Apparition au treizième siècle de l'engagement d'un assignat. — Sa définition. — Celui qui tient la terre doit l'assignat, mais il n'y est obligé que comme détenteur. — Mécanisme de l'engagement d'un assignat. — Il présente un progrès remarquable. — Ses défauts. — Nature de l'assignat : c'est un droit réel ; c'est un droit sur la jouissance du bien.

§ 2. — *L'obligacio par espécial.* — On doit la distinguer soigneusement de l'obligation générale. — L'*obligacio par espécial* vient du gage et de l'assignat avec lesquels les textes la confondent. — Elle donne à son bénéficiaire un droit *réel* sur la valeur de *jouissance* du gage. — Elle ne permet pas de vendre le bien engagé. — En quoi elle se rapproche de l'hypothèque ; en quoi elle en diffère.

---

§ 1er. — *L'engagement d'un assignat.*

Nous avons étudié dans le précédent chapitre le système des sûretés réelles aux dixième et onzième siècles et jusqu'à la fin du douzième siècle. Le débiteur, pour assurer son crédit, constitue à l'origine *un mort gage.* Puis, cette première forme du gage disparaît pour, un peu plus tard, faire place au *vif gage,* qui tient une très large place parmi les sûretés réelles.

Ce vif gage subsiste aux treizième et quatorzième siècles, il conserve les caractères que nous lui connaissons déjà. Son étude plus approfondie ne présentant pas d'intérêt pour notre travail, nous nous bornerons à ces simples indications.

A côté de mort et vif gage des dixième, onzième et douzième siècles, nous voyons, tout à fait à la fin du douzième ou au commencement du treizième siècle, une forme du gage un peu différente s'introduire dans la pratique : c'est l'*engagement d'un assignat*.

Il était né à la suite des nécessités nouvelles et de l'impuissance de l'ancien gage à y subvenir.

L'engagement, en effet (mort gage et vif gage), ne donnait au créancier qu'un droit de jouissance sur la chose : le créancier était obligé d'exploiter lui-même le bien.

Il y avait là un gros inconvénient si ce créancier se trouvait dans l'impossibilité de cultiver lui-même la terre.

De plus, par la force même des choses, le débiteur se voyait dans la nécessité d'abandonner la possession de l'immeuble donné en gage, il perdait ainsi un moyen de crédit dont il eût pu user à l'occasion.

Cette forme du gage n'était donc avantageuse ni à l'une ni à l'autre partie.

Aussi, de bonne heure, on essaya de remplacer cet engagement ancien par une nouvelle formule : l'engagement non plus d'un immeuble quelconque, mais d'un *assignat*.

Dans son sens premier, le mot assigner veut dire fixer : c'est ainsi qu'il est pris lorsqu'on assigne à comparaître en justice (1).

Ce mot s'applique également à une *personne* ou à une *chose :* dans l'assignat, on fixe la personne ou le bien qui doit fournir la prestation.

L'assignat de la personne est rare ; au contraire, celui du bien est très fréquent dans les textes.

---

(1) V. Petit, t. III, n° 740 : « Assignare diem... » — *Chronique de Bèze*, p. 412 : « Assignamus testes. »

C'est de cette sorte d'assignat dont nous nous occuperons uniquement.

Nous donnerons à titre d'exemple un acte constitutif d'un assignat.

Foulques donne en aumône « singulis annis in perpetuum quadraginta solidos lingonensium quod assigno eis in censibus pratorum que sunt in potestate Varennarum : quod vero reliquum fuerit assigno eis in reddibus ville que vocatur Chesas (1) ».

On peut définir l'assignat : la fixation d'un bien, habituellement d'un héritage corporel ou incorporel, pour garantir le paiement d'une redevance. En réalité, il y a ici une sorte de personnalité de la terre ; c'est la terre qui doit par l'intermédiaire de celui qui la cultive ; le propriétaire a assigné sur son héritage une certaine redevance, une certaine somme d'argent qui devra être payée, à une personne qu'il désigne, par tout détenteur de la terre.

Il s'en suit que l'individu en faveur de qui la rente est constituée n'occupe pas le bien lui-même et ne le cultive pas ; il n'a qu'à s'adresser au détenteur actuel et à lui réclamer son dû, c'est-à-dire le paiement de la rente attachée, assignée sur l'immeuble.

Nous croirons avoir démontré très suffisamment ce que nous avançons, en établissant les deux points suivants, à savoir que :

Celui qui tient la terre doit l'assignat.

Mais que c'est la terre elle-même qui est obligée et que celui qui la tient n'est lui-même obligé que comme détenteur.

Et tout d'abord, celui qui tient la terre doit l'assignat.

Il est facile de justifier cette idée : les textes nous montrent bien que c'est la personne même qui se trouve en

---

(1) Petit, t. I, n° 237.

possession du bien sur lequel un assignat a été constitué, qui sera chargé d'acquitter cette redevance.

Nous retrouvons cette nécessité dans un texte de l'ancien Cartulaire de Citeaux : le prévôt d'Autun fait savoir que sa mère a fait un don *in bona prosperitate sua*.

Si les Coutumes assignées de la ville de Rolles ne suffisent pas à payer les dix setiers d'avoine :

« Qui dominium habebunt ville de Rolles de tertiis eiusdem ville tenentur solvere fratribus Buscerie residuum (1). »

C'est donc la personne même qui tient le bien qui est tenue de payer en première ligne ; le bien n'est engagé que subsidiairement.

Un document de Citeaux, de l'année 1234, nous précise bien ce point (2) :

« Quicumque dictum mansum tenebit, tenetur nichilominus reddere dictam costumam predictis cistercientibus annuatim. »

Nous avons d'ailleurs de nombreux documents en ce sens (3).

Souvent, pour garantir davantage le créancier, on voit que les personnes qui devront payer le cens jurent de l'acquitter fidèlement (4).

Mais cet engagement personnel n'est qu'un accessoire : il n'est nullement nécessaire. Ce n'est qu'une garantie de plus. Il ne se confond pas avec l'assignat, qui a son existence propre.

L'assignat, en effet, se suffit à lui-même et il n'est nul besoin, pour que le créancier profite de sa garantie, que

---

(1) *Ancien cartulaire de Citeaux*, t. I, fol. 19 v°.

(2) *Id.*, t. I, fol. 7.

(3) Voyez spécialement *Ancien cartulaire de Citeaux*, t. I, fol. 16 (a° 1189).

(4) Petit, *Histoire des ducs de Bourgogne*, t. III, n° 1038.

l'immeuble soit occupé, car *si l'exploitant fait défaut, c'est la terre elle-même qui est obligée.*

On retrouve souvent ces expressions : *quod si forte possessor...., quod si non reddideris...*

D'autres documents viennent également à l'appui de cette théorie.

Nous citerons tout spécialement une charte du *Cartulaire de Cîteaux* qui montre bien l'obligation, pour celui qui cultive le bien, de payer le cens et la possibilité, pour les bénéficiaires de l'assignat, de saisir l'immeuble en cas de non-paiement (1).

Wiardus donne à Cîteaux 25 solides de rente annuel et, à sa mort, 10 solides :

« Odo de Turre, ad quem ex parte uxoris sue predicti Wiardi devenit hereditas, in mea presentia memoratis monachis assignavit tam viginti quinque decem solidos super pratum quoddam quod situm est sub Balon et vocatur Praterons, una quod quicumque predictum pratum tennerit prescriptos xxxv solidos tenebitur persolvere media quadragesima nunctio monachorum. Si vero prefatus census non fuerit redditus, pratum ipsum tenebunt monachi quoadusque census fuerit persolutus. Concessit etiam idem Odo quod nec ipse nec alius qui prefatum pratum tenerit ipsum vendere vel invadiare poterit, nisi non de assensu Cistercis nec alicui ecclesie alie in elemosinam poterit assignare. »

L'assignat a donc bien pour effet, ainsi que nous l'avons dit, de fixer sur une terre une certaine somme d'argent, laquelle devra être payée au bénéficiaire de l'assignat par le détenteur de la terre, qui, lui-même, n'est tenu à cette obligation, non personnellement, mais réellement, comme possesseur du bien.

---

(1) *Ancien cartulaire de Cîteaux*, t. I, fol. 7. — Voyez également à l'appui de la même thèse, Petit, t. III, n° 1240.

Il est dès lors facile de comprendre comment le débiteur a pu se servir de l'assignat pour fournir une sûreté à un créancier.

Il lui suffisait pour cela de le donner en gage : *c'est l'engagement de l'assignat.*

On voit le mécanisme de cette opération.

Le débiteur établit un assignat sur un héritage lui appartenant, puis il engage cet assignat à son créancier, pour le garantir du paiement de la dette contractée.

Le créancier n'a, dès lors, plus besoin de cultiver le bien lui-même : il n'a, dans le cas de non-paiement, qu'à s'adresser au détenteur actuel de la terre assignée, qui se verra dans la nécessité de lui servir la rente convenue. Il s'en suit qu'un créancier, qui n'aurait eu que faire d'un gage dans sa forme ancienne, peut se contenter d'un assignat dont il pourra tirer parti.

Il faut d'ailleurs noter en passant que, en dehors d'une constitution de gage, l'assignat servait à des usages variés. Nous ne nous étendrons pas sur ce fait : il nous suffira de dire qu'il pouvait servir à réaliser une donation de revenus, qu'il garantissait la dot de la femme (1), et il a, à ce point de vue, son origine dans une combinaison du gage et du douaire (2).

Enfin, l'assignat peut remplacer un paiement : un débiteur ne peut acquitter sa dette, au lieu de vendre son bien, il donne au monastère un assignat (3).

Mais l'assignat servait surtout, comme nous l'avons dit, *à réaliser un engagement.* C'est le point qui nous intéresse le plus particulièrement et qui mérite de plus longs développements.

Ces gages d'assignat furent nombreux : rien n'était plus

(1) Giraud, *Grand coutumier de Bourgogne*, § 22, p. 163.

(2) *Coutume de 1459*, titre IV, art. 22. — *Cahiers de 1569*, titre VII, art. 219.

(3) *Ancien cartulaire de Cîteaux*, t. I, fol. 17 v°.

facile, en effet, que de se servir d'une garantie présentant d'aussi grands avantages, que d'engager un assignat jusqu'au paiement d'une certaine somme.

Une charte de Cluny, de l'année 1164, mentionne cette forme d'engagement (1).

« Iterum Cistercienses et Vergiacenses monachi inter se statuerunt, ne a quolibet priore Vergiacensi monachi Cistercienses, *prefatum censum in vadimonium* vel aliquam commutationem acceperent, absque consensu totius Vergiacensis capituli (2). »

Un texte extrait de Lambert de Barive, analysé dans Petit (3), nous semble bien contenir l'engagement d'un assignat.

« Eudes, duc de Bourgogne, s'adressant à l'archevêque de Lyon..., déclare que, s'étant engagé envers l'abbé de Cluny au paiement de 500 livres pendant cinq années..., il était arrivé que les engagements n'avaient pu être tenus..., mais que, voulant indemniser la même abbaye, il donne droit de percevoir sur les péages de Beaune 4 deniers sur toute marchandise, aussi longtemps qu'il sera nécessaire pour que les 500 livres puissent être acquittées. »

L'engagement de l'assignat présentait un progrès remarquable, si on le compare à l'ancien engagement.

La nouvelle forme du gage est profitable à la fois au créancier et au débiteur.

Grâce à la pratique de l'assignat, le créancier n'est plus mis en possession du bien ; il n'est plus obligé de l'exploiter, il lui suffira de percevoir la rente assignée sur l'immeuble, prestation qui devra lui être fournie par le détenteur de la terre, quel qu'il soit.

---

(1) *Cluny*, t. V, p. 565, n° 4218.

(2) Voyez également : *Cluny*, t. V, n° 4411, p. 788 (a° 1204). — *Ibid.*, n° 4420, p. 792 (a° 1205). — Petit, t. III, n° 1320. — Petit, t. III, n° 1087.

(3) Petit, t. III, n° 1067 (Bibliothèque nationale, latin, n° 9096, fol. 73 v°. Extrait de Lambert de Barive).

Si on lui a donné un assignat pour le garantir au cas de non-paiement, il devra réclamer la rente assignée sur l'immeuble.

Le débiteur y trouve aussi son avantage, car il conserve la propriété et la possession du bien assigné : il pourra continuer son exploitation et bénéficier ainsi de la différence qui existe entre les produits de son travail et le montant de la rente.

Cependant, on voit le défaut de ce système.

Le créancier ne pourra pas arriver à la vente de l'immeuble, seul moyen d'obtenir le capital représentant pour lui le montant de l'obligation dont il n'a pu avoir le paiement. Il devra se contenter de percevoir la rente attachée à cet immeuble; or, il est certain que cette rente, principalement pour les créanciers citadins, ne se présente pas comme équivalant à un capital.

De plus, à supposer que la terre soit délaissée, le créancier avait bien encore une possibilité de l'exploiter lui-même, mais nous avons vu que cette faculté était, en fait, bien souvent illusoire.

Il fallait arriver à l'aliénation du bien. Cette étape ne fut franchie que par la suite, seulement lorsqu'apparut l'hypothèque proprement dite.

Relativement à la nature du droit, de même que l'engagement proprement dit (vif gage ou mort gage), l'engagement d'un assignat fait naître au profit du créancier gagiste *un droit réel.*

Des documents, il est vrai assez rares, nous montrent que le titulaire de l'assignat est investi d'un véritable *droit réel.*

Ces documents nous parlent de l'investiture du revenu donnée au créancier à qui un assignat a été consenti.

Nous avons trois textes qui mentionnent cette investiture du titulaire du droit :

C'est d'abord un document du *Cartulaire de Citeaux*, t. Ier, de l'année 1255 (1).

Bartholdus, miles, donne à l'abbaye de Citeaux un setier de froment et un setier d'avoine.

Il en fait l'investissement aux moines : *et inde fratres investivit.* Quiconque tiendra la grange ou la terre attenantes devra les payer (2).

Cette nécessité d'une investiture est également mentionnée dans un texte de ce même cartulaire en l'année 1239.

« Nicholas de Flamas vendidit et tradidit *et omnino dimisit* unum sextarium frumenti. »

Nous trouvons dans Petit un texte important (3).

Alexandre, frère du duc de Bourgogne, donne aux chanoines de Notre-Dame de Beaune 7 sols de rente assis sur divers meix de sa terre.

« Inde testes sunt : Hugo... *per quorum manus illi septem solidis assignati sunt* ».

Il y a bien là investissement réel en faveur du créancier.

Mais en dehors de ces trois textes, l'existence d'un droit réel peut s'induire de ce fait que nous rencontrons au treizième siècle la possibilité pour le créancier d'opérer la saisie pour se procurer la jouissance de la terre; or, si nous considérons qu'à cette époque ce n'est qu'en vertu d'un droit réel que l'on peut pratiquer la saisie, on est amené à penser que le gagiste, ayant la faculté de saisir, devait nécessairement posséder un droit réel sur l'assignat qui lui avait été consenti, il avait sur ce bien un véritable droit de propriété dans le sens où on l'entendait alors.

D'ailleurs si on parcourt les chartes contenant constitution d'assignat au profit d'un créancier, il est facile de

(1) *Ancien cartulaire de Citeaux*, t I, fol. 19.
(2) *Id.*, t. I, fol. 21.
(3) Petit, t. III, n° 994.

se rendre compte que les formalités ou les exigences qu'elles retracent, impliquent bien l'existence de ce droit réel.

Nous n'en citerons qu'une qui est intéressante et qui paraît très propre à appuyer notre manière de voir et à la fortifier.

C'est le testament de Guillaume de Bourgogne Montagu, en l'an 1299.

Dans son testament, Guillaume de Bourgogne Montagu établit des fondations de messes qui doivent être célébrées par deux prêtres.

« Et quod quilibet ipsorum habeat decem libratas terre ad vien. annui reditus, quas assedeo et assigno supra misiam meam... Et si dominus dux Burgundie nollet quod predicte viginti librate terre ad vien. annui redditus essent assesse supra predictas misias (1). »

Il suppose que l'assignat exige le consentement du suzerain : le débiteur qui veut donner en gage un assignat établi sur un bien, ne peut le faire qu'avec le consentement de son suzerain.

Cela montre bien que l'assignat est un acte de disposition, qu'il procure sur la chose un droit réel ainsi que nous voulions l'établir.

De ce qui précède il résulte que l'assignat est un droit réel, mais non pas un droit réel sur la propriété telle que nous la considérons actuellement : c'est un droit réel sur la propriété dans sa conception ancienne, qui est la jouissance ; en un mot, c'est un droit de jouissance à peu près analogue à notre usufruit moderne.

C'est ce qui nous reste à établir.

De même que pour l'ancien gage, l'engagement d'un assignat crée, au profit du titulaire, un droit sur la jouis-

(1) Testament de Guillaume de Bourgogne Montagu. — Petit, t. III, p. 502, n° 1493.

sance d'une chose, mais ce droit est plus complexe que quand il s'agit du gage ordinaire.

Car ici, la jouissance de la chose n'est plus directe ; on a bien un droit sur la jouissance de la chose, mais par l'intermédiaire d'une autre personne qui, elle-même, exploite la chose.

C'est cette jouissance seule qui se trouve en jeu dans les rapports du propriétaire et de celui qui occupe la terre assignée.

Le propriétaire n'a, en effet, à aucun moment, entendu abandonner son droit d'une façon définitive ; il a seulement grevé cet immeuble d'une servitude au profit d'un tiers, et cette servitude, qui consiste dans le paiement d'une somme d'argent, sera acquittée en fait par le possesseur actuel, ou celui qui jouit des fruits et des produits de la terre.

Celui qui détient le bien assigné se trouve, en quelque sorte, dans la situation de l'acquéreur d'un immeuble hypothéqué, qui a été sommé par les créanciers inscrits de payer ou de délaisser. Il doit acquitter de ses deniers personnels une somme d'argent qui, en réalité, est due par l'immeuble lui-même ; mais on aperçoit immédiatement la différence qui existe entre eux ; tandis que le créancier hypothécaire est tenu de payer à raison de la propriété qu'il prétend avoir sur la chose, c'est à raison seulement de la possession, de la jouissance de fait de ce bien que le détenteur du bien assigné est soumis à cette même obligation.

Or, le créancier, à qui un assignat a été donné en gage, se trouve être précisément le bénéficiaire de la somme due par l'immeuble.

C'est lui qui, en vertu du droit à lui conféré par le débiteur, propriétaire du bien assigné, va pouvoir exiger du détenteur de la terre la somme due par celui qui exploite ce bien ; on peut donc dire que ce droit est bien, par rapport à la terre, un droit de jouissance, jouissance indirecte si on veut, mais dans tous les cas perçu à l'occasion de la jouissance d'un tiers.

Si l'on se reporte aux explications données par nous relativement au gage de jouissance, le fait que l'engagement d'un assignat est un droit de jouissance s'explique naturellement.

Si le gage en propriété n'apparait pas encore, c'est que la notion du droit de propriété n'est pas encore absolument claire dans les esprits du temps.

Et cependant, il est facile de se rendre compte qu'avec l'assignat on s'approchait de plus en plus de la forme parfaite de la garantie réelle qu'est notre hypothèque actuelle; car le débiteur n'est plus dessaisi de sa chose, et le créancier, malgré que son droit ne soit qu'un droit sur une jouissance, possède un *droit réel,* n'est *plus obligé d'exploiter* par lui-même ou par ses salariés.

On s'élève peu à peu à l'idée d'affectation d'un bien déterminé à la sûreté d'une créance, idée que nous retrouvons à la base même du droit d'hypothèque.

Il restait, en somme, assez peu de chose pour arriver à l'hypothèque actuelle.

Ce qui différencie surtout l'hypothèque actuelle et l'engagement dans sa forme la plus récente, à savoir l'engagement d'un assignat, c'est ce fait que l'assignat ne permet pas de *réaliser le gage,* de le transformer en une somme d'argent.

L'engagement est un droit à une jouissance et, par là même, est exclusif de l'idée d'aliéner ce droit de jouissance qui apparait en principe comme devant être une jouissance personnelle en fait.

C'est indiscutable en ce qui concerne l'engagement primitif, mais nous croyons voir, dans l'assignat, les premières traces de la possibilité d'une réalisation éventuelle du gage.

Nous rencontrons un certain nombre de chartes qui mentionnent des ventes d'assignat à des Juifs (1).

Ceci n'a d'ailleurs rien qui puisse nous surprendre : la jouissance du bien par le créancier n'est plus personnelle ; qu'importe que celui qui touche la rente soit le créancier lui-même, le bénéficiaire de l'engagement ou bien un de ses ayants cause.

On comprend que l'on ait pu songer à cette possibilité de vendre, si l'on se souvient que vers le douzième siècle, on commence à envisager surtout le côté valeur commerciale d'une chose et non plus sa valeur de jouissance.

Nous n'allons pas cependant jusqu'à voir dans ces tentatives de réalisation du gage le fondement même de la faculté de vendre.

Nous pensons seulement qu'il n'y a là qu'un premier acheminement vers cette idée. Mais ce n'est que plus tard qu'apparaîtra cette possibilité de réaliser le gage, seulement à la fin du quatorzième et au quinzième siècle comme nous le verrons dans le chapitre suivant.

§ 2. — *L'obligation par espécial.*

Au treizième siècle, nous rencontrons le mot *obligatio,* souvent rapproché de l'assignat. Nous avons déjà vu ce mot signifier engagement personnel de tous les biens du débiteur. Ici, il est pris dans un sens nouveau et indiquant l'engagement réel d'un immeuble : c'est l'*obligation par espécial.*

A cette époque, en effet, et dès la fin du douzième siècle, le mot obligation se présente avec le sens de *soumettre à une contrainte* et s'emploie également pour les personnes et pour les choses.

(1) Voyez notamment Petit, *Histoire des ducs de Bourgogne*, t. III, n° 1097.

Nous possédons un certain nombre de textes indiquant cet engagement de la personne.

C'est d'abord un texte de l'année 1190, du *Cartulaire de Cluny* (1).

Villermus, comte de Vienne et de Mâcon, fait connaître « quod ego, fidejussi ecclesiæ beati Petri Cluniacensis, pro pace servanda, de Hugone de Maillo, et si ipse aliquo casu fortuito a prædicta pace resiliret, quod absit, ego personam meam obligavi... »

Un autre texte contient le mot *obligatio* pris dans ce sens.

« *Nos et heredes nostros*, per presentem paginam, memorate ecclesie *obligamus* ad portanda et restituenda damna (2) ».

Le mot obligation veut dire aussi soumettre *une chose* à une contrainte.

C'est dans ce sens que nous l'avons vu quand nous avons étudié l'obligation générale.

Il est également pris dans ce sens, quand il s'agit d'une obligation par espécial.

Mais ici, il importe de noter que cette obligation par espécial est un droit réel, tandis que, nous le savons, l'obligation générale ne consacre au profit du créancier qu'un droit purement personnel.

Cette obligation par espécial doit donc être distinguée très soigneusement de l'obligation générale.

Un document fort intéressant du *Coutumier bourguignon de Montpellier* (3) nous indique bien la différence à faire entre ces deux sortes d'obligations et met en relief,

---

(1) *Cluny*, t. V, n° 4348, p. 711.

(2) *Ancien cartulaire de Citeaux*, t. I, fol. 31. *Adde* dans le même ordre d'idées, *Cartulaire de Cluny*, t. VI, n° 4768. — *Ibid.*, t. V, n° 4633. — *Ibid.*, t. VI, n° 4678.

(3) *Le coutumier bourguignon de Montpellier*, publié par M. Champeaux, *Nouvelle revue historique*, p. 8, n° 15.

en les précisant, la nature des droits qu'elles confèrent à leurs titulaires.

Ce texte, du commencement du quinzième siècle (1402), nous paraît tout à fait capital et nous le donnerons *in extenso* :

« Bernard, sire de Champrenaut, estoit obligiez par letre, de persones sur le seel de la cort monseigneur, esques il havoit obligiez touz ses biens.

» Après ce il vandit Champrenaut à monseigneur Jehan de Arcy. Plusouz qui avient lectres sealees dou dit seaul requeroient à monseigneur que il fiest mettre les dictes lettres a execution sur le dit acheteour qui tenoit Champrenaut. Quar li diz Bernard, li havoit obligiez tous ses biens es dictes lettres an telle manière : Champrenauz estoit obligiez au quelconque mein, qu'il fuet venuz. Le dit Jehan disant au contraire et disoit qui li diz Bernarz ne pohoit obligier Champrenaut senz le consantement dou seigneur dou fie ; et li diz Iehanz lavoit achete dou consantement dou seigneur dou fye et li autre ni avoient droit por l'obligacion faite senz le consantemant dou seigneur dou fye moime comme ce fut obligacion generaux ; par la quele chouses de fie ne sont pas obligies sans le consantement dou seigneur dou fye ; ne ne devoit movoir ce que lon pehut dire que quan li diz Bernarz tenoit Champrenaut que à la requeste des diz creditourz lon pouhoit vandre Champrenaut et controindre le seigneur dou fie dou louer ou dou retenir : por quoi il sembleroit que ou cas ou quel li diz Bernarz lauroit vandu que auxinc pehut lou exploitier sur l'achateour ; quar li acheteres qui li a cause dou dit Bernarz ne hay pas plus grant franchise en la chouse que li dit Bernarz. A ce respondit li dit acheteres que la dicte raisonz ne concluhoit pas por cette cause ; quar ou temps que B... tenoit Champrenaut qu'il exploitest et mies a execucion sur Champrenaut cen nestoit pas par vertu de obligacion réelle, quar il nan hi avient point comme li sire dou fie ne li fuet assantiz mas estoit par vertu de iaction personeil par laquelle li diz B... estoit tenuz et par laquele lon metoit a execucion la dicte action es bien dou dit B... combien quil ne fussent obligies. Par laquele chouse se cilz biens qui ne sunt de riens obligies sunt translatez en autre persone dou consantemant dou seigneur dou fye lon ne puet metre a execucion sur lautre persone es biens qui obligie ne sunt ; quar li actions personelz nansuit pas certaine chouse. Les parties auxincs dies lon commanda dabundant que l'on sanformet que se li deniers de la dicte vandue estoient tourne des doz des lettres saelees dou seaul et sil estoit trouvey que il fussint torney li acheteres demoreroient am paiz. Et il fut appres trovey par informacion que li deniers estient tornei par quoi li diz missire Jehanz doit demorer am paiz. M. CCC. II. »

L'*obligatio generalis* et l'obligation par espécial, bien que désignées sous des appellations presque semblables, bien que, ainsi que nous le verrons, elles furent confondues aux quatorzième et quinzième siècles, sont deux institutions, du moins à l'origine, complètement distinctes, et il faudrait bien se garder de penser qu'elles confèrent au créancier des droits de même nature, droits qui ne se différencieraient que quant à leur étendue, l'une étant plus générale que l'autre.

Alors que l'obligation générale vient de la fidéjussion, l'obligation par espécial vient au contraire du gage et de l'assignat et, comme eux, ainsi que nous le montrerons, elle donne au bénéficiaire un droit réel sur la valeur de jouissance de la chose, cette chose restant cependant entre les mains du débiteur jusqu'au parfait paiement de la dette.

En somme, l'obligation par espécial tient à la fois du gage et de l'assignat.

Nous trouvons de très nombreux documents qui assimilent obligation et gage, et les formules : *titulo pignoris obligavi, obligare pignori, gageriam sive obligationem,* se rencontrent très fréquemment.

Nous citerons à titre d'exemple les fragments suivants :

Molendinum... Ecclesie Cluniacenci... titulo pignoris obligavi (1).

Et hanc gageriam sive obligationem... laudavit (2).

Nous pourrions multiplier ces exemples (3).

Or si nous examinons ces différentes chartes, il est facile de se convaincre qu'il s'agit bien là de véritables gages, vifs gages ou morts gages, tantôt avoués, tantôt dissimulés.

Un texte du *Cartulaire de l'église d'Autun* (4) nous indique la véritable nature de cette obligation qui nous apparaît comme un gage.

Nous le citerons en partie :

« Noverint universi presentes pariter et futuri, quod Johanna, relicta Johannis Raimondet, et Galterus, filius ejus, recognoscerunt et confessi sunt se debere Hugoni, archipresbitero Eduensi octoginta libras Divion, quas dictus Hugo prefato Johanni quondam mutuo tradiderat et numeraverat, pro quibus domum ipsorum de Marchaut sitam juxta domum que fuit Laurentii de Marchaut cum ochiis retro dictam domum et appenditiis ejusdem domus et magnam ochiam suam sitam versus ulmum sancti Eleutherii, dictus Hugo tenebat et habebat *titulo pignoris obligata.* »

L'obligation par espécial est également rapprochée de l'assignat.

---

(1) V. *Cartulaire de Cluny*, t. VI, n° 4604.

(2) *Ibid.*, n° 4675.

(3) Voyez *Cluny*, t. VI, n° 4510. — *Ibid.*, n° 4544. — *Ibid.*, n° 4666. — *Ibid.*, n° 4673. — *Ibid.*, n° 4683. — *Cartulaire de Saint-Etienne de Vignory*, chap. xv. — Archives départementales, G. 356, année 1231.

(4) De Charmasse, *Cartulaire de l'église d'Autun*, chap. x, p. 347.

Nous trouvons ce rapprochement fait d'une façon tout à fait frappante, dans un document du *Cartulaire de l'abbaye de Saint-Etienne,* de l'année 1246 (1).

Il s'agit de la fondation d'un anniversaire en l'église de Saint-Etienne, par André.

Pour réaliser son désir, une certaine rente est assignée sur des immeubles qui lui appartiennent ; plus loin, cet assignat est considéré comme une *obligatio par espécial,* destinée à assurer le service de la rente :

« Supra dictos autem decem solidos et administrationem et providentiam olei supradicti, idem Andreas, pro remedio animæ suæ et antecessorum suorum *assignavit* et *assedit,* percipiendos et habendos singulis annis... super domum suam lapideam, et eius mansum, ac pertinentias omnes qualescumque... »

Puis à la fin de la charte, l'acte juridique est ainsi résumé, relativement aux garanties fournies :

« Et ad hoc ipsam domum cum manerio et manso et pertinentiis dictæ domus specialiter obligavit. »

L'obligation par espécial est un droit réel ; comme dans l'engagement proprement dit et l'assignat, ce droit porte non pas sur la valeur marchande de la chose, mais sur la jouissance de cette chose ; cependant, différente en cela de l'engagement, et comme cela a lieu pour l'assignat, elle n'oblige pas le débiteur à se séparer complètement de la terre, à l'abandonner dès maintenant entre les mains du créancier ; mais il pourra la conserver, la cultiver et en percevoir les fruits jusqu'au paiement de la dette qu'elle garantit.

Le caractère de droit réel qui s'attache à l'*obligatio par espécial* se manifeste par ce fait que pour constituer une pareille *obligatio,* on emploie des formalités relatives à la transmission du droit réel : le vest et le devest.

---

(1) Archives départementales, *Cartulaire de Saint-Etienne,* G. 132, fol. 72.

Nous possédons un certain nombre de textes où cette formalité du devest se trouve indiquée.

Nous citerons, notamment, un document de l'année 1289, du *Cartulaire de l'évêché d'Autun* (1).

Guy reconnaît devoir à l'évêque de Langres une somme de 35 livres. Pour sûreté de sa dette, il « oblige et hypothèque » à son créancier :

« Totum illud quod teneo et tenere debeo in feudum a dicto domno episcopo in villa... *devestiens* me de omnibus predictis, et dictum dominum episcopum et suos successores ob causam dicte gagerie *investio corporaliter* de predictis... »

Et cela jusqu'au parfait paiement de la dette.

Ce vest et ce devest se rencontrent encore dans les actes suivants.

Il s'agit d'une obligation destinée à garantir une créance, le débiteur la contracte :

« *Devestiens* me de omnibus et singulis supradictis et dictum episcopum... *investiens* ratione gagerie (2). »

« Et de predictis *me devestio* et dictum dominum episcopum nomine que supra *investio* (3). »

De ce que l'*obligatio par espécial* comportait un devest de la part du débiteur, il ne faudrait pas croire que ce débiteur remettait effectivement entre les mains du créancier les biens engagés et perdait ainsi, comme nous l'avons vu lorsqu'il s'agissait de l'engagement proprement dit, une partie de son crédit, pour le cas où le bien affecté à la sûreté de la créance serait d'une valeur supérieure à cette créance.

Ce devest n'était en réalité qu'une formalité symbo-

---

(1) De Charmasse, *Evêché d'Autun*, n° 86, p. 91.

(2) *Id.*, n° 89, p. 93 (a° 1289).

(3) *Ibid.*, n° 74, p. 80 (a° 1293). — Voyez également : *ibid.*, n° 75, p. 81 (a° 1293) ; n° 90, p. 96 (a° 1264). — Petit, *Histoire des ducs de Bourgogne*, t. III, p. 505 (a° 1299).

lique marquant en fait, d'une part, l'abandon du droit de l'ancien propriétaire et, d'autre part, l'acquisition de ce même droit par le créancier.

Mais c'était là une pure formalité, les exigences relatives à la sûreté du créancier n'allaient pas jusqu'à une appréhension matérielle de l'immeuble. Il lui suffisait qu'il pût, à l'échéance de la dette et pour le cas où il ne serait pas remboursé, ou si la rente garantie ne lui était plus payée en fait, réaliser le bénéfice de la garantie à lui fournie.

Aussi en pratique, le créancier remettait-il en fief à son débiteur les gages qu'il venait de recevoir de lui, et ce dernier les conservait, cultivait la terre et jouissait de ses produits.

Dans la plupart des documents précédemment cités, où nous avons vu la constitution du gage conféré par l'*obligatio*, avec devest du constituant, nous rencontrons en même temps une reconnaissance, une déclaration du débiteur qu'il détient les biens engagés en fief lige de l'évêque d'Autun.

L'objet du gage se trouve être en effet :

« ...Totum illud quod teneo et tenere debeo *in feudum* a domno docto episcopo in villa (1)... »

« ...Tenenda, possidenda et habenda pacifice *tanquam rem feudalem* (2). »

« ...Quibus sexaginta undecim libris obligaverunt in manu predicti domini Johannis et heredum suorum *prout feodum* suum omne jus quod habent et habebunt (3)... »

---

(1) Document précédemment cité, *Evêché d'Autun*, n° 86, p. 91.

(2) *Ibid.*, n° 74, p. 80. — Voyez également : n° 76, p. 82 ; n° 78, p. 84. — Testament du duc de Bourgogne précité. — Petit, t. III, p. 505. *Adde : Evêché d'Autun*, n° 108, p. 185 (a° 1254). — *Cartulaire de Saint-Etienne*, Archives départementales, G. 274 (n° 1238), cité par M. Bidard, n° 51.

(3) *Ibid.*, supplément, n° 15, p. 350 (a° 1254).

Les deux documents suivants indiquent bien le mécanisme de l'opération.

C'est d'abord une charte de 1264, du *Cartulaire de l'évêché d'Autun* (1).

Huguette, Stéphane et Johannus, ses deux fils, reconnaissent tenir en fief les terres qu'ils ont affectées à la sûreté d'un prêt à eux fait par le chapitre; le chapitre conservera son droit sur ces biens :

« Quousque dictis decano et capitulo vel mandato ipsorum de dicta summa pecunie fuerit plenare satisfactum. »

L'autre charte est également très explicite sur ce point (2).

Girard et Jean, damoiseaux, fils de Hugues des Prés, chevalier, qui ont reconnu devoir 71 livres parisis à Olivier, abbé et archiprêtre de Beaune, et qui ont obligé divers biens à leur créancier, et cela à titre de fief, stipulent :

« Ita tamen quod cum predicti Girardus et Iohannes fratres, vel heredes ipsorum predictas sexaginta undecim libras solverint domno Iohann (le créancier) vel suis heredibus omnia predicta ad dictos Girardum et Iohannes fratres vel ipsorum heredes, salvo feodo ligio domni Iohannis predicti et heredum suorum revertentur et possunt supradicta de Marcio in Marcio rehabere. »

Tant que la dette ne sera pas arrivée à échéance ou que la rente sera régulièrement payée, le débiteur conservera donc la détention des immeubles qu'il a donnés en garantie.

Qu'arrivera-t-il si ce dernier ne fait pas honneur à ses engagements au terme fixé ou s'il vient à ne plus continuer le service de la rente ?

Le créancier ne va pas pouvoir vendre l'immeuble et

(1) *Evêché d'Autun*, n° 118, p. 196.
(2) Document précité, supplément, n° 15, p. 350.

s'indemiser sur le prix, comme cela a lieu avec l'*obligatio generalis*.

Il ne pourra que prendre possession de l'immeuble et en retirer les avantages que comporte la jouissance de cet immeuble : son droit, comme pour l'assignal, s'analysera en définitive, non en un droit sur la valeur marchande de la chose, mais sur la jouissance de cette chose.

Ce point est d'ailleurs précisé nettement dans une charte du *Cartulaire de Saint-Etienne*, de l'année 1238.

Il est question d'une vente par Beaudoin, clerc, à maître Aubry, de Dijon, de la moitié d'une maison située au vieux marché.

En garantie, il oblige spécialement un jardin.

« Promisitque idem Balduinus... specialiter super voleriam... »

Et l'étendue et la nature du droit concédé à maître Aubry pour le cas où il aurait à subir quelque dommage et voudrait profiter de la garantie à lui offerte sont indiquées à la fin de la charte : maître Aubry entrera en possession dudit jardin et en jouira jusqu'à ce qu'il soit indemnisé :

« Dictus magister Albericus ad dictam voleriam se teneat et ejusdem volerie possessionem intret ipsius magistri, aut heredum suorum auctoritate propria et sine cause cognitione et curie alicuius reclamatione, quousque ipsi magistro aut heredibus eius esset de dampnis predictis plenarie satisfactum (1). »

En résumé, l'obligation par espécial est très voisine du gage et de l'assignat.

De nombreux textes les confondent et on y retrouve les caractères distinctifs de chacune d'elles.

Elle a, cependant, sur l'engagement dans sa forme

(1) *Cartulaire de Saint-Etienne*, G. 274, publié par M. Ridard, n° 51, p. 55.

ancienne (mort gage et vif gage), l'avantage de ne pas dépouiller immédiatement le débiteur de la détention des objets sur lesquels porte sa garantie.

Comme l'assignat, elle demeure un droit réel et un droit sur la valeur de jouissance du bien engagé, mais elle est, en quelque sorte, un progrès sur ce dernier, en ce sens que simplifiant les moyens, elle va directement au but à atteindre; désormais, il n'est plus besoin de recourir d'abord à la constitution d'un assignat, puis à l'engagement de cet assignat : la seule obligation par espécial produira des effets identiques.

SECTION III

COMPARAISON ENTRE L'HYPOTHÈQUE, L'OBLIGATION GÉNÉRALE ET L'OBLIGATION PAR ESPÉCIAL

Nous connaissons ainsi l'obligation générale et l'obligation par espécial.

Nous avons dit, dans notre introduction, que notre hypothèque moderne dérivait de la compénétration de ces deux institutions coutumières aux quatorzième et quinzième siècles. C'est ce que nous montrerons dans le chapitre suivant.

Mais avant d'aborder cette étude, il nous semble nécessaire, pour bien fixer les idées, d'établir un parallèle entre ces trois institutions, à savoir : l'obligation générale, l'obligation par espécial et l'hypothèque.

Ce parallèle est, croyons-nous, nécessaire pour bien fixer la nature de ces droits divers.

L'obligation par espécial a pour effet de donner au créancier un droit réel de jouissance sur un immeuble affecté spécialement à la garantie de la dette qui a été contractée envers lui.

On aperçoit immédiatement en quoi cette institution diffère de l'hypothèque et de l'obligation générale ; il est utile de fixer les points de contact et les différences de ces trois institutions, ce qui nous permettra de mieux comprendre ce qu'est l'obligation par espécial. Ce rapprochement nous paraît d'ailleurs nécessaire en ce sens qu'il nous permettra de préciser avec plus de facilité, lorsque nous en arriverons à traiter cette partie de notre sujet, l'étendue de la contribution de l'obligation par espécial dans la formation de notre hypotheque moderne.

Comme l'hypothèque, l'obligation par espécial est un droit réel, portant sur un immeuble, mais elle en diffère essentiellement si on considère la nature du droit qu'elle confère au créancier sur l'immeuble donné en gage.

Le droit d'hypothèque porte, en effet, sur la valeur commerciale de l'immeuble. Celui à qui une hypothèque a été consentie est toujours sûr, le cas échéant, du moins en principe, et à supposer qu'il soit colloqué en rang utile dans la distribution des deniers provenants de la vente de l'immeuble, de faire rentrer dans son patrimoine une valeur en argent égale au montant de sa créance. Il a, comme garantie, la valeur marchande de l'immeuble, c'est-à-dire une somme d'argent représentant le prix d'acquisition de la propriété de cet immeuble : il n'en est pas ainsi pour l'obligation par espécial, ce que le débiteur abandonne à son créancier, ce n'est plus le droit éventuel de convertir en une somme d'argent l'immeuble grevé d'hypothèque et de se remplir de ses droits sur cette somme d'argent ; c'est un droit d'une nature toute différente et d'ailleurs toute spéciale : il porte sur la valeur de jouissance de l'immeuble.

Le débiteur remet en gage à son créancier un immeuble, avec la faculté pour ce dernier d'en jouir jusqu'à l'extinction de la dette ; il en conserve la propriété, il apparaît en quelque sorte comme un nu propriétaire, alors que le créancier serait lui-même un usufruitier.

Lorsqu'il sera libéré de sa dette, l'immeuble lui fera retour et il en pourra jouir comme par le passé.

Mais il importe de remarquer si la nature des droits qui appartiennent au créancier hypothécaire ou à celui à qui une obligation par espécial a été consentie, apparaît comme essentiellement différente, en ce sens que l'un porte sur la propriété même de l'immeuble, ou plus exactement sur la valeur commerciale de cette propriété, l'autre seulement sur la jouissance de ce bien, ces droits ont du moins ceci de commun que ce sont tous deux des droits réels; et il en résulte ceci, que, de même que le créancier hypothécaire pourra poursuivre le bien entre quelques mains qu'il se trouve pour le faire vendre et se faire payer sur le prix, ainsi, en vertu de son droit réel d'obligation, il pourra revendiquer la jouissance de l'immeuble à lui donné en garantie, en quelques mains que cet immeuble ira passer et à quelque titre qu'il soit possédé par un tiers.

De la première différence signalée entre l'hypothèque et l'obligation par espécial, il en résulte une seconde qu'il est extrêmement important de noter.

Tandis que l'hypothèque aboutit nécessairement à une vente ou à une appropriation par le créancier, il n'en est pas de même de l'obligation par espécial ; puisqu'elle porte uniquement sur la valeur de jouissance du bien et non sur sa valeur commerciale, elle ne permet, en principe, au créancier ni de se dessaisir ni de vendre.

Tout ce qu'il pourra faire, c'est de jouir, soit en cultivant la terre et en s'en appropriant les revenus, soit en habitant la maison : il est vrai, et nous avons vu qu'avec l'obligation par espécial, forme la plus récente de l'assignat, il peut se procurer, jusqu'à un certain point, une somme d'argent représentative de cette jouissance, mais ce qu'il importe de noter, c'est que, par la nature même de son droit, il ne pourra faire entrer dans son patrimoine soit le bien lui-même, à supposer une clause de voie parée, soit son prix de vente éventuelle.

Nous avons vu cependant qu'avec l'évolution accomplie par l'obligation par espécial cette différence tend à disparaitre ; bien que, en principe, la nature même de ce droit ne comporte pas une vente, cependant cette idée d'une vente possible est entrée peu à peu dans la pratique.

Nous savons, en outre, à la suite de quelles circonstances cette transformation s'est faite.

Il est de même facile de différencier l'*obligatio generalis* de la spéciale et de montrer qui si elles n'ont pas de commun uniquement le nom, du moins on serait mal fondé à croire, en présence de la similitude des termes dont on s'est servi pour les désigner, que ces deux institutions sont de même nature et qu'il n'y a entre elles qu'une différence d'étendue, une question de plus ou de moins, l'une étant plus générale, l'autre, au contraire, exerçant son champ d'action dans une mesure plus restreinte, ainsi que la plupart des auteurs l'ont soutenu.

Car il n'en est pas ainsi. Le seul point de contact que présentent ces deux institutions est le suivant : elles ont toutes deux pour but d'apporter au créancier une sûreté, une garantie au débiteur, relativement à la dette qui a été contractée.

Mais là s'arrête leur ressemblance : elles ont une nature absolument différente.

L'obligation générale est, nous le savons, un droit purement personnel ; elle s'applique à l'ensemble du patrimoine du débiteur, sans que l'on ait à distinguer les meubles et les immeubles ; il en résulte que, s'appliquant spécialement aux meubles, elle ne saurait comporter le droit de suite qui est de l'essence même du droit réel et ne peut être autre chose qu'un droit purement personnel ; au moyen âge, les meubles n'ont pas de suite par hypothèque, et une obligation, portant à la fois sur des meubles et des immeubles, a un caractère forcément personnel, puisqu'elle confère les mêmes droits sur les uns et sur les autres.

Nous avons vu, au contraire, que l'obligation par espécial est un droit essentiellement réel.

Ces deux institutions diffèrent encore entre elles par l'étendue des droits qu'elles confèrent, car, tandis que, nous le savons, l'obligation générale s'applique aussi bien aux meubles qu'aux immeubles et peut s'appliquer, et s'applique presque toujours en fait à l'ensemble du patrimoine du débiteur, l'obligation spéciale a une portée plus restreinte et ne vise qu'un immeuble ou un ensemble d'immeubles spécialement déterminés.

Nous connaissons ainsi les caractères distinctifs de l'obligation par espécial.

C'est un droit réel sur la valeur de jouissance de l'immeuble affecté à la garantie. L'obligation par espécial d'un assignat est très proche de l'hypothèque, car elle donne alors au créancier un gage sur la valeur de jouissance de l'immeuble, sans qu'il soit obligé de jouir personnellement et sans même que le débiteur soit dessaisi de l'immeuble affecté à la sûreté de la créance, et peut-être même cette idée commençait à se faire jour, que le créancier allait pouvoir faire vendre le bien affecté à la sûreté de sa créance, tout au moins dans la limite du droit qu'il possédait lui-même sur ce bien, c'est-à-dire la faculté de jouissance indirecte du bien.

Et certes, on était bien près de notre droit d'hypothèque actuel ; avec l'engagement de l'assignat, et surtout si on admet la possibilité de vendre cet assignat, il ne manquait plus guère, pour arriver à l'hypothèque, que de pouvoir vendre la propriété même du bien affecté à la sûreté de la créance ; nous verrons, par la suite, que ce dernier degré a été amené par la réaction de l'obligation générale sur la spéciale, en même temps que cette compénétration de deux institutions précisait et rendait normale l'idée de vente du gage qui, jusqu'ici, n'avait existé qu'en germe.

C'est à l'obligation générale que l'on empruntera les éléments qui manquaient à l'assignat pour constituer notre hypothèque actuelle, qui va naître de la réaction réciproque de ces deux institutions, comme nous allons nous efforcer de le montrer dans le chapitre suivant.

CHAPITRE III

La naissance de l'hypothèque aux quatorzième et quinzième siècles.

A la fin du quinzième siècle le droit d'hypothèque existe. — Comment il s'est formé. — Il vient de la confusion qui s'est faite dans le cours des quatorzième et quinzième siècles entre l'obligation générale et l'*obligation par espécial*. — Justification de cette idée. — Les textes rapprochent l'hypothèque de l'obligation générale et de l'*obligation par espécial*. — Emprunts réciproques pour former l'hypothèque. — La confusion entre ces deux droits a pour point de départ ce fait que, en pratique, on constituait dans le même acte des obligations générales et spéciales. — Dans nos anciens auteurs bourguignons, on retrouve cette confusion : Chasseneuz, Bannelier.

L'hypothèque ainsi constituée est un droit réel *immobilier*. Explication historique de la règle : « Meubles n'ont pas de suite par hypothèque ».

A la fin du quinzième siècle, l'hypothèque existe telle à peu près que nous la connaissons de nos jours.

De nombreux textes nous indiquent que le droit, à cette époque, est établi sur des bases définitives.

Le créancier qui se fait donner une hypothèque, soit générale, soit spéciale, car l'hypothèque existe encore, dans la pratique, jusqu'au seizième siécle sous ces deux formes, entend posséder, sur le bien à lui donné en garantie, un droit réel, comportant à la fois droit de suite et droit de préférence, et possibilité de vente pour s'indemniser sur la valeur du gage.

Comment ce droit s'est-il formé ?

Il est bien évident qu'on n'est pas arrivé du premier coup à cette formule.

L'évolution que nous avons retracée des garanties, jusqu'au quatorzième siècle, s'est continuée ; *l'hypothèque n'est, en realité, que le résultat d'une confusion qui s'est faite, au cours des quatorzième et quinzième siècles, entre l'obligation générale et l'obligation spéciale, confusion d'où est sortie la notion du droit d'hypothèque.*

L'examen des textes vient confirmer d'ailleurs pleinement ce fait, qu'il y a une intime liaison entre l'hypothèque et l'obligation générale d'une part, l'hypothèque et l'obligation par espécial d'autre part ; car nous en pouvons citer un grand nombre d'où il ressort que le mot hypothèque se trouve rapproché tantôt du mot obligation par espécial, tantôt de l'obligation générale et cela indifféremment, de telle sorte que ces diverses expressions sont souvent confondues et considérées par les praticiens comme étant équivalentes.

Ce rapprochement, nous l'avons déjà rencontré dans un texte que nous avons cité et qui comportait à la fois obligation générale et obligation spéciale du débiteur (1).

« Et soubz l'obligation et hypothèque spéciale des biens et assignaulx. »

Il apparaît également dans une autre charte du même *Cartulaire de Saint-Etienne* (2), contenant approbation du seigneur de Mirebeau qui promet « d'aveoir et assigner » les 100 sols de rente... et « iceux obligeant et ypothequant ».

---

(1) Archives départementales, *Cartulaire de Saint-Etienne*, série G. 134, fol. 206 v° (octobre 1427).

(2) Archives départementales, *Cartulaire de Saint-Etienne*, série G. 134, fol. 258 v° (20 octobre 1436).

Nous pourrions, d'ailleurs, donner de ce fait un grand nombre d'exemples non moins probants (1). Mais nous nous contenterons de mentionner un document capital qui indique, d'une façon absolument précise, la liaison qui existe entre l'obligation générale et l'hypothèque. Dans cette charte, l'obligation de tous les biens meubles et immeubles est appelée une hypothèque; il y est fait mention d'un acquêt de 12 saluts d'or de rente sur Magny pour une fondation.

La promesse de payer et la rente sont données : « sous l'obligation et ypothèque de tous les biens meubles et immeubles (2) ».

Il y a donc une étroite connexité entre l'hypothèque et l'obligation générale ou spéciale.

L'hypothèque est née de ces deux institutions qui, toutes deux, ont coopéré à sa formation.

Chacune d'elles présente quelques caractères qui leur sont propres et tiennent à leur nature même. Le rapprochement, la fusion de ces deux droits, a amené du même coup la fusion de leurs caractères propres; à elles deux, elles sont arrivées à former ce droit d'une nature spéciale qui est l'hypothèque.

Nous avons vu que l'obligation par espécial se rapprochait de l'hypothèque, mais aussi n'en présentait pas certains caractères qui sont de la nature même de l'hypothèque.

L'hypothèque et l'obligation par espécial sont bien, en effet, tous deux des droits réels comportant droit de suite

---

(1) Voyez notamment : Archives départementales, *Cartulaire de Saint-Etienne*, série G. 134, fol. 203 v° (27 mai 1421); *ibid.*, fol. 205 v° (octobre 1427); *ibid.*, fol. 206 v°. — De Charmasse, *Cartulaire de l'évêché d'Autun*, n° 74, p. 80; n° 86, p. 91; n° 89, p. 93; n° 121, p. 121. — Gauthier, *Les Lombards dans les deux Bourgognes*, ch. LXXIII, p. 200 (a° 1340).

(2) Voyez également : Gauthier, *Les Lombards dans les deux Bourgognes*, ch. LXVI, p. 195 (a° 1336).

et de préférence. Dans les deux cas, le débiteur reste en possession du bien affecté à la sûreté de la dette, et ce n'est qu'éventuellement qu'il passera entre les mains du créancier Mais là se borne le rapprochement que l'on peut faire entre elles.

Car tandis que le droit d'hypothéqué a pour fin, s'il vient à s'exercer, la vente de l'immeuble sur lequel il est assis, sa conversion en numéraire représentatif de sa valeur, il n'en est plus de même pour l'obligation par espécial.

Ce n'est, en effet, nullement la valeur marchande, la valeur commerciale, le prix de l'immeuble assigné que les parties ont eu en vue en contractant, c'est sa valeur représentative de jouissance.

Tout ce que le créancier pourra réclamer en exerçant son droit, c'est qu'on lui laisse la libre jouissance du bien obligé quand il s'agit de l'engagement proprement dit, et si c'est un assignat qui a été consenti, le droit à la somme d'argent provenant de la jouissance du tiers détenteur de l'immeuble assigné.

Ici se montre bien la différence fondamentale entre l'hypothèque et l'assignat : ce sont des droits de même nature, portant tous deux sur des immeubles, mais tandis que le premier porte sur la valeur commerciale de cet immeuble, le second n'intéresse que sa valeur de jouissance.

Et on aperçoit alors immédiatement la différence essentielle qui existe entre eux : l'hypothèque aboutira à la réalisation du gage ou à son appropriation par le débiteur, alors que, avec l'engagement, le créancier non payé ne pourra réclamer que la *jouissance* ou la valeur de jouissance de la chose.

C'est à l'*obligation générale* que l'obligation par espécial va emprunter cette *possibilité de réaliser le gage* pour former l'hypothèque.

L'obligation générale permet, en effet, au créancier de faire vendre les biens meubles et immeubles qu'il détient et lui donne l'exécution parée ; et lorsqu'il fut permis au bénéficiaire d'une obligation par espécial de vendre également son gage, en réalité on fut en présence de l'hypothèque telle qu'elle subsistera jusqu'à nos jours.

Les emprunts réciproques que se firent l'*obligatio generalis* et l'obligation par espécial s'expliquent facilement si l'on prend garde à la confusion de fait que l'on fit entre elles et qui remonte au quinzième siècle.

Cette confusion fut singulièrement facilitée par la similitude de noms qui existe entre elles, et le point de contact qui les unit, à savoir que toutes deux ont pour effet de fournir au créancier une garantie à l'encontre de son débiteur, a dû contribuer, dans de larges proportions, à la hâter.

Elle eut pour point de départ ce fait que, dès le treizième siècle, mais plus spécialement aux quatorzième et quinzième siècles, les chartes qui ont pour objet de consacrer l'engagement d'un débiteur mentionnent, dans la généralité des cas, à côté d'une obligation par espécial, une *obligatio* de tous biens.

Nous citerons, à titre d'exemple, une charte du *Cartulaire de Saint-Etienne*, de l'année 1427 (1) :

« ...Et soubz l'*obligation et hypothèque spéciale des biens et assignaux* dessus dicts plus a plain contenuz et declarez en dictes lettres de vendange et obligation par moy, par moy faicte au dit Michel d'icelle cense et de tous mes aultres biens et du bien de mes... hoirs et ayants cause meubles et non meubles (2). »

---

(1) Archives départementales, *Cartulaire de Saint-Etienne*, G. 134, fol. 206 v°.

(2) Nous trouvons encore un semblable rapprochement dans de nombreux textes où l'obligation générale est souvent doublée d'un assignat. — *Ancien cartulaire de Citeaux*, t. I, fol. 21 (a° 1239). — Archives départementales, *Cartulaire de Saint-Etienne*, G. 134. fol. 249 v°. — Gauthier, *Les Lombards dans les deux Bourgognes*, ch. CXLI (a° 1384).

Ce rapprochement entre l'obligation générale et l'obligation par espécial s'explique facilement : elles ne sauraient, à cette époque, faire double emploi, puisque nous savons que les droits que chacune d'elles confère au créancier sont de nature différente.

Aussi, il n'est nullement surprenant que nos anciens auteurs qui ignoraient les précédents historiques de ces deux institutions, aient été amenés naturellement à ne voir en elles que deux droits d'une nature absolument identique et ne différant entre eux que par leur étendue. Pour eux, elles ne donnent pas à leur bénéficiaire un droit plus fort l'une que l'autre, et les juristes bourguignons du seizième siècle nous affirment que la seule différence que l'on peut noter entre elles est seulement que la première (la générale) est plus générale que l'autre (la spéciale).

Nous avons, d'autre part, un document fort important tiré du *Cartulaire bourguignon de Montpellier,* et qui montre bien que, dès le quatorzième siècle, on commençait à faire confusion entre les deux sortes d'*obligatio*. (Charte citée, p. 73.)

Le résultat pratique de cette confusion fut le suivant : *on en arrive à regarder l'obligation générale et l'obligation par espécial comme devant conférer à leurs titulaires respectifs des droits absolument identiques.* En pratique, on attribue à l'une les éléments de l'autre qui lui faisaient défaut : c'est ainsi que l'on fut amené à reconnaître que l'obligation par espécial confère à son titulaire le droit de vendre l'objet du gage.

En parcourant nos anciens auteurs, il est facile de se rendre compte que, au seizième siècle et dans les siècles suivants, on n'a plus une conscience bien nette de la distinction primitive entre l'hypothèque ou obligation générale et la spéciale.

Il suffit, pour cela, d'examiner les théories des divers

jurisconsultes qui se sont occupés de la question, et de voir à quelle solution ils ont abouti sur ce point.

Chasseneuz (1), dans le grand coustumier de Bourgogne, n'aperçoit plus la différence fondamentale entre les deux institutions.

Au chapitre des Censes, paragraphe 3, numéro 33, il affirme leur parfaite identité d'effets : « Quia regulariter idem operatur generalis hypotheca, quod specialis. »

Pas de différence entre leurs effets, et il en tire cette conséquence toute simple, c'est que, toutes deux, elles sont un seul et même droit, avec cette seule différence que l'un comporte une généralité plus grande que l'autre. Il les confond l'une avec l'autre, sous le prétexte que le genre doit avoir les qualités de l'espèce.

C'est ce qui lui permet d'écrire, un peu plus loin, qu'elles sont bien de même nature, l'une étant le genre, l'autre l'espèce.

« Quod tantun valet genus quo ad genus, quantum species quo ad speciem. »

Cependant, cette opinion n'a pas été sans soulever quelques contradictions, et on n'a pas admis sans difficulté cette manière de voir.

Chasseneuz, lui-même, signale au même endroit que le glossateur Franciscus soutient une opinion contraire.

« Franciscus de Aret. respondet ad dicta motiva tenendo contrarium et dicit quod non est verum quod tantum valeat genus quo ad genus, quantum species quo a specie. »

Franciscus appuie sa manière de voir sur ce fait : « quod alienatio irrevocabilis impediatur per hypothecam specialem, non tamen per generalem. »

A cette opinion, ajoute Chasseneuz, semble se ranger

---

(1) Chasseneuz, *Commentarii in consuetudines ducatus Burgundiæ ferèque totius Galliæ.*

Johannes de Ymo, et Claudius de Aquis paraît bien vouloir l'adopter, ainsi qu'Alexander.

Cependant, de pareilles autorités ne sont pas suffisantes pour modifier les assertions émises par lui, et Chasseneuz déclare qu'il préfère se ranger à l'opinion contraire de Paul de Castro, qui lui paraît plus conforme à la réalité des faits.

Il rappelle cette opinion, et il nous semble intéressant de la reproduire à nouveau :

« Is qui facit pactum de non alienando, ius hypothecae in dicta re sibi reservavit : quae quidem ratio habet locum, quando in genere fuit contracta hypotheca in omnibus bonis illius qui promittit non alienare : similiter habet ius in re expresse prohibita alienari. Igitur ex rationis identitate debet extendi dispositio, dato non tamen concesso, quod loquatur in casu in quo specialiter res prohibita alienari fuerit hypothecata quia idem operatur genus ut dictum est. Item si quis sibi providet de hypotheco generali, quia sibi magis consultum esse voluit quam providendo duntaxat de hypotheca speciali, inducta ergo ad commodum non debent ad damnum seu illius in commodum trahi. Inducta enim ad unum effectum non debent operari contrarium. »

Bouvot, au dix-septième siècle, ne comprend plus la portée des expressions hypothèques générales et spéciales (1).

Dans l'ouvrage de Bannelier, sur Davot, au dix-huitième siècle, qui lui-même commentait Loysel (2), nous retrouvons la même confusion entre l'hypothèque générale d'une part, et la spéciale d'autre part.

Bannelier considère l'hypothèque comme étant « un

---

(1) Bouvot, *Nouveau recueil d'arrêts*, 3e partie, p. 3.

(2) Bannelier et Davot, *Traité sur diverses matières de droit français à l'usage du duché de Bourgogne.*

accessoire réel de l'obligation personnelle, par lequel les biens du débiteur sont affectés à la restitution de ce qu'il doit pour la sûreté de son créancier ». (M. Davot, sur Loysel, p. 557.)

Après avoir mentionné deux sortes de gages, à savoir : le gage conventionnel et le gage judiciaire, l'un contracté volontairement par les parties, l'autre émanant directement de l'autorité de justice, Bannelier distingue trois sortes d'hypothèques :

1° L'hypothèque légale ou tacite, « qui naît de la seule disposition de la loi, sans le consentement de l'homme et sans stipulation, telle que des mineurs, prodigues, etc., sur les biens du vendeur, pour la restitution du prix, du jour du contrat de vente, etc. »

2° L'hypothèque judiciaire, qui provient « des sentences ou arrêts pour les adjudications prononcées en faveur d'une partie ».

3° Enfin, l'hypothèque conventionnelle, qui est fondée sur la convention des parties contractantes, et, « quoique généralement parlant, tout créancier ait hypothèque sur les biens de son débiteur, nous n'appelons proprement hypothèque que le droit ou le privilège acquis au créancier sur les biens de son débiteur, en vertu d'un acte passé devant notaire ».

Après avoir donné ainsi une définition complète et exacte du droit d'hypothèque conventionnelle, qu'il distingue soigneusement du droit de gage général que tout créancier possède sur les biens de son débiteur, dès l'instant que ce dernier s'est engagé envers lui (droit que l'on ne peut guère confondre avec une hypothèque conventionnelle), Bannelier signale deux sortes d'hypothèques conventionnelles :

« La *générale*, qui comprend tous les biens présents et à venir, sans exception et aussi sans préférence sur aucun

7

en particulier ; *la spéciale,* qui, avec la généralité des biens, en affecte particulièrement quelques-uns. »

Comme on le voit, pas plus pour Chasseneuz que pour Bannelier, il n'y a de différence de nature entre ces deux institutions : pour eux, elles ne diffèrent entre elles que par l'étendue des droits qu'elles confèrent au débiteur, mais en dehors de cela, ces droits sont absolument les mêmes.

Dans sa définition de l'hypothèque spéciale, Bannelier indique que cette hypothèque frappe particulièrement certains immeubles et ajoute « avec la généralité des biens ».

Il y a là une manière de s'exprimer qui doit attirer particulièrement notre attention, car elle implique bien la liaison intime que nous avons signalée entre ces deux institutions.

L'hypothèque spéciale, nous dit Bannelier, donne bien un droit sur certains immeubles déterminés, mais, semble-t-il dans sa pensée, ce droit plus restreint ne va pas sans le droit d'hypothèque générale, qui frappe l'ensemble des immeubles du débiteur.

Il nous a paru nécessaire autant qu'intéressant de mentionner cet indice de la compénétration des deux institutions : en pratique, l'une ne va pas sans l'autre ; les actes comportent à la fois la mention de l'une et de l'autre : ceci semble paradoxal, puisque, étant de même nature, la générale devrait suffire, puisqu'elle suppose nécessairement une hypothèque spéciale à chacun des immeubles du débiteur ; de fait, en pratique, on se faisait toujours donner une hypothèque générale, et nous croyons que la mention simultanée des deux hypothèques n'est qu'un des derniers souvenirs du temps où les droits qu'elles conféraient étaient encore distincts.

Ainsi se trouve établi par des textes formels ce fait que, au seizième siècle, les jurisconsultes, et en particulier les juristes bourguignons, n'ont plus une conscience bien nette de la distinction que nous avons essayé d'établir entre l'obligation générale et l'obligation spéciale dans nos deux premiers chapitres.

Il n'y a plus, pour eux, aucune différence entre les deux droits qu'elles confèrent l'une et l'autre, et cette conviction vient chez eux de l'observation de ce fait que toutes deux produisent les mêmes effets.

Il reste donc acquis que les effets de l'hypothèque générale ne se distinguent plus, si ce n'est que dans leur étendue, de ceux de la spéciale.

Toutes deux, elles constituent un *droit réel;* toutes deux, elles procurent à leur bénéficiaire un droit de préférence et un droit de suite ; toutes deux, elles permettent au créancier non payé de *saisir l'immeuble* affecté à la sûreté de sa créance et de le vendre pour se payer sur le prix ; toutes deux, en un mot, sont devenues des droits réels sur la valeur commerciale de l'immeuble hypothéqué.

Cette confusion des deux droits s'est faite tout naturellement : elles portaient un nom identique, *obligatio,* elles avaient le même but, procurer au créancier qui n'avait pas foi en la solvabilité du débiteur, une sûreté lui permettant d'être indemnisé si ce débiteur ne satisfaisait pas à ses engagements lors de leur échéance. Aussi n'est-on pas étonné de voir ces deux institutions si différentes par leurs origines, mais si intimement liées l'une à l'autre par la communauté de leur appellation et par la similitude de leurs effets, se rapprocher peu à peu, mêler les caractères distinctifs qui les spécialisaient, et réagir l'une sur l'autre à ce point qu'elles ont fini par se confondre entièrement en pratique et que des commentateurs expérimentés sans doute, mais peu versés dans les choses de l'histoire, en étaient arrivés à soutenir qu'elles étaient de même nature et ne différaient entre elles que par une question de plus ou de moins.

C'est de cette confusion qu'est née la notion d'hypothèque telle que nous la possédons aujourd'hui : cette notion qui existait en germe dans l'obligation spéciale et dans l'obligation générale, mais qui était incomplète dans l'une et dans l'autre, s'est précisée à la suite de leur compénétration réciproque.

A chacune d'elles il manquait un élément pour qu'elle s'identifiât avec notre hypothèque actuelle : il a suffi de les rapprocher pour arriver à créer cette notion avec toute l'étendue des attributs qu'elle comporte.

Il faut noter d'ailleurs que cette transformation devait s'accomplir tout naturellement. Nous l'avons déjà pressentie avec la possibilité que nous avons reconnue, à un certain moment, au titulaire d'un assignat de le vendre à un tiers : il y avait là en germe la première idée de réalisation du gage. Elle est de plus conforme à l'évolution des idées économiques sur le droit de propriété et se confond avec elle.

En effet, nous savons que la notion de l'idée du droit de propriété a subi une évolution profonde au cours du moyen âge ; le droit de propriété a porté d'abord sur la jouissance de la chose et ce n'est que plus tard, à mesure que se développait et que se précisait le droit, que l'on en est arrivé à créer l'idée que le droit de propriété que l'on pouvait avoir sur un immeuble, n'était pas autre chose que le droit sur la valeur d'échange, la valeur commerciale de cette chose.

On n'est donc pas étonné de voir l'obligation par espécial, droit sur la jouissance de l'immeuble, évoluer peu à peu et se transformer en un droit sur la valeur marchande de l'objet auquel il s'applique.

Cette évolution apparaît au contraire comme une nécessité dans le jeu naturel des institutions et comme devant découler des lois fondamentales qui président à leurs transformations.

C'est ainsi qu'est apparu le droit d'hypothèque, qui est devenu, dans son essence et par sa nature même, un droit éventuel sur le prix du gage, sur sa valeur commerciale, un droit réel, c'est-à-dire permettant de suivre le bien entre les mains de quiconque le possède et de se faire payer sur la somme représentative de sa valeur par préférence à tous autres. Il faut de plus remarquer, et ceci n'a pas été sans soulever de difficulté, mais s'explique historiquement, que l'hypothèque désigne un droit portant uniquement sur les immeubles, sans pouvoir s'appliquer aux objets mobiliers.

Le fait que l'hypothèque est un droit purement immobilier, caractère qui apparaît dès le treizième siècle et que les auteurs ont consacré par le brocard célèbre: « Meubles n'ont pas de suite par hypothèque », mérite, en effet, d'attirer tout spécialement notre attention.

Au premier abord, il peut paraître en contradiction avec l'origine que nous avons assignée à l'hypothèque. L'hypothèque, avons-nous dit, est née pour partie de l'obligation générale ; or, nous avons établi que cette obligation conférait à son titulaire un droit de gage général sur l'ensemble du patrimoine du débiteur, droit s'étendant par conséquent non seulement aux immeubles mais encore aux meubles.

On peut donc se demander comment l'hypothèque devint un droit immobilier alors que l'obligation générale porte à la fois et sur des meubles et sur des immeubles.

Il est certain que l'hypothèque générale dut, en principe et à l'origine, comporter le même caractère de généralité que l'*obligatio generalis* et comprendre les meubles et les immeubles.

Or, lorsque la notion du droit d'hypothèque se fut précisée et que l'on en fut arrivé à concevoir l'hypothèque générale comme donnant au créancier un droit de suite et un droit de préférence, on se heurta, relativement à ce droit de suite, à une maxime coutumière qui avait cours au moyen âge à savoir que « les meubles n'ont pas de suite ». Ce fut la cause de la disparition de l'hypothèque portant sur des objets mobiliers.

On sait, en effet, que sous l'influence du droit germanique et aussi à cause des inconvénients pratiques qui eussent pu en résulter au point de vue commercial, notre ancien droit n'accordait pas au propriétaire l'action en revendication contre les tiers, pour réclamer la chose mobilière dont il avait perdu la possession. Ce n'est pas à dire cependant pour cela que le propriétaire se trouvait dénué de toute action; en effet, s'il s'était dessaisi volontairement, on lui donnait une action contractuelle, soit contre l'emprunteur, soit contre le dépositaire; si, au contraire, il avait perdu sa possession par un fait indépendant de sa volonté, en cas de perte ou vol, il pouvait exercer des actions à caractère pénal (action de vol, demande de chose emblée ou adirée).

Mais ces actions n'étaient pas des actions en revendication : le propriétaire ne pouvait suivre sa chose entre les mains des tiers; c'est ce qu'on l'on formulait ainsi : « meubles n'ont point de suite », *mobilia non habent sequelam* (1).

Il est vrai qu'aux quatorzième, quinzième et seizième siècles une modification se produit à l'encontre de cette ancienne règle sous l'influence du droit romain, qui commençait à se répandre dans les cours de justice. La coutume ne reproduit plus le vieil adage de notre droit qui, le fait très bien remarquer Jobbé-Duval (2), n'avait

(1) Voyez sur l'existence de cette règle : Chasseneuz, rubr. V, col. 963 (il l'explique par le peu de valeur des meubles). — Voyez également : Talsand, *Coutume générale*, p. 319. — Davot et Bannelier, t. VII, p. 561. — Depringles, *Coustumes générales*, p. 175, art. 4.

(2) Jobbé-Duval, *Etude historique sur la revendication des meubles en droit français*, p. 204.

cependant disparu ni des Palais de justice, ni des écoles, et la conséquence fut que, à un moment donné, le propriétaire fut admis à revendiquer sa chose entre les mains des tiers, sans qu'il y ait à distinguer de quelle façon il a perdu sa possession.

Cependant, une réaction devait se produire : d'ailleurs, ainsi que le fait remarquer M. Planiol (1), peut-être le triomphe de l'action en revendication du meuble ne fut-il jamais complet, et l'ancienne règle qui refusait tout droit de suite au propriétaire de meubles, hors le cas de perte ou de vol, fut-elle suivie dans certains tribunaux ; en tous cas, elle se conserva dans l'esprit de beaucoup de praticiens (2).

Cette réaction amena la suppression complète de l'action en revendication en cas d'abus de confiance ; on en revint, en fait, sinon en droit, au point de départ, et notre Code civil a consacré ces solutions dans l'article 2279 : « En fait de meubles, possession vaut titre. »

Il reste donc établi, qu'en principe, le droit du moyen âge n'a pas connu l'action en revendication du meuble : et comme l'hypothèque générale, si elle eût porté sur les meubles, devait nécessairement aboutir à exercer un droit de suite à l'égard de ces meubles, on comprend comment il se fait qu'elle ne frappe en réalité que les immeubles du débiteur, alors que, eu égard à son origine, elle eût dû comprendre meubles et immeubles.

On fut donc amené à décider que de même que le propriétaire du meuble ne pouvait exercer l'action en revendication du meuble dont il a perdu la possession, ainsi le créancier bénéficiaire d'une hypothèque générale ne peut avoir d'action sur les meubles qui ne sont plus

---

(1) Planiol, *Traité de droit civil*, t. I, p. 100, en note.

(2) Voyez citations de Antoine Fabre, Sébastien Boyer, Bessian de Pressac et autres auteurs dans Jobbé-Duval, p. 167, note 3 ; p. 169, notes 2 et 3 ; p. 206, note 1.

en la possession de son débiteur; et comme l'*obligatio generalis* comporte par sa nature le droit de suite, elle ne peut nécessairement pas s'appliquer à des meubles ; seuls, les immeubles peuvent en être grevés.

Or, puisqu'on s'était trouvé dans la nécessité de résoudre cette difficulté, les juristes crurent bon d'en préciser la solution en complétant la maxime connue : « Meubles n'ont pas de suite », par cette addition « par hypothèque ».

Dorénavant il y eut une double formule : « Meubles n'ont pas de suite » et « meubles n'ont pas de suite par hypothèque ».

Les deux maximes ont existé à une certaine époque : puis l'une cessa d'être vraie, la première, alors que la seconde conservait toute sa force.

Lorsque la réaction se produisit et que la vieille idée de non-revendication du meuble reprit son empire, il eût été naturel de faire revivre l'ancien brocard qui formulait très nettement une idée fort exacte.

On ne le fit pas: cette maxime longtemps oubliée s'était spécialisée dans la matière des hypothèques; on préféra en créer une nouvelle, ce fut notre article 2279 : « En fait de meuble, possession vaut titre », qui ne veut pas dire autre chose que « les meubles n'ont pas de suite ».

CHAPITRE IV

La chancellerie. — L'hypothèque spéciale du vendeur d'immeuble non encore payé. — Maxime : « Aut cede aut solve ».

§ 1er. — *La chancellerie.* — L'acte constitutif d'hypothèque doit, dès la fin du quatorzième siècle, être revêtu du sceau du duc de Bourgogne. — Origine de cette nécessité. — Le sceau est gardé et apposé par le chancelier. — Effets du sceau. — Privilège du sceau. — La chancellerie de Bourgogne. — Son organisation. — Le grand chancelier de Bourgogne. — Le gouverneur de chancellerie. — Les lieutenants de bailliage. — Les tabellions ou notaires. — Les notaires obtiennent le privilège d'apposer eux-mêmes le sceau.

§ 2. — *Hypothèque générale et hypothèque spéciale* (privilège du vendeur). — Aux dix-septième et dix-huitième siècles, l'hypothèque spéciale a disparu de la pratique, la générale seule subsiste. — On ne peut plus stipuler conventionnellement qu'une hypothèque générale. - Causes de cette disparition.

Le mot hypothèque spéciale subsiste néanmoins. — Sa nouvelle signification : c'est l'hypothèque privilégiée du vendeur d'immeuble non payé. — C'est une véritable hypothèque privilégiée. — Critique de l'opinion de M. Perrier (*Arrêts notables*) sur la nature de ce droit.

Insuffisance des garanties données au vendeur : on aboutit à des résultats iniques. — Il pourrait y être remédié en introduisant la maxime : *Aut cede aut solve.* — Quelques améliorations sont apportées à cet état de choses. — Leur insuffisance. — Remontrances au dix-huitième siècle des Etats de Bourgogne relativement à l'introduction de la maxime : *Aut cede aut solve.* — Il n'y sera fait droit que sous le nouveau régime hypothécaire.

A dater du quinzième siècle, le droit d'hypothèque, ainsi que nous l'avons vu, est définitivement formé.

Il ne nous resterait plus rien à en dire si nous ne tenions à préciser certaines particularités qui ont trait à l'hypothèque en Bourgogne, depuis le quatorzième siècle jusqu'à la fin de l'ancien régime :

Nous voulons parler de la chancellerie, de la disparition de l'hypothèque spéciale dont le mot subsiste encore, mais qui ne désigne plus que l'hypothèque du vendeur d'immeubles et des difficultés qui surgirent relativement à l'étendue du droit que conférait l'hypothèque et qui se résumèrent dans la maxime : *Aut cede aut solve.*

§ 1er. — *La chancellerie.*

Dès le quatorzième siècle, comme d'ailleurs de nos jours, la validité de l'hypothèque dépend de la forme de l'acte qui la constitue ; de même qu'aujourd'hui, en principe, et sauf une solution traditionnelle en jurisprudence qui admet la validité d'un acte sous seings privés sous certaines conditions, l'hypothèque doit être consentie pardevant un notaire, ainsi, à notre époque, et pour être valable, il doit être revêtu d'un sceau ; il doit être scellé. Ces deux idées sont d'ailleurs connexes : la nécessité du notaire est une survivance de la nécessité du sceau.

C'est le sceau qui donne à l'acte sa force exécutoire.

Cette formalité du sceau est elle-même une trace de l'ancienne nécessité où se trouvaient les parties d'aller devant le duc pour donner la force exécutoire à leur obligation.

Le scel est la marque, le signe extérieur et palpable de la garantie fournie par le duc.

L'*obligatio generalis* repose sur l'idée de garantie apportée par le seigneur justicier; cette idée se retrouve à sa base même; l'hypothèque devait conserver ce trait de son origine.

La nécessité de recourir à la garantie s'est conservée d'une façon plus ou moins effective, plus ou moins consciente; elle se retrouve au quatorzième siècle dans le scel dont elle est la représentation symbolique.

La prédilection des parties pour l'exécution assurée par le duc, prédilection que nous avons vue toujours grandissante dans les nombreux documents que nous avons rencontrés en étudiant la formation de l'*obligatio generalis* amena, aux quatorzième et quinzième siècles, par la nécessité où se trouvait le duc de répondre aux demandes toujours plus nombreuses de ceux qui avaient recours à la garantie fournie par lui, la création d'une institution spéciale à la Bourgogne, qui subsista jusqu'à la fin de l'ancien régime, et qui occupa une large place dans l'histoire de l'hypothèque à cette époque; nous voulons parler de la chancellerie.

Les parties, considérant l'excellence de la garantie par lui fournie, qui assure pleinement l'exécution de l'obligation qu'elles contractent, ont de plus en plus recours à son office, et ce furent les nécessités nouvelles, amenées par cet état de choses, qui nécessitèrent la création de la chancellerie.

Alors qu'à l'origine, la garantie est effectivement donnée, au moyen de formalités plus ou moins complexes, le duc a fini par se contenter d'apposer son scel sur l'acte.

La chancellerie eut pour mission de détenir et de conserver les sceaux qui devaient être apposés sur certains actes et c'était aussi une juridiction spéciale, chargée de connaître des difficultés nées à l'occasion de ces actes.

Elle se trouvait avoir ainsi une juridiction très importante.

On se servait des sceaux « pour seeler les lettres contraux et autres choses qui aviendront a seeller au dit siège, a touttes heures et toutefois que requis en sera (1)... »

Le sceau avait le même effet, relativement à l'hypothèque, que l'ancienne garantie du duc en ce qui touche l'obligation générale; il donnait de plein droit au créancier l'exécution parée, le droit de vendre les meubles et les immeubles du débiteur sans avoir besoin de recourir à la justice.

Voilà comment Perrier et Raviot analysent ce droit.

« On sait quel effet produit le scel royal : il emporte une exécution de l'acte et donne cette action que nous appelons parée, c'est-à-dire cette action qui s'exécute de plein droit sur les meubles ou immeubles du débiteur; au lieu que les actes qui ne sont point revêtus de cette marque extérieure de l'autorité du prince ne font naître qu'une simple action, c'est-à-dire un droit d'agir et d'obtenir justice. Il n'est permis à personne de se la faire, on doit la recevoir du magistrat et de celui qui est dépositaire de la puissance publique. Un créancier qui n'a qu'un simple billet non reconnu ne peut saisir, parce que la saisie est l'exercice d'une autorité publique et nul ne peut, par autorité privée, prendre les biens de son débiteur, ce serait troubler la police et renverser les fonde-

(1) Ordonnance de Philippe le Hardi, vers 1402, du paragraphe « De tabellionibus ». — *Ordonnances des ducs de Bourgogne*, publiées par M. Champeaux (en cours d'impression).

ments de la société civile ; mais ce créancier d'un billet, sous écriture privée, obtient un jugement qui condamne le débiteur à payer, et pour lors, il a un titre revêtu d'une puissance publique, en vertu duquel il peut agir efficacement sur les meubles et les immeubles de son débiteur. »

Mais ce n'étaient pas là les seuls avantages attachés aux sceaux : en Bourgogne, le sceau avait un *privilège spécial.*

Une ordonnance de Jean sans Peur définit ainsi ces avantages attachés au scel :

« Vigor vero sigillati privilegium etiam mox executionis ipsius talis est, videlicet quod contra debitorem viventem, creditore mortuo vel vivente datur executio precisa deferenti litteras, qui tamen ab eo causam se habere pretendit ; nec auditur debitor quidquid contrarium proponere voluerit nisi de falso litteras arguat (1). »

Ainsi l'exécution de l'acte se faisait nonobstant appel et par provision ; elle n'était suspendue que par l'inscription de faux, c'était un privilège considérable.

Il avait été accordé par le roi Charles, le 19 juillet 1383, à Philippe le Hardi.

Pour bien préciser la nature, l'étendue et les motifs de ce privilège, nous ne saurions mieux faire que de donner la plus grande partie de ce document (2) :

« Charles, par la grace de Dieu, roy de France, à nos amez et feaulx les gens tenans nostre présent Parlement qui tiendront nos autres Parlementz avenir, salut et dilection.

» Ouye la supplication de nostre très cher et amé oncle le duc de Bourgongne contenant que par le privilège du

---

(1) Texte cité par La Barre, t. II, p. 304.

(2) Cité par M. Champeaux, dans ses *Ordonnances des ducs de Bourgogne* (en préparation).

seel de sa court et par l'usage et stil sur ce gardé de tout temps quant aucuns debteurs sont obligés soubz ledit seel envers aucuns leurs créanciers le chancelier de nostre dit oncle auquel la jurisdiction et congnoissance en appartient de tous les contraulx et obligations faitz soubz le dit seel peult faire et parfaire sur les dites obligations les executions des sommes des deniers et autres choses deubz soubz ledit seel nonobstant quelconques appellations ou oppositions faites au contraire par iceulx obliges debteurs, en prenant toutes fois des créanciers quand les ditz debteurs s'opposent ou appellent caultion suffisante de reffunder les dommages interetz et despens desditz opposantz ou appelantz au cas que iceux creanciers succomberont ez causes des dites oppositions ou appellations et neantmoings pour ce que le plus se oblige soubz le seel de la dite Cour de nostre dit oncle ont appelé et appellent de jour en jour à notre dit Parlement déloisser le moyen des auditeurs et des jours de nostre dit oncle quand son dict chancelier fait faire par ses sergents exécution sur iceulx debteurs pour les sommes de deniers en quoy ils sont tenus et obligés soubz le dit seel iceluy chancelier nonobstant que iceux creanciers offrent de bailler la dicte caution en la manière que de tous temps il est accoutumé, n'osent procéder plus avant esdites exécutions ne à la perfection d'iceux doubtant attempter encontre les appellations faictes comme dit est en nostre dite court de Parlement et par ce les dites exécutions sont empeschées et retardées au préjudice des ditz créanciers et aussi au préjudice et dommage de nostredit oncle et aussi de l'emolument et jurisdiction de son dict seel... Nous considère ce que dict est à nostredit oncle avons octroyé et octroyons pour la teneur de ces lettres de grâce especialle que nonobstant les dites appellations ou oppositions faictes ou à faire comme dict est à la court de nostre dict Parlement par les ditz debteurs ou aucuns d'eux et quelzconques adjournementz faitz, ou a son dict chancelier et créanciers puissent jouir et user de son droit et stil de sa chancelerie sans offense, en la manière que luy et ses prédécesseurs en ont jouy et uzé de tout temps... »

La chancellerie avait à sa tête un personnage important : le *chancelier de Bourgogne.*

De simple scribe qu'il était sous les ducs de la première race, le chancelier s'est peu à peu élevé au premier rang. C'est un des officiers les plus considérables et c'est entre les mains du duc lui-même qu'il prête serment. Ce serment mentionne parmi ses diverses obligations et fonctions, celle qui est essentielle et qui nous intéresse tout particulièrement : « la garde des sceaux ».

Le chancelier est le représentant du duc ; à la mort de ce dernier, il perd son titre et sa fonction. Il doit, en présence de son successeur, « rompre les sceaux » qui seront remplacés par d'autres.

Sous ses ordres était le gouverneur de la chancellerie. Ce gouverneur avait été institué en 1391, par Philippe le Hardi. Il est unique en Bourgogne et fait partie du bailliage de Dijon.

Le gouverneur de chancellerie occupait, par rapport au chancelier, une place analogue à celle du chancelier vis-à-vis du duc, aussi sa charge disparaissait-elle à la mort du chancelier ; pendant la vacance de son siège, comme il était impossible de laisser son office en suspens, le duc en nommait directement un autre qui se trouvait destitué par l'entrée en fonctions du nouveau chancelier.

Primitivement, le garde du scel était unique ; il ne le fut plus à partir de Philippe le Hardi qui mit un lieutenant dans chaque bailliage, lequel devient souvent, à partir de 1398, garde des sceaux, et ajoute à son titre celui de « garde des sceaux ».

Ces gardes des sceaux avaient un grant scel, petit scel

et contre-scel en cuivre, tandis que ceux du gouverneur étaient en argent.

Pour exercer leur juridiction, les gouverneurs de chancellerie et leurs lieutenants tenaient des audiences plusieurs fois l'an dans leurs six sièges : Dijon, Beaune, Chalon, Autun, Semur et Châtillon ; le gouverneur allait lui-même en ces divers sièges une fois l'an.

Sous sa juridiction, le chancelier avait les tabellions ou notaires.

Le duc de Bourgogne s'était réservé le droit de nommer les notaires et avait retiré ce pouvoir aux baillis et autres officiers, afin de l'attribuer au chancelier de Bourgogne.

Ces tabellions furent à l'origine, en effet, nombreux, ce qui causa des abus considérables.

Il y eut ainsi peu de notaires principaux : on n'est donc pas surpris de n'en rencontrer qu'un seul à Dijon ; mais ils avaient de nombreux coadjuteurs qui exerçaient leur office pour le compte de ce tabellion : ces coadjuteurs pouvaient d'ailleurs recevoir eux-mêmes les minutes et avaient une certaine indépendance.

Le notaire n'avait pas le droit d'apposer le scel sur les actes. Il les rédigeait en présence d'un autre tabellion et les présentait au sceau ; ces actes étaient scellés à double queue de parchemin avec scel et contre-scel.

Chaque notaire était tenu de présenter deux fois l'an ses contrats ; le chancelier vérifiait ou faisait vérifier leurs registres ou cédules ; un extrait était remis aux receveurs établis dans chaque bailliage, avec relevé de ce qui était dû par chaque notaire qui en répondait pour lui et ses coadjuteurs.

La chancellerie du duc de Bourgogne fit place à celle du roi de France.

On cessa peu à peu de recourir à la formalité du sceau.

Les notaires introduisirent l'usage de délivrer aux parties des actes rédigés en brefs ou brevets et signés de leur main, et ils ne donnaient aux conventions la forme réglementaire de lettres pour les présenter au sceau que lorsqu'ils en étaient requis, ce qui n'avait lieu, en fait, que pour donner aux actes la force exécutoire par voie parée et le droit d'hypothèque sur tous les biens des obligés.

Ceci ne se fit pas sans difficultés, car la plus grande partie des bénéfices des droits du sceau se trouvaient ainsi annihilés. Ces revenus furent remplacés par les droits de timbre et, à partir de 1676, l'usage des feuilles blanches timbrées devint obligatoire pour l'expédition des actes notariés.

Enfin, les édits de juillet 1706 et d'avril 1708 autorisèrent les notaires à apposer eux-mêmes leur sceau aux armés royales sur les actes qui devaient emporter exécution forcée (1).

On comprend ainsi la nécessité pour les notaires de sceller leurs actes ; ils représentent le duc et sa garantie, et le sceau qu'ils apposent marque l'intervention de l'autorité supérieure.

L'hypothèque primitive n'a pu être constituée que sous la garantie du duc ; il en sera de même à notre époque ; l'hypothèque ne pourra résulter que d'un acte scellé par le notaire (2) ; cette nécessité subsiste encore de nos jours : en principe, l'hypothèque ne peut être consentie que dans un acte notarié.

§ 2. — *Hypothèque générale et hypothèque spéciale (privilège du vendeur).*

Il fut tout d'abord possible, ainsi que nous l'avons vu, de constituer conventionnellement, au gré des parties,

---

(1) Giry, *Manuel de diplomatique*. — Michal, *Origine du notariat*.

(2) Bouvot, *Nouveau recueil des arrêts de Bourgogne*, 3e partie, p. 63 : « L'escripture en hypothèque est requise et qu'elle soit authentique, receüe par un notaire. »

une hypothèque générale, portant sur la totalité des immeubles du débiteur, ou une hypothèque spéciale, n'affectant qu'un seul immeuble.

Au seizième siècle, nous rencontrons encore des traces de cette possibilité; il n'en est plus de même aux dix-septième et dix-huitième siècles; la généralité est devenue la règle. En fait, il n'y a plus que des hypothèques générales.

Le mot hypothèque spéciale n'en subsiste cependant pas moins, mais il n'a plus la même signification; il est pris dans un sens tout nouveau et désigne le *privilège des vendeurs d'immeubles non payés.*

A côté de l'hypothèque conventionnelle générale, on rencontre un grand nombre d'hypothèques privilégiées.

Nous ne dirons que quelques mots de l'hypothèque conventionnelle et des privilèges; nous étudierons plus en détail l'hypothèque spéciale du vendeur et les difficultés nombreuses auxquelles elle a donné lieu.

L'hypothèque conventionnelle est générale.

Elle n'a pas besoin d'être stipulée expressément et résulte de la forme même de l'acte; cette particularité est précisée par nos anciens auteurs sous la forme de la maxime: « Tout acte notarié emporte hypothèque. »

L'hypothèque spéciale a disparu de la pratique. La question ne semble pas douteuse et, dès le seizième siècle, on ne stipule plus conventionnellement qu'une hypothèque générale; plus exactement, la stipulation d'hypothèque spéciale introduite dans l'acte est considérée comme non écrite: c'est que, ainsi que nous le verrons, une hypothèque spéciale est désormais *privilégiée* et on ne peut permettre aux parties de créer à leur gré des droits de préférence, ce qui favoriserait trop ouvertement les fraudes, et la seule hypothèque qui subsiste est l'hypotèque générale, qui est attachée à la forme même de l'acte notarié.

C'est à cette idée que fait allusion M. Perrier, dans ses *Arrêts notables du Parlement de Dijon,* quand il écrit (1) :

« Si un emprunteur affecte spécialement son fonds au créancier, ce n'est point là une hypothèque, ni spéciale ni privilégiée ; c'est un simple engagement, de la nature des autres hypothèques, malgré la clause de spécialité. »

Et plus loin, voulant montrer que la dénomination que donnent les parties à un acte juridique n'a pas par elle-même le pouvoir de changer la nature de cet acte, mais qu'en réalité il faut s'attacher, pour déterminer cette nature, au résultat qu'on a voulu atteindre, le même auteur cite cet exemple :

« De même qu'une hypothèque n'est jamais spéciale qu'en faveur de celui qui a vendu le fonds : la stipulation d'un débiteur qui, pour prêt fait en argent, affecterait un fonds spécialement, est inutile, l'hypothèque n'est que générale et n'est pas même privilégiée (2). »

Cette disparition de l'hypothèque spéciale ne surprendra pas, si l'on se souvient de l'origine que nous lui avons assignée.

Alors qu'à l'origine, l'*obligatio generalis* et l'obligation par espécial ont une existence propre, alors que l'une est un droit réel, l'autre un droit personnel, que l'une porte sur la valeur commerciale, l'autre sur la valeur de jouissance du gage, on comprend qu'elles coexistent et que le créancier puisse exiger, pour sûreté de sa dette, celle des deux qu'il considère comme étant pour lui la plus avantageuse ; mais lorsque ces deux formes de l'engagement confondirent leur caractère distinctif pour donner naissance à l'hypothèque générale ou spéciale, il y eut, en quelque sorte, un double emploi, l'hypothèque spéciale ne créant plus un droit plus fort que la générale.

---

(1) Perrier, *Arrêts notables*, t. I, p. 196, n° 5.
(2) Perrier, *loc. cit.*, t. II, p. 365, n° 10.

Bien au contraire, il apparut comme tout à fait évident que l'avantage du créancier se trouvait dans l'obtention d'une hypothèque générale, qui lui donnait un droit de gage beaucoup plus étendu.

De plus, il importe de remarquer qu'en fait, il était impossible de constituer une hypothèque spéciale sans qu'immédiatement et mécaniquement elle se trouvât doublée d'une générale : car l'acte par lequel cette hypothèque était établie se trouvait nécessairement être un acte notarié, car « l'hypothèque ne peut résulter que d'un acte notarié ». Or, tout acte notarié emportant hypothèque générale, l'hypothèque spéciale se trouvait être, en quelque sorte, une superfétation et n'avait plus sa raison d'exister.

On fut donc amené à ne plus constituer qu'une seule hypothèque : la générale. La spéciale, négligée par la pratique, ne tarda pas à tomber dans l'oubli, à ce point que les auteurs du dix-huitième siècle n'admettent plus son existence.

Peut-être aussi cette disparition tient-elle à des difficultés de pratique. En fait, la réalisation du gage présentait certaines difficultés.

Nous avons un arrêt du Parlement de Beaune, de l'année 1357, confirmant une sentence rendue par le lieutenant de chancellerie, puis par les auditeurs, qui veut que, dans le cas d'hypothèque spéciale, le créancier hypothécaire prouve la propriété du débiteur « sur les biens obligés spécialement au jour de l'obligation et ne suffira pas de prouver une possession par maintes années (1) ».

Cette preuve était fort difficile à rapporter, et on conçoit que les créanciers ont pu hésiter à se servir couramment d'un mode de garantie qui, à un moment donné, avait de grandes chances de devenir illusoire.

---

(1) A. N. J. J., 319, fol. 5 v°.

On peut donc dire que le dix-septième siècle ne connait plus l'hypothèque spéciale, c'est-à-dire celle qui a trait à un immeuble déterminé et qui n'est pas privilégiée.

Cependant, le terme existe toujours : les recueils s'occupent encore de l'hypothèque spéciale, mais ce mot qui était resté sans emploi à la suite de la disparition de l'acte qu'il désignait, a été repris par les jurisconsultes pour désigner l'*hypothèque privilégiée* du vendeur d'immeubles non encore payé.

Parmi les hypothèques privilégiées, cette dernière mérite seule quelques explications.

A dire vrai, les auteurs du dix-huitième siècle ne considèrent pas ce privilège comme étant une véritable hypothèque et, en réalité, même au dix-huitième siècle, on pourrait penser que la pratique ne connait pas encore la véritable hypothèque légale et privilégiée du vendeur d'immeuble et que cette hypothèque se confond avec la revendication.

« Toute hypothèque privilégiée sur un fonds ou sur un immeuble n'est pas *tant une hypothèque* proprement dite qu'*une action réelle et un droit de suite qui dérive et qui coule de la propriété.*

» L'hypothèque vient de la convention ou de la loi ; la convention affecte le fonds et l'assujettit au paiement d'une dette, elle le subroge à cette dette, ou du moins elle en subroge le prix à défaut de paiement ou en cas de l'insolvabilité du débiteur ; la loi, maîtresse absolue des biens, produit le même effet que la convention, c'est ce que nous appelons hypothèque tacite ou légale ; telle qu'est celle que la loi Assiduis donne aux femmes (1)... »

Et plus loin (2) :

» L'hypothèque est l'obligation du fonds ajoutée à l'obli-

---

(1) Perrier, *Arrêts notables*, t. II, p. 711, n° 7.
(2) *Loc. cit.*, n° 8.

gation personnelle; le fonds est la caution de la personne et cette obligation réelle suit le fonds et peut être séparée de la personnelle, puisque le fonds peut passer en d'autres mains que celles de la personne obligée; *pour le privilège, il est encore plus inhérent à la chose, parce qu'il émane de la propriété ou qu'il en fait partie.* »

Nous retrouvons ces mêmes idées à propos de l'hypothèque du vendeur (1).

« L'hypothèque spéciale (du vendeur d'immeubles)... *venit ex natura rei;* c'est une espèce de droit de suite ou de privilège sur le fonds; de là vient que l'hypothèque spéciale n'appartient à proprement parler qu'au vendeur...

» L'hypothèque ne vient que *ex lege vel ex conventione;* ici la convention n'en donne point de spéciale, la loi n'en n'attribue pas non plus. Je ne sais aucune loi qui donne au vendeur une hypothèque tacite, ni sur les biens de l'acquéreur, ni sur le fonds même vendu. Je sais bien que c'est une question controversée... »

Le vendeur a bien, comme nous l'avons dit, un droit de suite et de propriété jusqu'à ce que le prix lui ait été payé, mais ce n'est point là l'hypothèque tacite ou légale, *c'est un droit de revendication,* la vente n'étant point censée irrévocablement parfaite sans le paiement du prix.

Et Perrier en tire cette conséquence :

« Ainsi ce vendeur qui s'est contenté d'une rente constituée qu'il a reçue en paiement du prix de vente, qui n'a point stipulé ni réservé d'hypothèque spéciale, n'en n'a aucune. Il ne lui reste que l'hypothèque générale sur le fonds vendu comme sur les autres biens de l'acquéreur. »

Perrier considère donc que le vendeur n'a pas une véritable hypothèque; il a un droit qui n'est autre que le droit de revendication; s'il a suivi la foi de l'acheteur, il

---

(1) Perrier, *Arrêts notables*, t. I, n°s 5 et 7, *passim*.

perd ce droit et ne peut plus venir, par préférence à tous autres, sur le prix de vente de l'immeuble.

Un autre passage des *Arrêts notables* montre bien également qu'il considère ce droit comme un droit de revendication; celui qui a vendu son immeuble par acte sous seings privés n'a pas d'hypothèque proprement dite, mais conserve sur le fonds son privilège, qui n'est, en somme, pas autre chose que son droit de revendication :

« Il y a des gens qui, pour épargner les frais, font des ventes d'immeubles par des billets sous écriture privée. On ne peut dire que le vendeur ait une hypothèque par un acte semblable, puisque l'hypothèque ne peut être constituée parmi nous que par des actes publics qui puissent faire foi à l'égard d'un tiers. Néanmoins, le vendeur aurait toujours son privilège et son droit de suite sur le fonds, jusqu'à ce que le prix lui soit payé (1) ».

Ce droit de suite est limité au seul acheteur. Si des mains de ce dernier, le bien est passé entre celles d'un tiers, le privilège n'existe plus et le vendeur n'a plus contre l'acheteur qu'une action personnelle.

Il semble donc bien que pour M. Perrier, cette hypothèque spéciale du vendeur se confond en quelque sorte avec le droit de revendication.

Ce privilège, selon lui existe, soit que la vente soit faite par acte authentique ou sous seings privés, mais dans ce dernier cas, son exercice est limité au seul acheteur, l'acte n'étant pas opposable aux tiers.

Il n'a pas besoin, en principe, d'être stipulé d'une façon expresse. Il est réservé de plein droit au vendeur, tant que le prix ne lui a pas été payé. Si le vendeur n'a pas suivi la foi de l'acheteur, si par exemple il a reçu à titre de paiement une rente constituée sur l'immeuble, « il ne

---

(1) Perrier, *Arrêts notables*, t. I, p. 196, n° 9.

peut plus prétendre l'hypothèque spéciale ni aucun privilège, à moins qu'il n'en fasse la réserve (1). »

Nous croyons cependant que l'analyse faite par M. Perrier, relativement à la nature du droit d'hypothèque spéciale, est au moins incomplète et qu'en réalité il n'y a là pour le vendeur, pas seulement un simple droit de revendication, mais bien un véritable droit d'hypothèque.

En réalité, pour bien comprendre ce droit, il faut considérer la situation du vendeur, soit qu'il se trouve en face de son acheteur, soit au contraire qu'il se trouve en face d'un tiers, l'acheteur ayant lui-même vendu le fonds hypothéqué ou ayant constitué une hypothèque sur ce fonds.

Dans le premier cas, le vendeur possède un véritable droit de revendication ; il n'est pas question ici d'hypothèque, puisque ce droit de revendication est infiniment préférable à un droit d'hypothèque ; il permet de reprendre le bien purement et simplement, par simple décision de justice ; il évite les frais coûteux et les lenteurs de la procédure par décret.

L'existence de ce droit est consacrée par un arrêt du jeudi 16 décembre 1672, rapporté par M. Perrier (2).

Il résulte de cet arrêt que le vendeur peut « rentrer dans son héritage, mais il ne le peut sans l'autorité du juge », quand il se trouve en présence de son acheteur qui refuse de lui payer le prix.

Ce droit est de la nature même de la vente, et il existe,

---

(1) Perrier, *eod. loc.*, p. 196, n° 6, *in fine ;* voyez également p. 358, n° 3.

(2) Perrier, *Arrêts notables*, t. I, p. 356, question 120. — Le même principe est consacré sous la question 79, n° 13, p. 197. Il est vrai qu'un autre arrêt du 19 décembre 1672 semble indiquer un principe contraire, mais Perrier, dans le commentaire de cet arrêt, indique qu'il n'est pas conforme à la jurisprudence du Parlement de Dijon et « qu'il ne doit point être tiré à conséquence » (t. I, question 121, p. 358). Les deux arrêts peuvent d'ailleurs se concilier.

que cette vente soit faite par acte notarié ou sous seings privés.

C'est véritablement un droit de revendication : le vendeur n'a pas besoin de recourir, pour exercer son droit, à la procédure du décret ; ce qu'il réclame, ce n'est pas une somme d'argent représentant le prix de vente du gage, il exige uniquement que ce gage lui soit remis à titre de propriétaire : il en recouvre la propriété.

Dans le second cas, c'est-à-dire lorsque le vendeur prétend exercer son hypothèque spéciale sur le fonds qu'il a vendu, alors que ce fonds ne se trouve plus entre les mains de l'acquéreur, ce n'est plus une action en revendication qu'il va exercer.

C'est ici qu'apparaît la véritable hypothèque spéciale, et M. Perrier semble ne l'avoir pas bien aperçu.

Le vendeur ne vient plus réclamer la restitution du bien qui était son ancienne propriété ; il ne le peut plus. Tout ce qu'il peut faire, c'est demander à la justice d'ouvrir contre le tiers possesseur la procédure du décret. Et encore, il ne peut pas le faire avant d'avoir discuté son débiteur principal, l'acheteur insolvable.

Ce principe a été nettement consacré par un arrêt du Parlement de Bourgogne du 6 avril 1683, rapporté par Perrier dans son recueil d'arrêts (1).

Le bien sera vendu et le vendeur viendra exercer son privilège sur la somme provenant de la vente. Il y a donc bien ici une véritable hypothèque, et nous sommes loin de ce droit analysé par M. Perrier et qui se confond avec la revendication.

Un passage des *Arrêts notables* montre bien que, contre le tiers possesseur, c'est un véritable droit d'hypothèque qu'exerce le vendeur :

« Le tiers possesseur en Bourgogne *ne peut être dépos-*

(1) Perrier, *Arrêts notables*, t. II, p. 249, question 245.

sédé que par un décret interposé sur le vendeur, c'est-à-dire qu'on doit discuter ce débiteur principal avant que de venir au tiers acquéreur, ce qui est conforme au droit romain.... » (Suivent certaines distinctions relatives à des cas spéciaux).

« Ces décisions sont de peu d'usage en Bourgogne où le règlement des criées de 1616 a déterminé l'ordre des actions et les droits des tiers possesseurs Par le droit romain, loi 9, C., *De distr. pign.*, l'effet spécialement hypothéqué devait être vendu séparément et préalablement, et ce n'est que subsidiairement et en cas d'insuffisance du prix provenant du gage et de l'hypothèque spéciale que le créancier doit venir à la discussion générale. Nous n'observons point cet ordre dans la discussion des hypothèques : le créancier qui a une hypothèque spéciale peut seulement en demander distraction dans la discussion générale des biens du débiteur. »

Le vendeur a donc une véritable hypothèque, une hypothèque spéciale, c'est-à-dire privilégiée.

Cependant, relativement au droit de suite que comporte cette hypothèque, il faut bien avouer qu'aux dix-septième et dix-huitième siècles, ce droit n'existe pas d'une façon rigoureuse et absolue ; il ne peut s'exercer que lorsque le débiteur principal a été discuté, et encore il n'aboutit plus, comme de nos jours, à la procédure de purge, mais bien à celle du décret forcé : deux inconvénients qui, ainsi que nous le verrons, ont amené des réclamations nombreuses.

D'ailleurs, en fait, ce privilège ne peut exister que si, comme pour toute hypothèque, il a sa base dans un acte notarié.

Cela fait apparaître la différence qui existe entre cette hypothèque spéciale qui, selon nous, est une véritable hypothèque et notre privilège actuel du vendeur.

Notre privilège actuel n'est pas une hypothèque, il

existe dans toute vente dans quelque forme qu'elle soit faite et n'a besoin que de certaines formalités pour se conserver.

Bien au contraire, l'hypothèque spéciale n'existera que si la vente de l'immeuble est une vente par acte scellé. C'est conformément à cette idée qu'une hypothèque ne peut résulter que d'un acte notarié. Dans le cas contraire, le vendeur n'aura qu'un droit de revendication, droit bien illusoire, puisqu'il ne comporte suite qu'à l'égard de l'acquéreur et qu'il peut être anéanti soit par une vente notariée, soit par une constitution d'hypothèque ultérieure.

En résumé, le vendeur a une hypothèque privilégiée sur l'immeuble qui a fait l'objet d'une vente notariée. Cette hypothèque lui importe peu si le bien est encore entre les mains de l'acquéreur, car il a alors un droit beaucoup plus fort et avantageux pour lui, le droit de revendication.

Mais remarquons cependant que ce droit de revendication est limité à ce seul cas.

L'immeuble est-il entre les mains d'un tiers possesseur, le vendeur est obligé de faire vendre ce bien par décret, après avoir discuté l'acquéreur.

Il ne peut exercer la revendication : de là sont nés de graves conflits et des difficultés sérieuses qui ont subsisté jusqu'à la Révolution.

Au dix-septième et au dix-huitième siècles nous assistons, en effet, aux efforts considérables qui sont faits pour permettre au vendeur de revendiquer en toute hypothèse l'immeuble vendu, et cela en quelques mains qu'il se trouve.

On comprend aisément les avantages qu'aurait procurés cette pratique au vendeur qui n'aurait plus été obligé ni de discuter l'acheteur, ni de recourir à l'exécution forcée contre le détenteur et rentrerait en possession de son bien, à moins que le tiers, préférant garder l'immeuble, ne devienne lui-même obligé personnellement envers lui.

On avait formulé cette réclamation sous la forme d'un brocard qui en précise la portée : *Aut cede aut solve.* C'était l'injonction faite au tiers possesseur de payer ou de délaisser.

On considérait cette mesure comme fondée sur l'équité et sur le bon sens.

Voici comment s'exprime M. Perrier sous un arrêt du Parlement de Dijon, du 6 avril 1683, qui consacrait le principe que le tiers détenteur n'était tenu qu'hypothécairement (1) :

« La maxime : *Aut cede aut solve,* admise dans la *Coutume de Paris* et dans plusieurs autres, est une règle toute remplie d'équité et de justice. Il n'y a point de pays qui ne doive s'y soumettre, et je m'étonne qu'en Bourgogne, non seulement elle ne soit point reçue mais qu'on l'ait rejetée, quelques efforts qu'on ait fait pour l'introduire. Je vends mon fonds, dont le prix ne m'a point été payé ; ce fonds qui m'est spécialement hypothéqué, soit que je me sois réservé l'hypothèque, soit que j'en aie omis clause, est vendu à un second acquéreur, je ne puis obliger ce tiers possesseur à me payer, ou à me remettre mon propre bien, il faut que je discute auparavant mon premier débiteur et que j'absorbe par les frais d'un décret que la chicane et l'avarice des hommes portent à l'excès, c'est-à-dire qu'il faut que je perde mon bien et que je l'abandonne pour ne pas faire une plus grande perte... Or, qu'un tiers acquéreur jouisse de mon héritage à son aise sans me payer et qu'il attende que je le dépossède par un décret, qui me coûtera plus que je ne tirerai du fonds quand je l'aurai recouvré, c'est ce qui choque la raison et le bon sens, à moins qu'on ne veuille tendre des

(1) Perrier, *Arrêts notables*, t. II, p. 250, n° 1.

pièges aux vendeurs et favoriser les fraudes, ce qui n'a jamais été l'objet de ceux qui sont assis sur les tribunaux de la justice. »

Les mêmes remarques se retrouvent encore dans le commentaire d'un autre arrêt (1).

« Il arrive fréquemment que l'acquéreur d'un fonds dont il doit le prix à constitution de rente, le revend ; ce second acquéreur devient tiers possesseur par la jouissance paisible de trois années : le premier acquéreur ne paie pas et devient insolvable ; le premier vendeur est obligé de recourir contre le possesseur de son hypothèque spéciale ; mais il ne le peut par action personnelle ; c'est ce qui fut jugé au Parlement de Dijon par arrêt du jeudi 29 avril 1655, à l'audience publique, sur les plaidoiries des avocats Bourelier et Chesne, entre les nommés Charmont et Nariolet, et par un autre arrêt aussi rendu à l'audience publique du mardi 6 avril 1683, en faveur du sieur Turel contre le nommé Martin : ce premier vendeur est donc forcé d'agir par la voie hypothécaire ; mais si le fonds ne vaut pas les frais d'un décret, il faut donc que ce premier vendeur perde son bien : le tiers possesseur jouira pendant le décret qui durera longtemps et qui coûtera plus au créancier qu'il n'en tirera par la vente du fonds; cela est d'une injustice manifeste et néanmoins on n'y apporte aucun remède; au contraire, on trouve des obstacles lorsqu'on voudrait faire cesser l'inconvénient. »

Pendant tout le cours des dix-septième et dix-huitième siècles, nous assistons aux efforts que firent les praticiens pour éviter ces inconvénients.

Les Etats généraux, dans le but de prévenir les fraudes rendues trop faciles par cette réglementation, obtinrent

---

(1) Perrier, *Arrêts notables*, t. I, p. 197, n° 14. — Voyez également un exemple très frappant des inconvénients de l'absence de la maxime : *Aut cede aut solve*, rapportée au t. II, p. 522, n° 2.

une déclaration du roi qui fut publiée à l'audience du 14 août 1684, déclaration portant que les « tiers possesseurs seront dépossédés s'ils n'ont titre et possession trois ans avant l'interposition du décret ».

Il y avait évidemment là une amélioration sur l'ancien état des choses.

Le vendeur pouvait dorénavant exercer l'action en revendication, en principe, entre les mains du tiers acquéreur pendant les trois années qui suivent l'acquisition faite par ce tiers.

Et cependant, il est évident que cette mesure n'était pas de nature à donner satisfaction aux nombreuses réclamations qui s'étaient produites.

Mais ces réclamations ne devaient pas aboutir, bien que les Etats généraux se soient contentés de les formuler d'une façon restreinte, demandant uniquement que la règle : *Aut cede aut solve* ne fût applicable qu'en la matière de l'hypothèque spéciale et consentant à ce que l'hypothèque générale restât en dehors de sa sphère d'application (1).

« Messieurs, les Etats généraux ont souvent demandé sur cet abus une déclaration qui le fît cesser et qui établît la règle : *Aut cede aut solve,* au moins pour ce seul cas de l'hypothèque spéciale : le roi a eu la bonté de l'accorder, son conseil et ses ministres ont trouvé la demande juste et l'ont appuyée, mais la loi n'a point encore été faite, ni envoyée, par des motifs et des oppositions que je ne dois point pénétrer.

» Il serait bon néanmoins, il serait même nécessaire de changer et même d'abroger les lois et les usages lorsque de justes qu'ils sont dans leur origine, ils deviennent

(1) La même difficulté que pour l'hypothèque spéciale existait, en effet, relativement à l'hypothèque générale. La règle : *Aut cede aut solve* ne lui était pas applicable, mais ici les conséquences paraissaient moins iniques.

iniques ; autrefois, les frais d'un décret n'étaient rien, à présent ils sont énormes, ainsi de même que par la déclaration de 1684, on a remédié aux fraudes des tiers possesseurs, pourquoi ne pas introduire l'action personnelle contre le détenteur de l'hypothèque spéciale, ou l'obliger à céder l'héritage.

» La *Coutume de Paris*, article 100, donne cette action contre le possesseur ou créancier antérieur dont l'hypothèque est spéciale ou générale. On ne la demanderait qu'en faveur de l'hypothèque spéciale quoiqu'il fût juste de l'accorder dans les deux cas (1). »

Dans un autre passage (2), M. Perrier exprime le vœu qu'il soit fait droit à ces demandes et marque l'espérance de voir ce vœu se réaliser promptement.

« Messieurs, les Etats généraux ont fait depuis plusieurs remontrances pour introduire la règle : *Aut cede aut solve*, du moins dans le cas de l'hypothèque spéciale, il faut espérer de la bonté du roi et de la sagesse de ses ministres qu'enfin les plaintes du peuple seront écoutées et que malgré tous les obstacles, que des intérêts opposez pourroient y apporter, la maxime sera confirmée. »

Ces souhaits ne devaient pas se réaliser, du moins sous l'ancien régime ; nous retrouvons dans tout le cours du dix-huitième siècle les mêmes demandes et la même inertie de la part des pouvoirs établis (3).

---

(1) Perrier et Raviot, t. I, p. 197, n°s 15 et 16. — Ce texte doit être bien compris : l'action existerait contre le seul détenteur.

(2) Perrier, *Arrêts notables*, t. II, p. 251, n° 2.

(3) Nous retrouvons, dans tout le cours du dix-huitième siècle, ces doléances et ces réclamations dans les documents concernant les Etats du duché de Bourgogne. — Archives départementales, série C. 3000 (1691-1703), fol 100 : « Obliger les tiers possesseurs à passer nouvelle reconnaissance de la dette ou à déguerpir du fonds au profit du créancier. » — *Ibid.*, fol. 229 : C. 3304 (1742-1748), fol. 43. Nouvelle réclamation d'une décision sur l'obligation à imposer au tiers acquéreur d'un fonds grevé d'hypothèque de reconnaître la dette. — C. 3304 (1742), vingt-sixième cote, maxime : *Aut cede aut solve*. — C. 3331, remontrances, fol. 58 (1743).

Il fallait attendre les réformes de la Révolution et du premier Empire qui donnèrnt à la France, désormais unifiée, une législation unique, pour réaliser ce vœu et faire cesser cet état de choses si contraire à l'équité et si préjudiciable à l'intérêt des particuliers.

Promesse relative à l'obligation imposée au tiers acquéreur d'un fonds hypothéqué d'en reconnaître la dette; fol. 72 : Demande d'introduire en Bourgogne la maxime : *Aut cede aut solve;* fol. 112, *ibid.* — C. 3340 (1749). Droits des tiers acquéreurs, *sur la maxime : Aut cede aut solve.* — C. 3032 (1751), fol. 154; B. 3316 (1752); C. 3005 (1751-1754), fol. 91 et 450; C. 3221 (1770), fol. 515; C. 3332 (1773), fol. 127; C. 3014 (1787), fol. 179.

CONCLUSION

§ 1er. — Part contributive de l'obligation générale et de l'*obligation par espécial* dans la formation de notre hypothèque actuelle. — Les diverses sortes d'hypothèques. — L'hypothèque conventionnelle et l'hypothèque judiciaire. — Les hypothèques légales. — L'hypothèque judiciaire vient plus directement de l'obligation générale. — L'hypothèque conventionnelle a, au contraire, sa véritable source dans l'*obligation par espécial*.

§ 2. — Origine des deux règles : « Tout acte notarié emporte hypothèque; l'hypothèque ne peut être constituée que par acte notarié. » — Explication donnée par M. Esmein. — L'origine qu'il donne à l'hypothèque ne permet pas de montrer que ces deux règles sont liées à cette origine. — Il n'en est pas de même avec la théorie que nous avons proposée.

§ 3. — L'hypothèque mobilière. — Le caractère immobilier de l'hypothèque s'explique historiquement. — C'est une conséquence de la règle : *Mobilia non habent sequelam*. — Il n'y a plus, actuellement, de raison, au point de vue théorique, pour lui conserver ce caractère immobilier.

---

§ 1er. — *Part contributive de l'obligation générale et de l'obligation par espécial dans la formation de notre hypothèque actuelle.*

Le décret du 11 brumaire an VII réglementa d'une façon définitive la matière des hypothèques et étendit à toutes les provinces le régime nouveau qu'il établit.

Ce décret précise la nature même de l'hypothèque et à

ce point de vue ne modifie pas l'ancien état de choses : l'hypothèque reste ce qu'elle était auparavant dans son essence, un droit réel sur la valeur commerciale de l'objet du gage.

Les règles qu'il formule ont trait spécialement à la mise en exercice de ce droit ; elles concernent en quelque sorte le point de vue pratique de la question, et il ne rentre pas dans le cadre de notre étude d'examiner les divers ordres d'idées qu'il consacre.

Nous avons montré, d'une façon très générale, que notre hypothèque a son origine dans l'*obligatio generalis* et dans l'obligation par espécial.

Il nous reste maintenant à rechercher quelle fut l'influence que chacune d'elles en particulier exerça relativement à la formation des diverses sortes d'hypothèques que connaît notre droit moderne.

Le droit civil français possède actuellement en dehors de l'hypothèque judiciaire deux sortes d'hypothèques, les hypothèques conventionnelles et les hypothèques légales.

Il consacre un certain nombre d'*hypothèques légales,* et l'article 2121 du Code civil n'en donne qu'une énumération fort incomplète ; ce texte n'en indique que trois, alors que leur nombre est beaucoup plus considérable ; il faut en effet ranger parmi les hypothèques légales celle de la femme mariée sur les biens de son mari (art. 2121 du Code civil), celle des personnes en tutelle sur les biens du tuteur (art. 2121 du Code civil) ; l'hypothèque de l'Etat, des communes et des établissements publics sur les biens des comptables (art. 2121 du Code civil); l'hypothèque des légataires sur les biens de la succession (art. 1017 du Code civil), celle de la masse des créanciers sur les biens du débiteur en faillite ou en liquidation judiciaire (art. 490 et 517 du Code de commerce et loi du 4 mars 1889, art. 4) et enfin l'hypothèque judiciaire.

Quant à l'*hypothèque conventionnelle* nous en connaissons ses caractères ; elle peut se définir (1) : *une sûreté réelle qui sans déposséder actuellement le propriétaire du bien hypothéqué, permet au créancier de s'en emparer à l'échéance pour le faire vendre, en quelques mains qu'il se trouve, et se faire payer sur le prix par préférence aux autres créanciers.*

C'est un droit réel, ordinairement immobilier, toujours accessoire et généralement indivisible.

L'hypothèque conventionnelle est essentiellement spéciale, spéciale quant à la créance garantie, spéciale quant au gage qu'elle confère au créancier. Les particuliers qui constituent une hypothèque sur leurs biens ne peuvent le faire que pour des créances spéciales et limitées (art. 2132 du Code civil) et ils ne peuvent, en principe, constituer comme gage hypothécaire que des immeubles limitativement énumérés.

Nous ne nous occuperons ici que de l'*hypothèque conventionnelle* et de l'*hypothèque judiciaire* qui, nous le croyons, trouvent seules leur origine dans les institutions dont nous avons retracé l'histoire, à savoir l'obligation générale et l'obligation par espécial.

Les autres hypothèques légales sont, ou bien des emprunts faits directement au droit romain, ou des institutions de création plus récente.

Il serait, d'ailleurs, facile de justifier cette assertion, mais une pareille étude pourrait sembler déplacée : il nous suffira de faire remarquer que l'action hypothécaire avait été accordée aux légataires par Justinien (2), et elle avait été transportée dans notre ancien droit, malgré que quelques auteurs en aient contesté l'existence (3).

---

(1) Planiol, *Traité élémentaire de droit civil*, t. II, 2e édit., p. 796.
(2) Code, liv. VI, t. XLIII, loi 1.
(3) Spécialement Pothier, *Donations testamentaires*, nos 288-289.

L'hypothèque des mineurs en tutelle a son origine dans une constitution de Constantin (1).

Enfin, c'est à Justinien que nos anciens auteurs ont emprunté l'hypothèque légale de la femme mariée (2), et il est à remarquer que l'ancien droit avait conservé à cette hypothèque son rang d'hypothèque privilégiée que lui avait accordé Justinien par la loi Assiduis (3). Cela est d'autant plus intéressant à noter que notre droit actuel n'a pas maintenu la femme dans ce rang de faveur.

Il faut se rappeler cependant et relativement à cette hypothèque de la femme mariée que, dans un grand nombre de familles, à l'époque qui nous occupe, la femme n'avait pas besoin de cette hypothèque d'origine romaine, parce qu'elle en avait une autre, datant du jour du contrat et dérivant de l'acte notarié; c'était seulement la femme mariée sans contrat qui profitait de la création de Justinien. Cette hypothèque coutumière de la femme se confondait, en réalité, avec l'hypothèque conventionnelle, dont nous allons avoir à nous occuper.

Examinons donc quelle contribution a été fournie par ces deux institutions dans la formation de notre hypothèque moderne.

*Nous croyons que, d'une façon très générale, on peut dire que notre hypothèque judiciaire actuelle vient plus directement de la fidéjussion et de l'*obligatio generalis, *alors qu'il faut voir dans l'obligation par spécial la véritable source de l'hypothèque conventionnelle.*

Et tout d'abord, nous allons essayer d'établir que notre hypothèque conventionnelle moderne, avec le caractère de spécialité qu'elle comporte, procède surtout de l'obligation par spécial.

Nous avons étudié en détail l'obligation par spécial et

---

(1) Code, liv. V, t. XXXVII, loi 20.
(2) Code, liv. V, t. XIII, loi unique.
(3) Code, liv. VIII, t. XVIII, loi 12.

nous avons pu nous rendre compte de l'étendue des droits qu'elle conférait à son bénéficiaire; nous savons que, dans la forme première du gage avec l'engagement proprement dit, le créancier possédait un droit réel, comportant droit de suite et droit de préférence; mais que ce droit portait uniquement sur la valeur de jouissance qui, à cette époque, était seule prise en considération pour l'appréciation du crédit que pouvait offrir la terre. Le créancier ne pouvait pas réaliser son gage : il lui était impossible de le vendre ou de le faire vendre, de le transformer en argent, pour s'indemniser sur le prix qu'on en aurait pu tirer. Tout ce qu'il pouvait faire, c'est de détenir le bien jusqu'à parfait paiement de la dette.

Puis nous avons signalé les inconvénients de ce système, dessaisissement du débiteur et impossibilité pour lui d'user de tout le crédit que pourrait lui procurer son bien.

Nous avons vu comment on avait peu à peu essayé de remédier à l'insuffisance de ces moyens qui, d'une part, ne donnaient qu'une sûreté quelquefois illusoire au créancier et, d'autre part, était loin de ménager l'intérêt du débiteur : ce fut par l'engagement d'un assignat, puis par l'obligation par espécial.

Le créancier envers qui un pareil engagement a été souscrit possède un droit qui se rapproche de beaucoup de notre droit d'hypothèque actuel : le débiteur n'est plus nécessairement dessaisi du bien donné en gage, et le créancier ne se voit plus dans l'obligation d'exploiter le bien : mais, de même que l'ancien engagement, le gage d'un assignat porte toujours sur la jouissance de la chose, et c'est ce qui le différencie profondément de l'hypothèque, parce que ce droit de jouissance est exclusif du droit de réaliser le gage. Sans doute, nous avons vu, à une époque plus récente, le germe de cette possibilité de vendre le gage (vente à des Juifs), mais cette possibilité n'est qu'accidentelle et n'est pas de l'essence même du droit.

C'est au contact de l'obligation par espécial avec la générale, contact que nous avons indiqué plus haut, que cette dernière différence va s'effacer et que la possibilité de vendre va se présenter comme étant de la nature même de l'hypothèque spéciale.

Nous avons vu, en effet, qu'à une certaine époque, on en était arrivé à confondre l'obligation générale et l'obligation par espécial.

Le résultat de cette confusion avait été de créer la notion de l'hypothèque, comportant droit de suite et droit de préférence, et ne s'appliquant qu'à des immeubles.

Ce droit existait en germe dans l'une et l'autre institution; il ne s'est dégagé, d'une façon complète, qu'au moment où elles se sont entièrement confondues : à chacune d'elles il manquait des éléments que l'autre lui a fournis.

L'obligation générale, en effet, permettait bien de vendre le gage et de se payer sur le prix, mais elle ne comportait pas la possibilité de suivre ce gage entre quelques mains qu'il soit passé.

Au contraire, l'obligation par espécial dans sa forme la plus récente, l'assignat, donnait bien cette faculté à son bénéficiaire, mais sa fin dernière n'était pas de réaliser ce gage, elle avait uniquement pour but de lui procurer la jouissance de ce gage.

A la suite du rapprochement qui s'est produit, dans la pratique, de ces deux droits, on est arrivé à créer deux sortes d'hypothèques, la générale et la spéciale donnant au créancier, la première, un droit de gage général analogue à celui de l'obligation générale, mais droit comportant la possibilité de suivre l'immeuble comme le faisait l'obligation par espécial, la seconde, un droit réel portant sur un immeuble déterminé, comme dans l'obligation par espécial, et non plus seulement sur la jouissance de la chose, mais sur sa valeur commerciale, comme dans l'obligation générale.

C'est ainsi que sont nées les deux hypothèques conventionnelles, la générale et la spéciale; à l'assignat, il manquait la possibilité de vendre le gage pour se confondre avec l'hypothèque spéciale conventionnelle : c'est l'obligation générale qui, elle-même, comportait ce droit, qui lui a fourni cet élément.

L'*obligatio generalis* avait le caractère de généralité que présente l'hypothèque conventionnelle générale, mais il lui manquait la possibilité de suivre ce gage et de se faire payer par préférence sur le prix : c'est à l'obligation par espécial qu'elle a emprunté ces diverses facultés.

Et c'est ainsi, comme nous l'avons dit, que l'on est arrivé à dégager la notion d'un droit d'hypothèque, hypothèque générale, hypothèque spéciale, qui subsistèrent pendant tout l'ancien droit.

Ces deux formes de l'hypothèque conventionnelle n'eurent pas la même fortune.

Jusqu'à la Révolution, il fut permis en France d'établir, conventionnellement, soit des hypothèques générales, frappant tous les biens présents du débiteur et tous ceux qu'il pouvait acquérir dans la suite, soit des hypothèques spéciales telles que nous les possédons aujourd'hui, bien qu'en pratique, cette dernière forme d'hypothèque ne fût pas employée.

La généralité, jusqu'à cette époque, fut la forme habituelle des hypothèques ; un créancier se gardait bien, en effet, de limiter sa sûreté quand il pouvait l'obtenir sans limites.

La Révolution a profondément modifié cet état de choses ; la loi du 2 brumaire an VII a décidé que, dans l'avenir, seule une hypothèque spéciale pourrait être consentie par convention.

Notre Code civil ne connait plus maintenant, en principe, que l'hypothèque spéciale sur les immeubles.

Sans doute, elle a conservé un certain nombre d'hypothèques générales, l'hypothèque judiciaire, celle de l'article 2121 du Code civil et on peut voir, dans les articles 2130 et 2131, qu'il est certains cas où ces hypothèques peuvent être établies, même par la convention ; mais ce ne sont là que des exceptions et leur existence passe pour avoir de si gros inconvénients que leur spécialisation est demandée avec une insistance de jour en jour croissante ; un projet de loi récent a d'ailleurs été déposé en ce sens devant le Sénat (1).

Il est donc probable que le jour est proche où elles disparaîtront entièrement. L'hypothèque ne sera plus alors que l'hypothèque spéciale, qui a sa véritable source dans l'obligation par espécial.

Si l'hypothèque conventionnelle actuelle trouve son origine dans l'obligation par espécial, nous avons dit, au contraire, qu'il n'en n'était pas de même pour l'hypothèque judiciaire ; cette dernière paraît, en effet, venir plus directement de la fidéjussion et de l'obligation générale.

Contrairement à cette manière de voir, la plupart des auteurs qui ont écrit sur la matière estiment que l'hypothèque judiciaire serait une création plus récente que l'hypothèque des actes notariés, c'est-à-dire que l'hypothèque conventionnelle.

Ils admettent que son introduction ne remonterait pas au delà du seizième siècle.

Les écrivains du dix-huitième siècle l'attribuent à l'ordonnance de Moulins, de 1566. Pour eux, c'est l'article 53 de cette ordonnance qui aurait consacré ce droit. Cet article s'exprime ainsi : « Dès lors et à l'instant de la condamnation donnée en dernier ressort... sera acquis à la partie droit d'hypothèque, sur les biens du condamné,

(1) Projet Darlan, garde des sceaux, 27 octobre 1896.

pour l'effet ou exécution du jugement ou arrêt sur lui obtenu. »

Nous croyons, pour notre part, que l'origine de cette hypothèque est tout autre et que le droit de préférence, accordé au créancier qui a obtenu un jugement, est de beaucoup plus ancien.

On rencontre, en effet, ce droit à la fin du treizième siècle, dans Beaumanoir, chapitre XXXIV, paragraphe 2.

Il s'agit d'un homme qui habitait Creil et qui voulait, selon l'expression dont se sert Beaumanoir, « vider le pays »; cet homme avait des créanciers, et comme ceux-ci estimaient leur créance bien aléatoire dans le cas où le débiteur abandonnerait le pays, ils lui firent commandement après s'être adressés à la justice.

Ensuite, d'autres firent « arester ses biens et requirent à estre paiés au sol la livre ». Il fut jugé que celui qui avait fait commandement serait payé entièrement, alors que les autres ne le seraient que sur le reliquat, « s'il y avait remanant ». Il se trouvait ainsi posséder, à l'encontre de ses cocréanciers, un véritable droit de préférence sur le patrimoine de leur débiteur (1).

On trouve de même encore trace de ce droit au commencement du quatorzième siècle, dans la très ancienne coutume de Bretagne. Il y est dit, en effet, au chapitre CCCVI: « Les autres obligacions et jugiez doivent estre exécutez et paiez chescun selon la obligacion ou jugié qui fust du premier temps, quar le premier temps doit estre le premier exécuté et paié. »

Ce droit existait donc bien avant l'ordonnance de 1566, mais jusqu'à cette époque, le point de départ de ce droit n'était pas bien fixé. L'ordonnance de Moulins n'a eu qu'un effet, c'est de reporter au jour même du pro-

(1) Document cité par M. Esmein, *Les contrats dans le très ancien droit français*.

noncé du jugement la naissance du droit d'hypothèque ; le texte ne tranche donc qu'une question de rang. Lorsque nos anciens auteurs, comme Davot, d'Argentré ou Brodeau prétendaient que, dans l'ancienne pratique, le jugement n'emportait pas hypothèque, ils entendaient seulement, par là, dire que l'hypothèque ne naissait pas au moment où il était rendu, mais seulement d'un fait postérieur au jugement, par exemple les voies d'exécution employées contre le débiteur.

Pour nous, qui connaissons les origines de l'obligation générale, il est aisé, croyons-nous, de déterminer celles de l'hypothèque judiciaire qui, nous allons le voir, se confond en quelque sorte avec elle. Il y a une grande analogie de situation, on pourrait même dire identité absolue, entre, d'une part, celle d'un créancier et d'un débiteur venant devant le duc, le tribunal, pour lui demander de cautionner leur engagement (*obligatio generalis*), et d'autre part, celle d'un individu contre qui le juge vient, à la suite d'un procès porté devant lui, de prononcer une sentence de condamnation.

En effet, lorsque le juge, solutionnant la question litigieuse posée devant lui, condamne une des parties, il rend, par ce fait même, celui à qui il a donné gain de cause créancier de celui qui a perdu son procès.

Le perdant se trouve donc, à l'égard du gagnant, dans une situation absolument identique à celle du débiteur vis-à-vis de son créancier.

On peut donc conjecturer que tout va se passer après le prononcé de la sentence, comme si, en réalité, le juge ou le duc se trouvait en présence d'un créancier et d'un débiteur, venus le trouver à son tribunal pour cautionner leur engagement. Pour assurer l'exécution de la sentence de condamnation qu'il vient de prononcer (ou, ce qui est la même chose, pour garantir la dette du perdant, vis-à-vis de celui qui a obtenu gain de cause), il va se porter fidéjusseur, comme il se serait porté fidéjusseur s'il s'était agi d'une *obligatio generalis*.

Le juge est donc, en fait, amené implicitement à se porter fidéjusseur pour garantir la créance qu'il a fait naître au profit du gagnant et, comme nous l'avons vu, lorsqu'il s'agissait de l'*obligatio generalis*, il va demander des gages, ou s'en emparer, s'ils ne lui sont pas fournis de plein gré.

Le créancier aura ainsi pour gage les meubles et les immeubles de son débiteur, la totalité de son patrimoine et c'est sur ces biens que se fera l'exécution de la sentence de condamnation, dans le cas où les obligations découlant de cette sentence ne seraient pas remplies à l'égard du créancier.

Et avec le temps, ce droit qui a une étroite parenté avec l'*obligatio generalis*, qui est en quelque sorte calqué sur elle, ne va pas tarder à s'en assimiler tous les caractères ; et de même que l'*obligatio* va devenir un droit réel avec ses attributs, droit de suite et droit de préférence, le droit éventuel du gagnant va prendre lui-même ces caractères et devenir un droit réel, une véritable hypothèque lui permettant de poursuivre son débiteur sur ses biens, pour le cas où il n'exécuterait pas volontairement la sentence prononcée contre lui.

Telle est, pensons-nous, l'origine lointaine de l'hypothèque résultant du jugement ; sans doute, nous ne méconnaissons pas les influences certaines qu'a pu exercer sur elle la vieille hypothèque romaine dérivant du jugement, née elle-même du *pignus ex causa judicati captum*, mais nous persistons à voir dans la fidéjussion, rapprochée de l'*obligatio generalis*, la forme primitive et coutumière de ce droit.

Et cette origine nous permet d'expliquer le caractère de généralité de l'hypothèque judiciaire, caractère qui a subsisté jusqu'à nos jours et a soulevé les critiques nombreuses et souvent trop justifiées de nos modernes jurisconsultes.

Ce caractère s'explique de la même façon que s'explique la généralité que comporte l'hypothèque conventionnelle générale, dérivant de l'obligation générale.

En effet, lorsque le juge retransférait au créancier les gages qui lui avaient été fournis par le débiteur, il lui conférait un droit de gage général sur ce patrimoine, droit qui portait à la fois sur l'ensemble de ses meubles et de ses immeubles.

Ce droit de gage a subsisté avec son caractère de généralité, lorsqu'il est devenu l'hypothèque judiciaire, mais il s'est vu restreint quant à son étendue; l'hypothèque judiciaire ne frappe, en effet, que les immeubles présents et à venir de celui qui a perdu son procès.

On comprend aisément qu'il en fut ainsi; car à mesure que se précisait la notion de ce droit d'hypothèque qui ne devait pas tarder à devenir un droit réel, ainsi que nous l'avons dit, on devait nécessairement exclure les meubles de son champ d'action, et ceci à cause de la même règle coutumière, « meubles n'ont pas de suite », qui avait déjà fait exclure les meubles du champ d'action de l'hypothèque générale.

Mais ce que l'hypothèque judiciaire a conservé, et ce qu'il nous importait de noter, c'est le caractère de généralité qui lui est propre; notre hypothèque judiciaire actuelle porte, comme jadis l'*obligatio generalis*, sur tous les immeubles présents et à venir du débiteur; il n'y a, d'ailleurs, en ce fait, rien qui puisse surprendre, si l'on considère comme conforme à la réalité des faits, l'origine que nous lui avons assignée.

§ 2. — *Origine des deux règles : « Tout acte notarié emporte hypothèque » ; « L'hypothèque ne peut être constituée que par acte notarié. »*

Nous croyons ainsi avoir établi par les quelques documents que nous avons présentés dans le cours de cette étude, l'origine coutumière de notre hypothèque actuelle. Nous sommes d'autant plus fondé à croire que l'évolution que nous avons retracée est conforme à la réalité des faits, que, en partant des conclusions auxquelles nous en sommes arrivés, nous pouvons résoudre avec une grande simplicité un certain nombre de problèmes relatifs à l'hypothèque que l'on n'avait solutionnés jusqu'ici qu'avec des difficultés considérables.

Dans son remarquable travail sur *Les contrats dans le très ancien droit français,* M. Esmein indique que si l'on examine la jurisprudence des dix-septième et dix-huitième siècles, époque où la notion de l'hypothèque est définitivement établie d'une façon certaine, on constate trois règles inconnues des Romains : 1° tout contrat en forme authentique emporte hypothèque ; 2° l'hypothèque conventionnelle ne peut résulter que d'un acte authentique ; 3° tout jugement emporte hypothèque sur les biens du condamné.

Nous nous sommes déjà expliqué sur ce troisième point, et nous avons vu comment, selon nous, il était possible de conjecturer l'origine de cette hypothèque judiciaire et d'expliquer son caractère de généralité.

Il nous reste à montrer à notre tour comment on peut, avec l'origine que nous avons assignée à l'hypothèque, se rendre compte de l'existence de ces deux autres règles signalées par M. Esmein, à savoir que l'hypothèque conventionnelle ne peut résulter que d'un acte authentique et que tout acte en forme authentique emporte nécessairement hypothèque.

Et tout d'abord nous allons essayer de rechercher comment on a pu arriver à poser cette règle que tout acte notarié emporte hypothèque sur les biens de celui qui s'y reconnaît débiteur.

Pour répondre à cette question, M. Esmein propose un système très documenté, mais qui cependant ne nous paraît pas cadrer exactement avec la réalité des faits.

Son système aboutit en effet logiquement, et il le reconnaît lui-même, « à assortir d'une hypothèque générale toute obligation contractuelle », et pour expliquer comment, en fait, cette hypothèque ne fut attachée uniquement qu'aux conventions constatées par des actes authentiques, il est obligé d'admettre que les effets trop larges qui sont la conséquence de son premier système, ont été modifiés par une autre règle qui s'établit parallèlement à la première, à savoir que l'hypothèque conventionnelle ne pourrait être consentie que dans un acte notarié.

Voici d'ailleurs comment il formule sa théorie :

C'est la volonté seule des parties qui créa d'abord l'obligation générale.

Pour permettre de l'invoquer, les lettres de baillie devaient contenir la clause obligatoire. Mais un créancier avisé ne manquait jamais d'obtenir que le débiteur obligeât tous ses biens : c'était une clause de style et il était naturel qu'on la sous-entendît bientôt.

Pour M. Esmein, tout acte par lequel un individu s'obligeait vis-à-vis d'une autre personne fut considéré comme contenant implicitement une obligation du débiteur pour assurer l'exécution de cette obligation.

On comprend que, s'il en est ainsi, il n'y a pas lieu de distinguer si la convention est passée devant notaire ou n'est qu'un acte sous seing privé ; il suffit que le débiteur soit obligé pour que ses biens se trouvent grevés d'une hypothèque au profit de son créancier.

Mais, en fait, il n'en fut pas ainsi ; on n'attacha, dit

M. Esmein, de plein droit l'hypothèque générale qu'aux conventions constatées par un acte authentique ; cela vint d'une autre théorie qui s'établit par la suite ; on admit que l'hypothèque conventionnelle ne pourrait être consentie que dans un acte notarié.

Et voici comment M. Esmein établit ce second principe :

M. Esmein pense que, pendant longtemps, il n'y eut pas de formes spéciales pour la constitution de l'hypothèque.

Ce n'est que comme une conséquence des modifications successives de la théorie de la preuve que la nécessité d'un acte authentique s'introduisit peu à peu dans la pratique, « puis, de ce qui n'était qu'une question de preuve, la jurisprudence en fit un élément essentiel ».

Primitivement, l'hypothèque pouvait résulter de tout engagement d'un individu, sans qu'il soit besoin de s'inquiéter des formes employées ; les gentilshommes et les ecclésiastiques s'obligeaient par lettres portant leurs sceaux.

Au quatorzième siècle, on rencontre des obligations contenues dans un chirographe, acte sous seing privé.

Même l'hypothèque peut résulter d'un contrat verbal, ce contrat lui-même pouvant être établi par la preuve testimoniale.

Mais, par la suite, cette théorie des preuves devait aller en se modifiant profondément. Le sceau des gentilshommes perdit sa force probante spéciale et fut assimilé à l'écriture privée.

Cette écriture privée, elle-même, ne fut plus considérée comme ayant une force probante quelconque que si elle était reconnue en justice ; dans ce cas, l'acte étant en quelque sorte authentiqué par la justice, l'hypothèque qu'il renfermait résultait bien d'un acte authentique.

Enfin, en 1566, l'Ordonnance de Moulins prohibe

presque entièrement la preuve par témoins en matière de contrats.

A partir de cette époque, il était bien possible de constituer une hypothèque par acte sous seings privés, mais, en pratique, cela ne se faisait pas puisque, en cas de contestation, l'existence de cet acte ne pouvait pas être juridiquement établi.

En fait, toute constitution d'hypothèque fut établie par acte notarié, et, comme dans tous les cas on voyait la constitution d'hypothèque et l'acte authentique marcher inséparables, on fut amené à regarder l'un comme la condition nécessaire de l'existence même de l'autre.

Il est inutile d'insister sur l'extrême complication de ce système qui arrive, en somme, à ne prouver que d'une façon indirecte l'existence de la règle : l'hypothèque ne peut résulter que d'un acte notarié.

En effet, d'après M. Esmein, cette règle n'apparaît point comme étant la conséquence logique du développement de la notion d'hypothèque ; elle est même absolument étrangère à cette notion, et si les jurisconsultes ont été amenés à la consacrer, c'est uniquement comme conséquence de la théorie de la preuve.

En un mot, la théorie donnée par M. Esmein, pour rechercher l'origine de l'hypothèque, est impuissante, par elle-même, à justifier cette règle, et pour le faire, il doit avoir recours à une explication absolument indépendante de cette origine.

Au contraire, en se plaçant au point de vue de l'origine que nous avons assignée à l'hypothèque, on arrive beaucoup plus simplement et beaucoup plus logiquement à rendre compte de l'existence de ces deux règles qui nous semblent comme la conséquence nécessaire de l'évolution même du droit d'hypothèque telle que nous nous sommes efforcé de la retracer.

Nous admettons bien, comme M. Esmein, et nous

considérons comme un point acquis définitivement, que la clause d'obligation devint de style dans les actes et ne tarda pas bientôt à être sous-entendue.

Mais alors que M. Esmein entend ceci de tout acte emportant engagement du débiteur, nous le restreignons, au contraire, aux seuls actes authentiques et nous disons : *l'hypothèque n'a jamais pu être établie que par un acte authentique ;* pour emporter hypothèque, cet acte authentique devait, primitivement, contenir une *clause d'obligatio* envers le créancier. Pour les raisons exposées par M. Esmein, cette clause ne tarda pas à devenir de style ; de là, à la supprimer, il n'y avait qu'un pas qui fut franchi ; l'acte notarié, par sa seule force et en dehors de toute clause obligatoire du débiteur, devait nécessairement emporter hypothèque, et c'est ainsi que l'on put dire que *tout acte notarié emporte hypothèque.*

Le raisonnement qui précède suppose établi ce fait que *l'hypothèque ne pouvait résulter que d'un acte notarié.*

La théorie que nous avons donnée de l'origine de l'hypothèque nous permet de justifier facilement cette seconde règle.

Il fut un temps où la clause d'obligation était nécessaire pour créer, au profit du créancier, un droit d'hypothèque sur les immeubles de son débiteur. Cette obligation, qui fut assimilée à la *confessio* du débiteur, avait lieu devant le juge, puis nous savons que la nécessité de se rendre devant le juge ne tarda pas à devenir lettre morte.

Mais ce n'est pas à dire, pour cela, qu'à cette époque on put s'obliger hypothécairement, en dehors de toute intervention de l'autorité supérieure et par la seule force de la convention privée. La nécessité de la présence du duc subsista en fait ; il n'y eut plus besoin, il est vrai, que cette présence fût réelle ; elle fut en quelque sorte symbolique, et la garantie qui, autrefois, avait été fournie par le duc même, partie à l'acte, se manifeste, dans la suite, par l'apposition sur la charte du sceau du duc.

Ce sceau fut, tout d'abord, apposé par le duc lui-même ; puis, cet office passa à son chancelier et aux lieutenants de bailliage ; enfin, ce fut le notaire lui-même qui apposa le sceau.

L'hypothèque, dès lors, ne put être valablement constituée qu'en présence du notaire, comme jadis on n'avait pu contracter une obligation de tous biens qu'avec le concours du juge.

Le notaire vient prendre la place du juge et il consacre, par l'autorité qui s'attache à sa fonction et la force publique qui émane de lui, la convention des parties.

Et comme autrefois on ne pouvait pas comprendre qu'une obligation de tout bien fût contractée valablement en dehors du duc qui apparaissait comme le fidéjusseur obligé, ainsi par la suite, l'hypothèque, qui dérive de cette obligation, ne put que s'établir devant le notaire qui vint remplacer le duc, considéré comme juge.

Cette nécessité de faire sanctionner l'acte constitutif de l'hypothèque par l'autorité supérieure du notaire a subsisté et de nos jours, la vieille règle est encore vraie, qui veut que l'hypothèque ne puisse résulter que d'un acte notarié.

Il n'y a pas de raison bien décisive pour qu'il en soit ainsi ; on n'aperçoit pas bien pourquoi il est nécessaire d'avoir recours à un notaire pour hypothéquer son bien, alors qu'on peut vendre, grever de servitude et même donner ce même bien par acte sous seings privés.

Il est vrai qu'on explique cette règle en disant que la création de l'hypothèque soulève de nombreuses questions de droit sur lesquelles les parties ont besoin d'être renseignées, mais la même objection pourrait être faite en ce qui concerne les autres actes précités. Cette règle est donc plutôt l'effet d'une vieille tradition que d'une nécessité pratique.

La seconde règle, à savoir que tout acte notarié emporte hypothèque, n'a pas subsisté.

Elle avait d'ailleurs été déjà combattue par le président Favre qui n'apercevant plus son origine historique, la considérait comme une erreur, et par d'Argentré qui professait la même opinion (sur l'article 191 A. C. glose I, n° 8).

En fait, l'acte notarié a perdu une partie de sa force : il ne crée plus l'hypothèque par lui-même et en dehors de toute stipulation expresse.

On conçoit actuellement un acte notarié emportant obligation à l'égard d'une personne sans qu'une constitution d'hypothèque vînt garantir cette créance.

Au quinzième siècle, un tel acte, bien que muet sur les garanties du créancier, n'en n'aurait pas moins emporté hypothèque à son profit; aujourd'hui, pour constituer cette hypothèque, l'acte devrait, de toute nécessité, en indiquer expressément la création.

§ 3. — *L'hypothèque mobilière.*

Nous ne voulons pas terminer cette étude sans faire une remarque qui nous paraît fort importante au point de vue de notre droit moderne.

Nous avons vu comment on pouvait expliquer ce fait que l'hypothèque actuelle est un droit réel immobilier, laissant en dehors de son champ d'application les objets mobiliers.

Nous savons que si, vers la fin du moyen âge, on n'a pas voulu donner au créancier la faculté de prendre hypothèque sur les meubles de son débiteur, alors qu'en fait, le développement historique de cette institution eût amené logiquement à admettre l'existence d'une hypothèque sur les meubles aussi bien que sur les immeubles, puisque l'*obligatio generalis* portait à la fois sur les meubles et les immeubles du débiteur, c'est qu'on se heurtait à cette règle coutumière que « meubles n'ont pas de suite ».

Or, le droit de suite étant de l'essence même de l'hypothèque, il était impossible de considérer les meubles comme pouvant être grevés de ce droit d'hypothèque.

Mais nous avons vu que cette prohibition relative à la revendication des meubles n'a pas subsisté, et que la possibilité d'une pareille revendication existe de nos jours, en principe du moins.

On admet, en effet, maintenant, d'une façon très générale, que la règle de l'article 2279 ne fait que d'établir cette présomption que le meuble revendiqué appartient à celui qui en a la possession.

Certains auteurs (1) estiment, il est vrai, que cette présomption est *juris* et *de jure*, c'est-à-dire absolument irréfragable et ne peut être combattue par la preuve contraire; ce qui amènerait, en fait, la prohibition absolue de la revendication des meubles, puisque le légitime propriétaire dépossédé se heurterait nécessairement et sans ressources à cette présomption.

Nous pensons, au contraire, avec la majorité des auteurs modernes, que cette présomption est *juris tantum*.

La règle : « En fait de meubles possession vaut titre » établit bien, en faveur du possesseur, une présomption de propriété qui le dispense de toute preuve à cet égard, mais la partie adverse peut apporter la preuve contraire et établir son droit de propriété par tous moyens, même par des présomptions graves, précises et concordantes.

La jurisprudence se prononce d'ailleurs depuis long-

---

(1) Aubry et Rau, t. II, § 183, p. 107 et 108.

temps et d'une façon absolument constante dans ce dernier sens.

Nous ne devons pas nous étonner outre mesure de la disparition de cette règle.

Au moyen âge, la principale raison qui avait amené à la formuler se trouve dans ce fait que, à cette époque, les *meubles sont de valeur infime :* quelques instruments aratoires, des armes, des objets de première nécessité.

Nous retrouvons, d'ailleurs, de nombreuses traces de cette idée dans nos anciens juristes bourguignons (1).

Or, à ce point de vue, notre situation économique est complètement modifiée et l'on peut dire que les objets mobiliers constituent, à l'heure actuelle, la plus grande part de la fortune publique.

La raison même de l'existence de la règle disparaissant, on comprend aisément que la règle ne fut pas maintenue.

Mais si la possibilité d'une revendication des meubles n'allait pas sans inconvénients pratiques et si, pour obvier à ces inconvénients, le législateur a cru devoir poser la règle contenue dans l'article 2279, il n'en est pas moins vrai qu'on peut dire qu'en principe, la règle : « Meubles n'ont pas de suite », n'existe plus chez nous.

Et alors cette conséquence apparaît immédiatement : à la fin du moyen âge, on n'a pas admis l'hypothèque sur les meubles parce qu'elle se heurtait à la règle : « Meubles n'ont pas de suite » ; aujourd'hui que cette règle ne se rencontre plus dans notre droit, y a-t-il une raison suffisante pour maintenir cette ancienne exclusion des meubles? Nous ne le croyons pas.

---

(1) Chasseneuz, *Consuetudines ducatus*..., rub V, col. 963 : « Quia mobilium vilis et abjecta est possessio. » — Comme on le disait communément au temps de Taisand (*Coutume générale*, p. 103) : « Un créancier ne doit pas faire fond sur les meubles de son débiteur pour la seureté de sa dette. » Cette règle s'appliquait d'ailleurs même aux meubles précieux. — Davot, t. II, p. 170.

Certes, nous ne nous dissimulons pas les difficultés pratiques de la réalisation de cette hypothèque sur les meubles, nous reconnaissons que cette hypothèque ne saurait jamais avoir l'ampleur de l'hypothèque sur les immeubles, mais nous croyons que le législateur n'en doit pas moins *consacrer le principe.*

Du reste, il ne faut pas s'exagérer l'étendue de ces difficultés.

En effet, notre Code civil actuel reconnait, au profit du titulaire d'un privilège mobilier spécial, le bailleur (1), l'existence d'un droit de suite, et la pratique nous fournira, d'ailleurs, quelques exemples d'hypothèques mobilières (2).

On ne voit donc pas de bonne raison pour exclure les meubles du domaine de l'hypothèque : les y faire rentrer serait, au contraire, une nouvelle source de crédit, d'une importance extrême, étant donné les circonstances économiques actuelles.

---

(1) Art. 2102, 1°, alinéa 5, Code civil.

(2) Voyez Moissenet, *Etude sur le droit de suite en matière de privilèges mobiliers*, p. 128 et suiv.

Vu :

E. CHAMPEAUX.

Vu :

Le Doyen de la Faculté de Droit de l'Université de Dijon,

E. BAILLY.

VU ET PERMIS D'IMPRIMER,

Dijon, le 4 août 1906.

Le Recteur de l'Académie,

E. BOIRAC.

TABLE DES MATIÈRES

CARTULAIRE

DE

L'ABBAYE DE SAINT-ÉTIENNE

DE DIJON

CHARTES DES VIIIe, IXe, X^e^ ET XIe SIÈCLES

Les pièces n'ayant aucun sommaire sont des résumés.

Ces Chartes font partie de la publication intégrale du Cartulaire de Saint-Etienne, entreprise par un Groupe d'étudiants de l'Université de Dijon.

INTRODUCTION

A L'ANCIEN CARTULAIRE

Il n'existe aucun original des chartes contenues dans l'ouvrage que nous présentons aujourd'hui.

Nous n'en possédons que deux copies, antérieures toutes les deux au dix-septième siècle.

La première forme un cartulaire in-folio, divisé en deux parties, qui renferment, l'une des documents relatifs au premier état de l'abbaye de Saint-Etienne, c'est-à-dire antérieurs à l'année 1113, l'autre des documents relatifs au début de l'ère, qui s'étend de l'époque où les clercs de Saint-Etienne embrassèrent la règle de saint Augustin (1113) jusqu'à l'époque de la sécularisation du monastère, vers 1613.

Elle se trouve aux Archives départementales de la Côte-d'Or, série G. 125.

L'écriture en est des onzième, douzième et treizième siècles.

La seconde copie, postérieure à la première, a été faite, d'après le premier manuscrit, par Arviset, prêtre, notaire apostolique à Dijon, en vertu d'un ordre du chapitre de Saint-Etienne, en 1660.

Naturellement, nous avons reproduit nos chartes en suivant la première copie ; la seconde ne nous a été utile que pour compléter quelques mots devenus illisibles dans la première copie.

Ces chartes ont été également publiées, les unes, par Pérard dans son *Recueil de pièces curieuses pour servir à l'histoire de Bourgogne* (1), par M. l'abbé Fyot, dans son *Histoire de l'église abbatiale et collégiale de Saint-Etienne de Dijon* (2), d'autres par Petit, *Histoire du duché de Bourgogne* (3), et enfin par M. Garnier, dans ses *Chartes bourguignonnes des neuvième, dixième et onzième siècles* (4).

On ne voit donc pas, au premier abord, l'utilité de publier à nouveau des documents déjà reproduits par des auteurs aussi considérables ; et cependant nous croyons, par les considérations suivantes, justifier amplement le travail que nous présentons aujourd'hui.

Nous ferons remarquer tout d'abord que si, en fait, la plupart des chartes ne sont pas inédites, elles n'ont du moins jamais été reproduites, dans leur ensemble, dans le même ouvrage.

En effet, les travaux que nous avons cités se bornent à donner, sous forme de preuves ou de justifications, un certain nombre de chartes à l'appui des théories qu'ils développent, ou des évolutions historiques qu'ils retracent.

Il en résulte que chacun d'eux ne contient qu'un nombre fort restreint de documents, laissant ainsi dans l'ombre une grande quantité de pièces, renfermant de

---

(1) *Recueil de pièces curieuses servant à l'histoire de Bourgogne*, par Estienne Pérard, Paris, 1664, p. 47 et suiv.

(2) *Histoire de l'église abbatiale et collégiale de Saint Estienne de Dijon*, par l'abbé Fyot, Dijon, 1696, p. 14 et suiv., passim.

(3) *Histoire des ducs de Bourgogne de la race capétienne*, par Petit, t. I, p. 362 et suiv., passim.

(4) *Chartes bourguignonnes des neuvième, dixième et onzième siècles*, par Garnier, p. 135 et suiv.

curieux détails ou de précieuses indications pour l'historien.

De plus, les documents cités sont souvent eux-mêmes incomplets ou inexacts.

Beaucoup sont incomplets et ne sont reproduits que d'une façon fragmentaire : ceci s'explique, les auteurs qui en ont usé ne l'ayant fait que dans la limite où ils apportaient des justifications aux idées qu'ils présentaient.

Beaucoup d'autres sont inexactement reproduits : ils ne nous donnent pas une copie fidèle du texte même du cartulaire, et dans certains d'entre eux, surtout dans les livres les plus anciens, nous retrouvons de regrettables lacunes qui nous font penser que le copiste n'avait peut-être pas apporté à son travail les soins nécessités par une œuvre aussi importante (1).

Et d'ailleurs, quand bien même les ouvrages, que nous avons cités, reproduiraient, ce qui n'est pas, tous les textes contenus dans le Cartulaire de Saint-Étienne, nous n'en pensons pas moins que notre publication aurait son utilité.

Car les documents publiés le sont, en fait, dans quatre ouvrages différents, ce qui nécessite, pour y trouver des matériaux d'étude, des recherches assurément laborieuses et à n'en point douter peu productives.

De plus, ces chartes n'étant, et ceci s'explique par l'usage spécial qui en a été fait, ni classées dans un ordre

(1) Nous avons relevé, dans l'œuvre de Pérard, un nombre considérable d'inexactitudes et de lacunes. Pour les lacunes, nous nous bornerons à renvoyer aux chartes 14, 26, 43, 52 et 69, où il manque, tantôt un mot, tantôt une ou deux lignes, tantôt un membre de phrase.

Quant aux inexactitudes, elles sont plus nombreuses encore : nous citerons les plus typiques. Charte 26 : « fronimius », au lieu de « fidelissimus » ; charte 41 : « Provuadio » (nom propre), au lieu de « pro vuadio » ; charte 47 : « vineam », au lieu de « unam » ; charte 60 : « ignatio », au lieu de « generatio » ; charte 81 : « Roberto fratre eiusdem », au lieu de « Roberto fratre ente duce ». Nous pourrions multiplier ces citations.

chronologique, ni groupées pour l'étude de telle ou telle institution, il s'en suit, qu'en l'absence de tables juridiques ou onomastiques, il est presque matériellement impossible de retrouver, avec certitude, les matériaux nécessaires à l'historien pour poursuivre son œuvre.

Enfin, ces livres sont, pour quelques-uns, aujourd'hui rares, pour d'autres, d'un prix élevé et d'un maniement peu facile.

Il nous a donc paru qu'en réunissant dans un même volume, et sous un format commode, toutes les chartes de l'abbaye de Saint-Etienne des huitième, neuvième, dixième et onzième siècles, en les faisant suivre de tables aussi complètes que possible, nous présentions à celui qui est curieux des choses de l'histoire, un instrument de travail, qui pourra lui être de quelque utilité.

Nous avons classé nos chartes suivant l'ordre chronologique.

On s'étonnera peut-être de nous voir adopter cet ordre, alors qu'il eut été plus naturel de suivre l'ordre du cartulaire que nous reproduisons.

Mais nous avons été amené à agir ainsi après avoir constaté que si, en fait, toutes les chartes de notre époque sont contenues dans un cartulaire, il n'en est plus de même pour les époques voisines et postérieures, où l'on rencontre des chartes tantôt dans des liasses, tantôt dans des cartulaires ; et comme notre travail fait partie d'une œuvre plus considérable, qui comprend la publication de tous les documents relatifs à l'abbaye de Saint-Etienne jusqu'au quinzième siècle, et que la plupart de ces documents ne peuvent être groupés rationnellement que dans l'ordre chronologique, nous avons cru devoir adopter nous-même l'ordre chronologique.

D'ailleurs cette disposition matérielle ne présente pas en elle-même d'inconvénient, puisque l'on trouvera, à la fin du volume, une table des concordances permettant de rétablir l'ordre occupé par les chartes dans le cartulaire.

Cette recherche sera très facile puisque ces chartes, dans le cartulaire de la série G. 125 (première copie), portent toutes un numéro d'ordre, que nous avons reproduit au bas de chacune d'elles.

Il suffit de remarquer ce numéro et de voir, dans la table de concordance, les documents entre lesquels se trouvait intercalée la pièce que l'on étudie.

Nous avons également indiqué, au bas de chaque charte, les ouvrages dans lesquels la charte avait été publiée.

CARTULAIRE

DE

L'ABBAYE DE SAINT-ÉTIENNE

DE DIJON

CHARTES DES VIIIe, IXe, X[e] ET XIe SIÈCLES

N° 1.

Mai 793.

Donation de villages et de terres à Dijon, faite par Betto, évêque de Langres, aux chanoines de Saint-Étienne.

Venerabilis in Christo confratres nostros cunctamque congregationem *sancti Stephani Divionensis* canonicos, *Betto* licet indignus episcopus, perscrutans omnem facultatem vestram, unde subsidium corporale necessarium habere debetis, videtur mihi multa vobis deesse que tali congregatione procurare debemus. Ideo tactus compassione miserie vestre, dono a die presente et ut permaneat cunctos successores meos exposco : hoc est omnia altaria et decima *sancti Stephani* de ratione de villis nuncupatis *Cuipaco* vel *Tremoledo, Nobiliaco, Neiront*, seu in ipso *Divione* vel in circuitu ipsius, id est *sancto Germano de Cortarno*, seu *sancto Martino Campaniensis*, nec non *sancto Martino de Quintiniaco*, nec non de aliquis villis *Marciliaco, Tillecastello* et de villis unde none et decime

Domini homines reddere debent, tam de presbiteratus quam de villis, unde a longo tempore per legem et consuetudinem de ipsis rebus sancti exactum fuit, id est omnes laborationes, vinum, annonas et de jumentis et pecudibus tam maiore quam minore utriusque sexus licentiam nostram habeatis ad requirendum ad vestram necessitatem perpetuam. Et ut perpetualiter erga vos maneat, ob Christi reverentiam, sicut iam dixi successores meos in prefacta Ecclesia humiliter exposco. Et ut apud vos littere nostre melius credantur manu propria roboravi et presenti Ecclesie nostre firmare rogavi. In Dei nomine, ego *Betto* episcopus, has litteras a me factas relegi et ego *Reimbaldus* archidiaconus *Girardus*, archidiaconus, *Aaron*, presbiter, et *Sennaldus*, presbiter, *Esembrannus* presbiter, *David*, presbiter, *Siderannus*, presbiter. Ego *Sigismondus* presbiter scripsi et datavi in mense maio, in anno XXIII regnante domino nostro *Karolo* imperatore.

Fyot, p. 77, n° 117. — Pérard, p. 47. — Cartul. I.

N° 2.

Jeudi 822.

Donation d'un manse dans le castrum de Dijon, de terres et de serfs à Fontaine, faite à l'église de Saint-Etienne par le diacre Acheus.

Ecclesie sancti Stephani martiris, que est constructa in castro *Divionensi*, ubi venerabilis vir dominus *Albericus* preesse videtur. Ego *Acheus*, indignus diaconus, cogitavi pro remedio anime mee, dare de rebus meis propriis, hoc est mansum unum infra castrum *Divionense*, qui habet terminationes, de uno latere terra *sancti Germani*, de alio strada publica, de uno fronte terra *sancti Benigni*, de alio vero fiscus dominicus : infra istas terminationes ad integrum, una cum exso et regresso. Similiter de terra culturali, in fine *Fontani*, campos III : unus campus habet terminum, de uno latere. . . . . tenet, de alio *Adalbaudus*, de uno fronte *Hugo* tenet, de alio strada publica ; alius campus habet terminum, de uno latere *Galsaudus* tenet, de alio ratio *sancti*. . . . . ., de uno fronte strada publica ; tercius campus habet terminum, de uno latere heredes tenent, de alio *Sichelmus*, de ambis frontibus strada publica : infra istas terminationes totum ad integrum. Similiter in ipsa *Fontanis* villa, do vineam unam que habet terminum, de uno latere de ipsa hereditate, de alio terra *sancti Martini*, de uno fronte *Hugo* tenet, de alio strada publica pergit : infra istas terminationes, totum ad integrum. Similiter in centena *Oscarensi*, in villa *Poliaco*, vineam unam, quam de genitore meo *Herlerio* et de *Vuicardo* comparavi, totum ad integrum ipsius loci presbiteris, diaconibus, subdiaconibus, lectoribus et cantoribus, ad eorum mensam cedo, trado atque transfundo. Similiter mancipia trado eis, *Fraronem*, *Bertradum*, ut quicquid de iam dictis rebus ipsi vel heredes eorum ad augmentum facere voluerint, libere agant. Si vero ego ipse aut ullus heredum meorum, quod futurum nequaquam credimus, contra hanc donationem venire calumpniamque inferre temptaverit, non valeat evindicare, sed insuper inferat ipsis canonicis in duplum et fisco auri uncias II et hec donacio firma permaneat stipulacione subnixa Actum *Divioni* castro, in *Ecclesia sancti Stephani* publice. Ego *Acheus* hoc testamentum a me factum relegi et subscripsi. Signum *Agedei*. Signum *Wichelmi*. Signum *Sichelmi* Signum *Wicardi* germanorum eius qui consenserunt. *Wicherius* presbiter subscripsit. *Geraldus* presbiter subscripsit. *Petrus* presbiter subscripsit. *Fulbertus* presbiter subscripsit. *Amalbertus* diaconus subscripsit. Ego in Dei nomine *Letaldus* presbiter rogatus, hoc testamentum scripsi et subscripsi.

Datum die Jovis in anno VIII regnante domino nostro *Ludovico* imperatore.

Pérard, p. 47. — Fyot, p. 30, n° 58. — Cartul. II.

N° 3.

Mars 849.

Echange entre l'évêque Teutbold, qui donne à Elderaldus un champ à Perrigny et reçoit en échange un autre champ, sis au même lieu.

Placuit atque convenit inter venerabilem virum *Teuboldum* episcopum et *Elderalem* ut paginas de terris, tam de iure ecclesiastico, quam et de propria possessione, inter se conmutarent quod et fecerunt. In primis dedit vir venerabilis *Teuboldus* episcopus, de campo paginam de ratione *sancti Stephani,* in pago *Oscharensi,* in *Patriniaco* villa de beneficio *Landuini.* Terminatur de utroque latere terra *sancti Manmetis,* ex duobus frontibus via publica : habet in longum perticas agripedales XXXVIIII, pedes VIII, ex uno fronte perticas IIII, ex alio fronte perticas III, pedes VIIII : infra istas terminaciones et mensuras *Elderali* dedit *Teutboldus* episcopus. Econtra ad vicem in augmentum et conmutacionem reddendi dedit predictus *Elderalis* aliam paginam in ipso pago et in ipsa villa : de uno latere *Sarase* et *Noe* tenent, de alio heredes ipsius, de uno fronte *Vulfardus* tenet, de alio terra *sancti Petri ;* habet in longum perticas agripedales XLV, pedes VI, ex uno fronte perticas VI, ab alio perticas V : infra istas terminaciones et mensuras dedit *Elderalus Teuboldo* episcopo ad ius et racionem *Ecclesie sancti Stephani* ad integrum et ad beneficium *Landuini.* Taliterque utrisque placuit et convenit ut unaqueque pars tam basilica *sancti Martinis* quam et *Elderalis* proprio iure conmutacionem possideat et faciat exinde quod voluerit vel quod facere expedit. Et si qua pars contra aliam emeliorata apparuerit et ei calumpniam inferre temptaverit, duplum tantum quantum ipsa res emeliorata valere estimatur coacta persolvat ; de reliquo vero partibus fisci satis factionem cogatur adimplere. He autem conmutaciones uno tenore inter se conscripte, firme et stabiles permaneant, stipulacione subnixa. Actum *Divion* castro. Signum *Elderalis* qui hanc fieri et firmare rogavit. Signum *Wadoni*. Signum *Teutardi*. Signum *Aymari*. Signum *Roberti*. Signum *Erleici*. Signum *Walmundi*. Signum *Amalrici*. Signum *Attoni*. Signum *Seiranni*. Signum *Walohaudi*. Signum *Girbaudi*. Ego *Adalbertus*, presbiter, scripsi et subscripsi. Datum in mense Marcio in anno VIIII regnante domino *Carolo* rege.

Pérard, p. 48. — Fyot, p. 30, nº 59. — Cartul. III.

Nº 4.

19 août 869.

Diplôme du roi Charles le Chauve qui, à la prière d'Isaac, évêque de Langres, rend à l'église de Saint-Mamès et à celle de Saint-Etienne le droit de monnaie, les foires et les marchés établis dans les villes de Dijon et de Langres.

In nomine sancte et individue Trinitatis. Karolus gratia Dei rex. Si servorum Dei iustis et racionabilibus efflagitationibus, quas pro Ecclesiarum sibi commissarum utilitatibus nobis intimaverint assensum prebemus, et eas ad effectum perpetue stabilitatis perducere satagimus, non solum in hoc regiam exercemus consuetudinem, sed et iam hoc ipsum ad presentem vitam cum felicitate transigendam et ad futuram quamtocius beatitudinem capessendam nobis profuturum esse non dubitamus. Quapropter comperiat omnium fidelium sancte Dei Ecclesie nostrorumque tam presentum quam futurorum sollertia, qualiter carissimus nobis Isaac, Linguonensis

Ecclesie reverendus antistes, ad nostram se colligens maiestatem humiliter postulavit quatinus pro nostra pietate *Ecclesie sancti Mammetis Linguonensis* atque *Ecclesie sancti Stephani Divionensis* quibus, Deo ordinante, ipse preerat, monetam quam antea habere non consueverant concederemus. Simili modo et iam deprecatus est de mercatis in sua potestate constitutis in *Linguonis* scilicet et in *Divione*, de quibus talis antiquitus consuetudo fuit, ut, medietas de annalibus et de ebdomali, in *Linguonis* partibus, predictarum Ecclesiarum cederetur, et de ebdomali in *Divione* summa integritas iam dicte potestati constitueretur tale auctoritatis nostre preceptum sepe fatas Ecclesias relinqueremus, per quod ipse eiusque successores, sine aliqua contradictione, tenere racionabiliter possent. Cuius laudabilibus peticionibus atque ammonicionibus aurem accomodantes, hoc sublimitatis nostre preceptum fieri atque dare iussimus, per quod ipse venerabilis antistes, eiusque successores et prefatas monetas et de mercatis quemadmodum supra habetur insertum quieto ordine et in stabilitate obtinere imperpetuum valerent. Et ne nostra concessio ex iam dictis monetis a falsis monetariis comitumque ministris aliquo violari potuisset ingenio iccirco non ad ius comitum, sed ad utilitatem iam predictarum Ecclesiarum earumque rectoris provisionem volumus pertinere. Ut autem hec nostre confirmacionis seu permissionis auctoritas firma et inconvulsa omni tempore perseveret atque stabilis in futurum permaneat, manu propria solemniter firmavimus et de anulo nostro sigillari iussimus. Signum *Karoli*, gloriosisissimi regis. *Audacer*, notarius ad vicem *Gaudeni* recognovi et subscripsi. Data duodecimo Kalendas septembris, Indictione II, anno XXVIII regnante *Karolo* gloriosissimo rege. Actum *Pontiliaco* palatio regis in Dei nomen feliciter.

Pérard, p. 48. — Fyot, p. 31, n° 60. — Cartul. IV.

N° 5.

Mardi, novembre 882.

Donation d'une terre à Aiserey, faite à l'église de Saint-Etienne par Aroardus et son épouse Fushildis.

Sacrosancte Ecclesie sancti Stephani, que est constructa in *Divione* et *Ergaudo* preposito, et alia cuncta congregatio canonica sancti Stephani. Ego in Dei nomine *Aroardus* et uxor sua *Fushildis*, propter *Leodo* componendo de *Archenrado* servo *sancti Stephani*, donamus ad ipsa casa pratum I iuris nostri, qui est situs in pago *Oskarense*, in prada *Ariciacho*, uni vocant *Plana Prada*. Terminat ipse pratus, de uno latus et uno fronte de ipsa hereditate ; ex alio latus terra fiscale ; de alio vero fronte *Radulfus* tenet. Habet in longo perticas agripedales XXVII et in latus perticas XVIII : infra istas terminationes vel perticationes, totum ad integrum ad ipsa casa Dei tradimus atque transfundimus pro ipsa *Leodo*. Propterea de nostro iure et dominatione in vestra tradimus potestate et dominatione, iure perpetuo ad possidendum, ita ut ab hac die, habendi, tenendi seu commutandi vel quicquid a die presenti in honore sancti Stephani facere volueritis, liberam ac firmissimam in Dei nomen habeatis potestatem, nullum contradicentem. Si quis vero, quod futurum esse non credimus, si nos aut ullus de heredibus nostris aut proheredes aut quelibet ulla opposita vel emissa persona, qui contra hanc donationem generare presumpserit calumpniam, ne hoc valeat evindicare quod repetit, sed inferamus ad ipsa casa Dei, una com socio fisco auri uncias III multa componat. Et hec epistola omni tempore firma et stabilis permaneat stipulatione subnixa. Actum *Aziriacho* villa, publiee. Signum *Aroardus* et *Fulchildis* qui ad ipsam casa Dei per vuadio et vuasono et per ipsa epistola tradiderunt, et *Ergaudo* vel *Davido* manu vestita fuerunt et qualiter illorum lex fuit per pilòs vel festucas viurpaverunt et se in omnibus exitum dixerunt et fecerunt his presentibus. Signum *Arengerio*. Signum *Ololgerio*. Signum *Leutgis*. Signum *Engaurani*. Signum *Varnierio*. Ego *Moringus* laicus, scripsit et subscripsit. Datavi die Martis in mense Novembris anno III regnante *Carloman* rege.

Pérard, p. 57. — Fyot, p. 49, no 90. — Cartul. XVII.

No 6.

Sans date.

Affranchissement par David de deux serves. — Diverses redevances dues par elles et leurs enfants. — Clause pénale.

In Christi domini Dei nostri nomine, *David*, humilis decanus et presbiter atque canonicus Ecclesie sancti Stephani *Divionensis* castri, quibusdam suis dilectis ancillis, *Johanne* et *Olgeldi* pro Dei amore et eterna Christi remuneratione, sive etiam pro vestro fideli servitio quod mihi sine ulla contraditione exibuistis et ut divina pietas peccata mea michi dimittere dignetur, crevit mihi voluntas ut vos a iugo servitutis absolverem et in meliori conditione et statu vivendi sublevarem : secundum itaque legis usum et consuetudinem per hanc absolutionis cartam, prodono vobis servile servitium, vosque ab ipso iugo servitutis absolvo, ita ut ab hac die, nec michi, nec ulli ex heredibus meis aut alicui hominum, servile servitium aut noxie conditionis obseqium persolvastis, nisi hoc tantum quod, pro patrocinio et defensione atque mundeburno supradicte *Ecclesie Sancti Stephani*, ad cummunionem et mensam canonicorum fratrum, annis singulis, unaqueque de vobis, de suo capite denarii uni persolvat, et si infans masculus de vobis natus fuerit, cum ad legitimos annos venerit, simul pro capite suo, omnibus annis, denarios duos eisdem fratribus persolvat. Si vero femina, ut vos, denarium I ad mensam fratrum solvat. Preterea vero sub libera et quieta in toto mundo permaneat libertate, nullo contradicente. Si quis vero, quod fieri non credo, ego ipse aut ullus de heredibus meis vel successoribus aut alia opposita persona, contra hanc absolutionem vel libertatem venire aut amplius requirere, vel a vobis repetere voluerit, non solum non valeat evindicare quod repetit, sed insuper inferat vobis utrisque partibus, una cum socio fisco, tantum quantum uncie tres auri valent. Et hec nichilominus ingenuitas et absolutio, omni tempore firma et stabilis permaneat, stipulatione subnixa. Actum *Divione* castello, publice. Signum *David* presbiteri qui hanc ingenuitatem fieri et firmare rogavit.

Pérard, p. 57. — Cartul. XVIII.

N° 7.

Lundi 10 juillet 883.

Prestaria, moyennant un cens annuel, faite par l'évêque Geilo, aux parents de Betto, prévôt de Saint-Etienne, d'un manse et d'une vigne à Sully, légués par ledit Betto aux chanoines de Saint-Etienne.

Geilo sancte Lingonensis Ecclesie humilis episcopus, omnibus fidelibus Ecclesie nostre presentibus et futuris. Pluribus non habetur incognitum, immo multis constat esse notissimum, qualiter *Betto*, prepositus *sancti Stephani Divionensis* res iuris sui, que sunt site in pago *Uscarense* et in villa que *Suliacus* vocatur, id est mansum unum, cum supra posito et vinea ibi adiacenti, cum reliquis rebus quas de *Bersabee* et *Sassedo* necnon et *Girardo* comparavit, seu quicquid in ipsa villa vel in finibus illius, excepto quod de *Orsnado* comparavit, fratribus *sancti Stephani* moriens delegaverit. Postmodum *Arnaldus* et *Eva* patres sui, necnon *Rotbertus* et *Arnaldus*, fratres sui, mediocritatem nostram humiliter adientes, petierunt ut easdem res temporibus vite sue, usufructuario illis concederemus. Quorum petitionibus annuentes, cum consensu Ecclesie nostre, fidelibus concedimus illis memoratas res, usu sicut supra diximus fructuario, temporibus vite sue ea ratione excolendas, ut annis singulis in festivitate sancti Stephani, XII denarios exinde census causa persolvant, et nec vendere aut alienare habeant potestatem, sed post obitum illorum, absque aliqua sui diminutione in melioratas, sine aliqua iudicis interrogatione, fratres sancti Stephani liberam licentiam habeant revocandi. Ut autem hec prestaria maiorem futuris temporibus optineat firmitatem manu propria subterfirmavimus, filiorumque nostrorum canonicorum subscriptionibus roborare iussimus. *Geilo sancte Lingonensis* episcopus hanc prestariam a me factam relegi et subscripsi. *Helias* archidiaconus subscripsi. *Helgaudus* indignus sacerdos atque prepositus subscripsi. *Siginus* presbiter subscripsi. *Aimbaldus* presbiter subscripsi. *Lenulfus* presbiter subscripsi. *Malalgis* presbiter subscripsi. *Acledeus* presbiter subscripsi. *Elbertus* levita subscripsi. *Siricus Lingonis* diaconus subscripsi. *David* decanus subscripsi. Ego *Arico* hac si indignus diaconus hanc prestariam scripsi et subscripsi. Datum die Lunis VIII. Idus Iulis in anno IIII regnante domno *Karlomanno* rege.

Pérard, p. 52. — Fyot, p. 48, nº 89. — Cartul. VIII.

N° 8.

18 mai 885.

Diplôme de l'empereur Charles le Gros qui, à la prière de l'évêque Geilo, maintient les chanoines de Saint-Etienne en possession des biens à eux précédemment concédés.

In nomine sancte et individue Trinitatis. *Karolus*, divina favente clementia imperator augustus. Si venerabilium pontificum iustis et racionabilibus efflagitationibus, quas pro Ecclesiarum sibimet commissarum utilitatibus nostris auribus intimaverint assensum prebuerimus et eas ad effectum perpetue stabilitatis perducere satagerimus, non solum in hoc nostram imperialem exercemus consuetudinem, verum etiam ad presentem vitam cum felicitate transigendam et ad futuram quantocius beatitudinem capessendam nobis profuturum esse non dubitamus. Quapropter comperiat omnium sancte Dei Ecclesie fidelium presentium scilicet et futurorum industria, quia *Geilo*, sancte *Lingonensis Ecclesie* reverendus antistes, mansuetudini nostre innotuit qualiter *Ecclesiam* prothomartyris scilicet *beati Stephani* in *Divione* castro indispositam atque inordinatam reperisset, et canonicos ibidem Deo famulantes tantum ex eiusdem Ecclesie rebus non habere quantum ad eorum sufficeret victum, qualiter etiam ad eundem victum ex eiusdem Ecclesie rebus aliquid augeret, magnificentie nostre significavit, huius ergo rei causa ad nostram se colligens maiestatem humiliter postulavit quatinus pro Dei et eiusdem beati Stephani amore et ex illis rebus que antea in predictorum canonicorum usus delegate fuerant, nec non et ex illis quas postea ipse venerabilis episcopus eorum necessitatibus addidit, tale auctoritatis nostre preceptum facere iuberemus per quod ipsi prefati canonici absque alicuius inquietudine eas tenere et libere ordinare valerent. Que siquidem res sunt site in ipso *Divione* castro; sunt colonie ab sue II et in eodem *Divionensi* pago, villa videlicet *Aqueductu*, mansa XIII cum capella. In comitatu quoque *Uscarensi*, villa *Postumiaco*, mansa V et dimidium ; et in eodem pago, villa *Mervello*, mansa III; et in villa *Siliciaco*, capellam cum dote ; in villa quoque *Quintiniaco* capellam cum dote ; et in eodem pago, villa *Patriniaco*, ad vinum colligendum colonias IIII que fuerunt ex beneficio *Ursonis*, *Vualdonis* atque *Balduini*. Est et ibi ex alia parte colonia dimidia et alie vineole ad modios XX, in eodem quoque pago, villa *Aculiaco*, colonia I et in *Cromatio* dimidia colonia ; et in *Aqueductum* colonia dimidia et habent ibi ex aumento eiusdem domni episcopi colonos II, *Hildierium* et *Electeum* et colonas V, *Belectrudim*, *Teteldim*, *Diedelman*, *Gerbergiam* et *Ingraltrudim*. Cuius nos laudabilibus petitionibus aurem serenitatis nostre accomodantes, hoc sublimitatis nostre preceptum fieri iussimus, per quod statuentes decernimus et decernando confirmamus, qualinus prenominatas res, cum mancipiis utriusque sexus ac omni earum integritate, prefati canonici tenere atque legitime ordinare, secundum institutionem canonicam, absque alicuius contradictione valeant, et nulli eiusdem sepefati episcopi successori seu alique iudiciarie potestati, pro aliquo cupiditatis instinctu ab eorum usibus ex eisdem rebus commancipiis, liceat aliquid subtrahere sive diminuere, sed quemadmodum ordinate et ad quod disposite sunt : ita futuris temporibus inconvulse in Christi nomine permaneant. Ut autem huius nostre permissionis confirmatio pleniorem obtineat in Dei nomine firmitatis vigorem, manu propria subterfirmantes, annuli nostri impressione subteriussimus sigillari. Signum *Karoli* gloriosissimi et serenissimi semper augusti. *Amalbertus* cancellarius ad vicem *Luitunuardi* archicancellarii recognovi et subscripsi. Data XIII kalendas Iunii, anno ab Incarnatione Domini nostri Iesu Christi DCCCLXXXV, Indictione III, anno quoque imperii domni et serenissimi imperatoris in *Italia* regnantis v, in *Orientali Francia* iiii, in *Gallia* i. Actum *Granias*, in Dei nomine feliciter.

Pérard, p. 51. — Fyot, p. 34, n° 63. — Cartul. VII.

N° 9.

15 janvier 887.

Diplôme de l'empereur Charles le Gros qui, sur la demande de Geilon, évêque de Langres, confirme le diplôme précédent.

In nomine sancte et individue Trinitatis. *Karolus* divina favente clementia, imperator augustus. Si venerabilium presulum iustis et rationabilibus efflagitationibus aurem nostre mansuetudinis commodaverimus, et eas ad effectum perpetue stabilitatis perducere satagerimus, non solum in hoc nostram imperialem exercemus consuetudinem, verum etiam hoc ipsum ad presentis vite cursum, cum felicitate transigendum et ad futuram quamtocius beatitudinem capessendam nobis profuturum esse, non dubitamus. Iccirco, notum sit omnibus sancte Dei Ecclesie fidelibus et nostris presentibus scilicet et futuris, quia *Geilo sancte Lingonensis Ecclesie* reverendus antistes, nostram inadiens sublimitatem, celsitudini nostre innotuit, qualiter *Lingonis* civitatem sibi videlicet a Deo commissam, ob nimiam persecutionem sive infestationem paganorum et refugium sive salvationem Christianorum et sancte Dei Ecclesie defensionem, prope iam reedificatam sine alicuius comitis vel iudicis iuvamine atque constructam haberet, et ut ad perfectionem illam perducere posset, modis omnibus satageret huius rei causa serenitatem nostram, cum quantis precibus potuit, humiliter deprecatus est, quatinus ob nimias comitum seu iudicum inquietudines, pro omnipotentis Dei amore et nostrorum peccaminum relaxatione et ipsum civitatis murum et quindecim pedes de intus et sexaginta de foris, sive omnia ex fisco nostro infra eandem civitatem ad ius comitis pertinentia, seu etiam et omne illud ex iure fisci nostri, quod in *Campo bello*, iuxta sepe factam civitatèm exsistit, eidem *Lingonensi Ecclesie* suorumque rectorum ordinationi, per auctoritatis nostre preceptum, perdonare dignaremur. Obtulit preterea ob tutibus celsitudinis nostre auctoritatem precepti pie recordationis avunculi nostri, *Karoli* imperatoris, qualiter ipse, ob deprecationem *Isaac*, venerabilis episcopus eiusdem *Lingonensis Ecclesie* et in eadem *Lingonis* civitate, et in *Divione* castro, monetas fieri concessit, ea tamen ratione quo absque alicuius iudicis seu comitis inquietudine ad ius sive ordinationem iam sepe memorate Ecclesie rectorum pertinere, perpetuo debeant. Statuit denique et in eadem auctoritate et de mercatis annalibus in supra dictis locis, medietas et de ebdominalibus summa integritas, partibus eiusdem *Lingonensis* atque *Divionensis Ecclesie*, cederetur. Que etiam, ut futuris temporibus firmora sint et certiora credantur, nostra auctoritate corroborari, humiliter deprecatus est. Cuius nos laudabilibus peticionibus, aurem nostre celsitudinis accomodantes, hoc auctoritatis nostre preceptum fieri iussimus, per quod statuentes decernimus et decernendo confirmamus, quatinus, omnia ex iure fisci nostri, ad causam comitis pertinentia, infra eandem *Lingonis* civitatem et extra loco qui *Campus bellus* dicitur, et ipsum civitatis murum et quindecim pedes de intus, et sexaginta de foribus, veluti supra insertum est, et quemadmodum iam sepe fatus *Geilo* episcopus petiit, ita per hanc nostram imperialem auctoritatem et ipsa *Lingonensis Ecclesia* et ipse suisque successores legitime ordinent et perpetuo in Dei nomine ordine quieto obtineant; de mercatis vero et monetis, sicuti diva memoria supra scriptus *Karolus* imperator, avunculus noster sua auctoritate statuit, constituit et confirmavit, ita et nos eius redintegrantes et renovantes auctoritatem per hoc nostrum imperiale preceptum statuimus, stabilimus atque eternaliter confirmamus. Et ut nostra imperialis permissio per futura tempora pleniorem in Dei nomine obtineat firmitatis vigorem, manu propria subterfirmantes annuli nostri impressione subteriussimus sigillari. Signum *Karoli* gloriosissimi et serenissimi augusti. *Amalbertus* cancellarius ad vicem *Luithunuardi* archicancellarii recognovi et subscripsi. Datum octavo decimo calendas Februarias anno Incarnationis Domini nostri Iesu Christi D CCC LXXXVII, Indictione IIII, anno imperii *Karoli* imperatoris in *Italia* VI, in *orientali Francia* V, in *Gallia* II. Actum *Scletistath* palacio feliciter.

Pérard, p. 49. — Fyot, p. 32, n° 61. — Cartul. V.

N° 10.

18 mai 887.

Confirmation par le concile tenu en l'église de Saint-Marcel-lez-Chalon, de la possession de manses, colonies, serfs, terres et chapelles et vignes appartenant à Saint-Étienne et situés dans divers cantons. — Adhésions postérieures données par divers évêques.

Anno dominice Incarnationis D CCC LXXVII, anno quoque domni et serenissimi *Karoli*, imperatoris augusti *in Gallia* imperantis II, Indictione V, XV kalendas Iunii, sacer episcoporum conventus ob pacem et tranquillitatem sancte Dei Ecclesie instituendam et ecclesiastica negotia decernenda, apud *Ecclesiam sancti Marcelli* martiris, in suburbio *Cavilonensi* in Christi nomine coadunatus est, ubi fuerunt domini et sanctissimi archiepiscopi, *Aurelianus, Beroinus* nec non et reverentissimi episcopi *Adalgarius, Geilo, Stephanus, Giraldus, Adalbaldus*, et

Isaac, Geilo denique supra memoratus, *sancte Lingonensis Ecclesie* reverendus antistes, unacum suprascriptis patribus in hoc sacrosancto residens conventu, eorum auribus intimavit qualiter inter cetera Ecclesie sue negotia, res nimis exiguas et ex parte maxima inutiles ad usus canonicorum Deo et sancto Stephano infra muros castri *Divionensis* servientium repperisset, qualiter etiam per consilium suorum fidelium tam clericorum quam laicorum Ecclesie iam memorati protomartiris, ad necessaria queque canonicorum explenda, qui in ea Deo famulari et divinum officium peragere videntur, quasdam res ad vinum colligendum aptas, ex ratione jam dicte Ecclesie reddidisset, et ut ibi perpetuo sine alicuius diminutione vel subtractione permanere possent, scripto sue auctoritatis nec non et precepto imperiali iam confirmatas habuisset. Postea vero idem venerabilis episcopus supra memoratos dominos et sanctissimos patres, cum quantis precibus potuit, humiliter deprecatus est, quatinus super addite res et relique, quas antea habere ipsi canonici videbantur, ut firmius futuris temporibus haberentur, et ne alicuius temeraria presumptione infringi valerent, privilegio sue auctoritatis corroborare dignarentur. Que siquidem res sunt site in pago *Divionensi* et *Oscarensi* et *Atoariensi*, infra muros *Divion* totum, extra muros perticas XXIII et in villa *Aqueductu* mansa XIII cum capella et dote et decimis. In villa *Postumiaco* mansa V et dimidium. In villa *Mervello* mansa III et in villa *Siliciaco* capellam cum dote et decimis In villa quoque *Quintiniaco* capella cum dote et decimis. Et in *Patriniaco* villa ad vinum colligendum, colonice IIII que fuerunt ex beneficio *Ursonis, Vualdonis* atque *Balduini*. Est et ibi ex alia parte colonica dimidia et aliae vineole ad modios XX et in villa *Aguiliaco* colonica una, et in *Cromaio* colonica dimidia et in *Aqueducto* colonica dimidia. Et bene ibi ex aumento domni episcopi colonos II, *Heldierio* et *Electeum* et colonas v, *Belectrudi, Teteldi, Diadelma, Gerbergia* et *Ingaltrudim.* Cuius saluberrimus et[f]flagitationibus supra scripti domni et sanctissimi patres, aurem sue mansuetudinis accomodantes, supradictam constitutionem per hoc sue auctoritatis privilegium confirmaverunt eo tenore atque confirmando sua episcopali sanctione statuerunt: ut, quemadmodum omnia supra scripta constituta et confirmata sunt, ita et nos nostra canonica et episcopali confirmamus auctoritate. Si quis autem temeraria sacrilegaque presumptione convictus atque ceca cupiditate cecatus, hoc quod Dei et nostra confirmamus auctoritate in aliquo confringere presumpserit, eterna se sciens damnatione multandum et cum diabolo et angustis eius sempiterno incendio concremandum atque cum Iuda traditore Domini et cum Datan et Abiron perpetua pena cremandum et insuper a liminibus sancte Dei Ecclesie et cetu omnium fidelium Christianorum tamdiu habeatur extorris, donec ab inlicita presumptione resipiscens, condigna peninentia emendatione et satisfactione iram omnipotentis Dei, quam incurrere non timuit, placare procuret. Harum itaque sanctionum evidentissimam confirmationem manibus nostris subter scribendo annotavimus, absentium quoque sacerdotum nec minus idoneis subscriptionibus per Christum et in Christo similiter confirmari postulamus. *Geilo sancte Lingonensis Ecclesie* humilis episcopus, huic privilegio a me facto subscripsi. *Aurelianus sancte Lugdunensis Ecclesie* episcopus, in Christi nomine roboravi. *Barnoinus* humilis *sancte Viennensis Ecclesie* episcopus consensi et subscripsi. *Adalgarius Eduorum* episcopus subscripsi. *Stephanus* divina dignatione *Cabilonensis* episcopus subscripsi. *Adalbaldus Ecclesie Belicensis* episcopus subscripsi. *Geraldus sancte Marticensis Ecclesie* episcopus subscripsi. *Isaac* humilis *Valentinensis Ecclesie* episcopus subscripsi. Ego *Brancio*, presbiter et cancellarius *sancti Mammetis*, hoc privilegium scripsi datavique xv kalendas Iunii, Indictione v, anno II, regnante *Karolo* imperatore augusto in *Gallia*. *Ansterius* humilis sancte *Lugdunensis* Ecclesiæ episcopus, hoc privilegium, in Christi nomine roboravi et subscripsi. *Walo* humilis sancte *Eduensis* Ecclesie episcopus, huic scripto, assensum prebui, et subscripsi. *Argrimus*, sancte *Lingonis* Ecclesie episcopus, in Christi nomine roboravi et subscripsi. *Warnerius* sancte humilis *Lingonis* episcopus, hoc scriptum roboravi atque subscripsi. *Gocelmus*, humilis presul, in Christi nomine roboravi et subscripsi. *Ledboinus*, humilis corepiscopus subscripsi.

Pérard, p. 50. — Fyot, p. 33, n° 62. — Cartul. VI.

N° 11.

Dimanche, février 888.

Affranchissement d'une serve par Volfledus et sa femme, à condition, pour l'affranchie, de payer un cens annuel à Saint-Etienne.

Dilecta in Christo ancilla mea nomine *Joanna*. Ego inquid *Volfledus* et uxor sua *Teudrada* advenit nobis voluntas bona et recogitavi Dei timorem et illud profeticum qui ait : dimitte et dimittemini, et omne onus disrumpe ; idcirco, ego et pius domnus, pro peccatis nostris minuendis et eterna retribucione, ut quandoquidem in futurum presentare dignaretur, ob hanc ancillam nostram nomine *Johannam* dimittimus eam liberam et universum, sicut lex nostra est, absolvimus servicium, ea vero firmitate ut quam postmodum a nulli heredum vel proheredum nostrorum nemini quicquam debeat plenitus servitutis, nec libertatis gratiam, nec nullo onus patrocinatus, nisi ad *sanctum Stephanum* annis singulis festivitate sancti Stephani denarios II persolvat. Et si de ipso censo negligens aut tarda apparueris, cum fide facta in duplum restauratus, peculiare vero quod habes aut adquirere potueris censum habeas ad faciendum quod volueris. Et si aliqua agnacio ex te nata vel procreata fuerit, in ipsa ingenuitate permaneat sicut ex tu. Defensionem vero non aliter tibi affirmo, nisi ad *sanctum Stephanum* vel sui rectores et ad nemine sit tibi contradicendum sed facies de te in omnibus quicquid tibi placuerit atque expedit fatiendi. Et hec ingenuitas firma omni tempore atque stabilis permaneat, stipulatione subnixa. Actum *Divion* castrum. Signum *Wulfredo* et uxoris sue *Theudrade* qui hanc ingenuitatem pro remedio animarum suarum fieri et firmari rogaverunt. Signum *Ailbert* qui consensit. Signum *Robalt* et signum *Aldoino*. Signum *Agrimo*. Signum *Acart*. Signum *Widoni*. Signum *Clemente*. Ego *Hebeltus* levita scripsi atque subscripsi. Datum die Dominico in mense Febroario anno primo regnante *Odone* rege.

Pérard, p. 58. — Cartul. XIX.

N° 12.

Lundi, juin 889.

Vente faite par Odoraldus à David, prêtre, et à l'église de Saint-Etienne d'une vigne à Trimolois.

Domno *David* presbitero emptori, ego *Odoraldus*, vendo tibi vineam in villa *Tremoledo*, que sic terminatur : de uno latere heredes tenent, de alio strata publica, de uno fronte terra *sancti Stephani*, de alio *Ava* tenet, habet in longum perticas XIII et dimidiam, in transversum perticas III : infra istas terminationes rationi *sancti Stephani* vendo atque trado, acceptis a te solidis VI et hec vendicio firma et stabilis omni tempore permaneat. Actum *Divion* castro. Signum *Odoradi* qui hanc venditionem fieri et firmari rogavit. Signum *Dodaldi.* Signum *Helesei.* Signum *Allevadi.* Signum *Biedi.* Signum *Odolmari.* Signum *Flavici.* Signum *Rataldi.* Ego *Ademarindinus,* clericus scripsi, subscripsi. Datavi die Lunis in mense Januario, anno II regis *Odonis.*

Pérard, p. 58. — Cartul. XX.

N° 13.

Jeudi 23 octobre 890.

Vente faite à David et à l'église de Saint-Etienne, par Suffana et ses fils, Odollerius et Anserius, d'un manse et d'une vigne à Morveau.

Domno *David* primo emptori, nos venditores *Suffana* femina et filii mei *Odellerius* et *Anserius* vendidimus tibi et *Ecclesie sancti Stephani* mansum cum appositis et vineam in pago *Oscarensi* in villa que dicitur *Mervellis*: habent terminationes : de uno latere terra *sancti Stephani,* de alio strata publica, de uno fronte *Vuarnaudus* tenet ex alio *Hedebernus.* Vendimus etiam tertiam partem que nobis de patre vel matre sive emptione provenit vel provenire poterit in ipsa scilicet villa, vel in fine eius in terris, pratis, vineis, exis, et regressis et tertiam partem in omnibus que visi sumus habere, ad integrum tibi et Ecclesie tradimus vendimus atque transfudimus, accipientes a te pretium argenti solidos xv. Si vero quod futurum non credimus, nos aut ullus heredum nostrorum, vel quelibet persona, huic venditioni calumpniam intulerit, non evindicet, sed coactus tibi, una cum fisco, veri auri denarios xv componat : et hec venditio omni tempore firma et stabilis permaneat stipulatione subnixa. Actum *Divion* castrum. Signum *Suffane* et *Odollerii* et *Anserii* qui hanc venditionem fieri et firmari rogaverunt. Signum *Gotardi.* Signum *Sicermi.* Signum *Vandalfredo.*

Signum *Angalbado*. Signum *Fluduino*. Data die Jovis x Kalendas Novembris, anno III regis *Odonis*.

Pérard, p. 58. — Cartul. XXI.

N° 14.

Dimanche 26 février 896.

Amalbertus, prêtre, donne à l'église Saint-Michel une vigne et un champ à Sennecey

Sacrosancte basilice *sancti Michaelis*, que est constructa prope murum *Divion*, ubi Domino preces sunt, de veste. Igitur ego *Amalbertus* presbiter, dono ipsi Ecclesie sancti Michaelis, pro peccatis meis et pro eterna retributione, ut quandoquidem in futurum presentare dignetur : dono paginam de vinea et campo, qui est in fine *Roningorum*, in villa *Siliaco*, vel in ipsa villa : que vinea et campus habent terminationes : de uno latere terra *sancti Benigni*, et de alio latere et uno fronte *Arico* presbiter tenet, ex alio fronte terra *sancti Stephani* : infra istas terminationes totum. Similiter in alio loco, alium campum ipsi case sancti Michaelis, qui iornalis habet terminationes : de uno latere *Fulbertus* tenet, de alio gutta decurrit, de uno fronte *Vuarnoldus* tenet, de alio vero *Syrannus* tenet et infantes sui : infra istas terminationes totum ad integrum dono, trado atque transfundo, sicut inter nos convenit, valente contra argento solidos XV tantum, et iam dicto superius, nominatus de meo iure et donnatione in tua trado potestate et dominatione iure perpetuo ad possidendum nullo contradicente. Si quis vero, quod futurum esse non credo, si ego ipse, aut ullus de heredibus vel proheredibus, seu quelibet ulla persona contra hanc donationem venire vel calumpniam agere vel regenerare presumpserit, non valeat evindicare quod repetit, sed insuper inferat tibi tuisque heredibus in duplum tantum quantum ipsa vinea et ipsi campi valuerint, et una cum socio fisco veri auri denarios XV componat: et hec traditio omni tempore firma stabilisque permaneat stipulatione subnixa. Actum *Siliaco* villa publice. Signum *Amalberti* presbiteri qui hanc traditionem fieri et firmarrogavit. Signum *Floono* et germano suo *Rotberto* qui coni senserunt. Signum *Alexandro* presbitero. Signum *Vegmo* presbitero. Signum *Sicelmo*. Signum *Wilermo*. Signum *Barneodo*. Ego in Dei nomine *Ecardus* clericus scripsi et subscripsi. Data die dominico IV kalendas Martii, in anno IX regnante domno nostro *Odone* rege.

Pérard, p. 59. — Cartul. XXII.

N° 15.

Vendredi 29 octobre 898.

Donation par Arico, prêtre, aux chanoines de Saint-Etienne d'une vigne et d'une terre à Senneccy, sur le territoire de Rouvres. — Clause pénale.

Sacrosancte *Ecclesie sancti Stephani* in castro *Divion*, ubi sacre reliquie requiescunt et *Raterius* prepositus preest, ibi veniens, ego *Arico* presbiter cumdonavi ad *sanctum Stephanum* et ad mensam fratrum petiolam de vinea, que est in pago *Oscarensi* in fine *Ronigorum*, in villa *Siliciaco* vel *Savilla*. Que vinea habet terminationes: de uno latus terra *sancti Michaelis*, ex alio latus vinea *sancti Benigni* et de uno frunte *Barneodus* tenet, ex alio vero frunte terra *santi Stephani*: infra istas terminationes totam ad integrum. Similiter dono iornales IIII de terra arabili, pro remedio anime mee et parentum meorum. Primus iornalus de uno latus *Odolbertus* tenet, et de alio latus *Ylarius*, et de uno frunte incretum, ex alio frunte gutta decurrit. Secundus iornalus habet terminationes: de uno latus *Gosmarus* tenet et de alio latus de ipsa hereditate, de uno fronte strada publica pergit, et de alio fronte conturnus. In alio loco iornalum unum et dimidium, de uno latus de ipsa hereditate, ex alio latus *Adalardus* tenet, tenet de uno frunte terra fiscalis, ex alio frunte conturnus. In alium locum iornalem dimidium, ipse habet terminationes : de uno latus *Barneodus* tenet, ex alio terra *sancti Benigni*, de uno frunte terra *sancti Petri*, ex alio terra fiscalis : infra istas terminationes totum ad integrum tibi dono trado atque transfundo, pro remedio anime mee et parentum meorum. Si quelibet obposita persona contra hanc donationem venire aut ullam calumpniam agere vel regenerare presumpserit non valeat evindicare quod repetit, sed insuper inferat tibi tuisque heredibus in duplum, tantum quantum ipsa donatio emeliorata valuerit et una cum socio fisco, veri auri denarios XII componet. Et hec donatio omni tempore firma et stabilis permaneat, stipulatione subnixa. Actum *Siliciaco* villa publice. Signum *Arico* presbiter qui hanc donationem fieri et firmare rogavit. Signum *Tetardo* et uxor sua *Duina* qui consenserunt. Signum *Eldemodo*. Signum *Barneodo* et uxor sua *Siborga* et filio suo *Barnardo*. Signum *Folberdo*. Signum *Grosmaro*. Signum *Floono*. Ego in Dei nomine *Elardus* clericus scripsi et subscripsi. Data die Veneris III. kalendas Novembris, in anno V regnante *Karolo* rege.

Pérard, p. 52. — Fyot, p. 52, 93. — Cartul. IX.

N° 16.

6 juin 899.

Confirmation par l'évêque Argrimus du don à perpétuité des dîmes de l'église de Saint-Martin, précédemment fait aux chanoines par l'évêque Isaac.

Cum in nomine Domini et Salvatoris nostri Jesu Christi, ego *Agrimus*, humilis *Lingonum* episcopus, cum fidelibus nostris causas et negotia Ecclesie nostre diligenter tractarem et qualiter in melius ubique necessitas foret, Deo auctore, proficere potuissent, imquirerem, inter cetera *Ratherius*, fidelis noster et archidiaconus seu *sancti Stephani* prepositus, cum canonicis, eidem prothomartiri Christi servientibus, nostram adierint presentiam, nobis per scripturam ostendentes, qualiter domnus et venerabilis *Isaac* episcopus et precessor noster, decima Ecclesie *sancti Martini*, prope *Divion* consistentem, in illorum usus ad aumentum, sua pontificali auctoritate concederet. Postea vero, suorum necessitatem nobis et fidelibus nostris apertissime exponentes, petierunt quo eadem *sancti Martini* decima, pro Deo et sancto Stephano, sicuti antiquitus et predicto domno *Isaac* illis data sunt, et nos eque eis concederemus, quatinus Deo et sancto Stephano ibidem servientes, pro omnibus nostre Ecclesie rectoribus Domini misericordiam assiduis orationibus implorarent. Nos igitur, illorum petitiones audientes, eorumque necessitatem et infortunium considerantes, omnipotentis Dei clementia et meritis sancti Stephani, sancti Spiritus, ut credimus, accensi gratia, voluntatem predecessoris nostri sancte recordationis *Isaac* sequentes, prescripti etiam *Ratherii* fidelis nostri deprecatione sepius ammoniti, supra nominatis canonicis, ipsa decima *sancti Martini* concessimus, et, ut perpetualiter eorum victui debita essent, nostra confirmatione statuimus. Ut autem hec nostra confirmatio et consensus in futuro firmiorem obtineat stabilitatem, manu propria roboravimus, fidelibus Ecclesie nostre similiter roborari iussimus. Actum *Lingonis* civitate publice. *Argrimus, sancte Lingonis Ecclesie* exiguus episcopus, in Christi nomine roboravi et subscripsi. *Otbertus* prepositus subscripsi. *Bernardus* archiclavus subscripsi. *Arnaldus* archidiaconus subscripsi. *Moirus* archidiaconus subscripsi. *Ragenerius* archidiaconus subscripsi. *Deodatus* presbiter subscripsi. *Ursinus* presbiter subscripsi. *Dominicus* presbiter subscripsi. *Eurardus* diaconus, iustus bonus subscripsi. *Fulculfus* diaconus subscripsi. *Ingelbertus* levita subscripsi. *Galemannus* levita subscripsi. *Gancelmus* acolitus subscripsi. *Eurardus* acolitus subscripsi. *Ariaudus* acolitus subscripsi. *Guslerius* subscripsi. *Warnerius* subdiaconus subscripsi. *Siquinus* subscripsi. Ego *Siricus*, indignus presbiter hanc cartam confirmationis scripsi et subscripsi. Data in mense Iunio, VIII Iduc eiusdem mensis, Indictione VII anno VI regnante *Karolo* rege.

Pérard, p. 53. — Fyot, p. 36, n° 64. — Cartul. X.

N° 17.

Mardi, septembre 903.

Transaction ménagée par l'évêque Argrimus entre les chanoines de Saint-Etienne, l'église Saint-Jean de Dijon et les églises d'Hauteville et de Daix, au sujet des dîmes de leurs terres.

Anno Dominice Incarnationis D CCCC III, Indictione VI, mense Septembri, cum in nomine eiusdem omnium Salvatoris, ego *Agrimus*, gratia et misericordia eius humilis *sancte Lingonensis Ecclesie* episcopus, *Divione* residens castello, in *Ecclesia sancti Stephani* publica sinodo una cum fidelibus Ecclesie nostre et nostris totius ordinis pro modo possibilitatis et intelligentie nostre causarum ecclesiasticarum negotia et rationes pertractarem atque distorta in rectitudinis lineam, adiuvante Domino reducere satagerem, inter cetera que ibi tunc sancita et coram presentia omnium, qui ibidem aderant, proposita et discussa atque correcta sunt, quedam intentio quorumdam presbiterorum, *Ecclesie sancti Iohannis* et *Ecclesie sancti Stephani Divionensium* atque Ecclesie *sancti Petri* de *Alta Villa* et de *Disto* aliisque villulis sibi adiacentibus, *Fulberti* videlicet abbatis ipsius abbatiole *sancti Iohannis* et *Sigini* qui plebiculam ipsius Ecclesie regebat, *Wandelrici* etiam et *Roberti* ad quos exactio decimarum ad ipsas Ecclesias competentium pertinebat, ad nostre humilitatis aures in ipsa sinodo pervenit, qua de ipsis decimis inter se inconsiderata et minus iusta contendebant ratione, dum aliqui eorum ultra deputatas sibi decimarum partes manus vellent extendere et incompetentia sibi arripere. Quorum queremonias cum canonice et diligenti inquisissemus examinatione, et usque ad sacramentum seniorum super hoc tam presbiterorum quam etiam canonicorum de predictis locis servientiumque etate longevorum cognitionem interrogassemus, ut qualiter ante varietatem temporum et impedimenta causarum que diversis contigerant eventibus, ex antiquo ipse decime steterant et a quibus recepte fuerant cognosceremus, multorum testimonio et affirmatione comperimus, ex propria sui terra ubicumque infra et in circuitu *Divionis* atque in vicinis sibi locis posita erat, longa ante tempora atque in diebus patris et antecessoris nostri domni *Isaac* episcopi, cuius facta stabilitate digna sunt decimas ad utilitatem *Ecclesie ipsius sancti Iohannis* pervenisse. Decrevimus ergo, concordante nobis omni sinodo pari voluntate ut, sicut antiquitus et per xxx et amplius annos ipse decime recepte fuerant, ita temporibus nostris et deinceps recipiantur, habeatque *sanctus Iohannes* ex sua terra suas decimas et *sanctus Stephanus sanctusque Petrus* ad se pertinentes ex sua terra nichilominus suas decimas atque ne ulterius super hac causa contentio nasceretur, excomunicando interdiximus, et hanc auctoritatem fieri fecimus, eamque manu dextra roborantes omni sinodo firmari iussimus. *Argrimus sancte Lingonensis Ecclesie* exiguus episcopus in Christi nomine roboravi et subscripsi. *Ratherius,* indignus diaconus subscripsi. *Warinus* abbas subscripsi. *Galeaudus* abbas subscripsi. *Bernardus* presbiter subscripsi. *Lanterius* subscripsi. *Eurardus* diaconus subscripsi. *Gisierius* subdiaconus subscripsi. *Eurardus* subdiaconus subscripsi. *Ingelbertus* levita subscripsi. *Rotmundus* levita subscripsi. *David* decanus subscripsi. Et omnes presbiteri in synodo firmaverunt. Ego *Rago* iussus, scripsi et subscripsi. Data die III Ferie, mense Septembris, anno X regnante *Karolo* rege.

Pérard, p. 54. — Fyot, p. 36, nº 65. — Cartul. XI.

Nº 18.

Dimanche, mai 904.

Concession à David, par les chanoines de Saint-Etienne, d'un moulin qu'ils avaient donné à tort à Sicbaldus.

In nomine Dei nostri, domini et salvatoris Iesu Christi, *Agrimus*, humilis *Lingonensis Ecclesie* episcopus. Si iustis et rationabilibus nostre indignitati comissorum petitionibus aures modicitatis nostre libenter accomodamus, easque, adiuvante et miserante Domino, ad effectum perducimus, non solum in hoc piorum pontificum et pastorum usum et consuetudinem tenemus, sed etiam ipsos promtiores et paratiores atque inclinatissimos in nostra devotione et fidelitate constituimus et insuper quod plus nobis est optandum, divinam nobis clementiam conciliamus. Idcirco noverit omnium nostrorum sollertia, quod petentibus a nobis quibusdam nostre diocesis fratribus, canonicis videlicet *Ecclesie sancti Stephani Divionensis* castri, *David* scilicet decano et ceteris situm cuiusdam molendini et ripaticum eius supra *Ocsaram* fluvium positi, quem cuidam servienti Ecclesie nostre *Sicbaldo* minus consulte beneficiatum habueramus, meliori nostra consideratione et utilitate, eisdem fratribus hoc est *David* et reliquis, concessimus, et in circuitu ipsius situs et ripatici, supra et subter, de terra adiacente in longo perticas legitimas anzingales VIII et in transverso II ex nostra ratione legitime donavimus, ea ratione et tenore, ut, dum idem fidelis noster *David* decanus advixerit, ex eadem causa sit adiutus et honoratus, post dicessum vero eius, cum omni emelioratione et supraposito ad communionem et usum atque utilitatem eorumdem fratrum nostra largitate sine ullius contradictione perpetuis habenda temporibus revocetur, quo devotius et intentius, pro anime nostre salute, et omnium presulum et fidelium Ecclesie nostre, Domini nostri pietatem exorare meminerint. Et ut hec beneficientie et largitatis nostre concessio firmum futuris temporibus obtineat stabilitatis vigorem a karitate et munificentia successorum nostrorum eam consentire petimus, manuque auctoritatis nostre eam roborantes fidelium nostrorum manibus firmandam tradidimus. *Argrimus* humilis episcopus in Christi nomine roboravi et subscripsi. *Olbertus* prepositus subscripsi. *Arnaldus* archidiaconus subscripsi. *Albericus* indignus levita subscripsi. *Madelgaudus* levita subscripsi. *Ingelbertus* presbiter subscripsi. *Raterius* prepositus subscripsi. Ego *Rago* huius auctoritatis scriptum rogatus scripsi et subscripsi. Datum die dominica. Indictione X. Mense Maio. Anno XI regnante *Karolo* gloriosissimo rege feliciter. *Garnerius sancte Lingonensis Ecclesie* humilis episcopus in Christi nomine hoc scriptum roboravi et subscripsi. *Bruno* humilis episcopus in Christi nomine roboravi et subscripsi.

Pérard, p. 54. — Fyot, p. 54, nº 96. — Cartul. XII.

N° 19.

Septembre 906.

Cession faite par l'évêque Argrimus à l'archidiacre Rathier, prévôt de Saint-Etienne, et à Adalfredus, son neveu, de l'église de Saint-Vincent qu'ils s'engagent à réparer. Dans ce but, l'évêque ajoute un manse à Fontaine avec ses dépendances.

Anno dominice Incarnationis D CCCC VI, Indictione IX, mense Septembri, cum in nomine eiusdem omnium Salvatoris, ego *Argrimus* gratia et misericordia eius humilis *sancte Lingonensis Ecclesie* Episcopus, in eadem Ecclesiarum nostrarum matre residens, coram presentiam abbatum, archidiaconorumque, sacerdotum, canonicorum et monachorum et ceterorum totius ordinis nobis et ipsius Ecclesie nostre fidelium in publica diocesis nostre sinodo, pro modo possibilitatis, capacitatis et intelligentie nostre, causarum Ecclesiasticarum negocia, utilitates et rationes, equo libramine ponderarem, ponderata pertractarem, proposita diligenter discuterem, ac discussa legitimo fine stabilirem, et que distorta videbantur, in rectitudinis lineam, adiuvante sancta Trinitate, reducere satagerem. Inter cetera sollicitudinum nostrarum studia, et ea que ibi tandem sancita et coram omnibus, qui presentes aderant, ventilata et correpta sunt. Cum de quarumdam Ecclesiarum nobis competentium et indignitati nostre commissarum, ruinis et destructionibus doleremus, et quomodo stare ac reedificare possent quereremus, ventum est ad *Ecclesiam sancti martiris Vincentii*, que in *Divione* castro nostro sita, nullius tamen diligentia custodiebatur, cooperiebatur aut aliquo modo emendabatur, sed rectore destituta pene iam adnichilabatur. Cui cum rectorem et restructorem querere cepissemus et quonammodo immeliorari posset peteremus, fidelis noster et cooperator nostre voluntatis et filius Ecclesie nostre *Ratherius* archidiaconus noster una cum nepote suo nomine *Aldefrodo* libenter se obtulit, dicens se, si nostrum haberet adjutorium, eam velle ad restaurandum suscipere et de propriis suis rebus, secundum suam possibilitatem, honorare. Quod cum fecissent et eidem Ecclesie, ex proprietate sua mansum unum, sicut in carta donationis insertum est, denominatum et exterminatum, cum mancipiis in eo commanentibus presentialiter contulissent et de eo per instrumentum cartarum eadem *sancti Vincentii* revestissent Ecclesiam. Ipsorum fuit petitio nostraque et omnium adherentium nobis consensus et voluntas, ut nos quoque, ex rebus auctoritatis nostre, aliquid largiremus, unde futuris temporibus eidem Ecclesia stare et aliquo modo melius subsistere posset. Dedimus ergo ad camdem Ecclesiam, pro amore Dei et sancti Vincentij, atque pro remedio anime nostre et omnium precedentium et subsequentium nos, pontificum elemosina, mansum unum cum mancipiis in eo cum manentibus et omnibus ad ipsum aspicientibus quod est situm in *Fontanis* villa miliaro uno prope predictum *Divionem* castellum, ipsaque res cum ipsa Ecclesia et alio supra posito atrioque adiacenti, ipsis duobus *Ratherio* scilicet prefato fideli nostro, eiusque nepoti concessimus *Aldefredo*, ea causa et ratione, ut ipsam Ecclesiam, ad cunfugium et utilitatem suam habeant, eam denique Ecclesiam studiose ornare et construere studeant ipsisque rebus dum advixerunt usu potiantur fructuario : postque illorum dissessum cum omni inmelioratione ipsi Ecclesie profuture et... sine ulli perpetualiter remaneant contradictione et ut hec libertatis nostre concessio firmum futuris temporibus obtineat stabilitatis vigorem, manu nostra eam subter roborantes nostris quoque fidelibus firmandam tradidimus. *Agrimus sancte Lingonensis Ecclesie* humilis episcopus hoc scriptum relegi et in Christi nomine roboravi.

Pérard, p. 55. — Fyot, p. 53, n° 94. — Cartul. XIII.

N° 20.

Mardi, juillet 909.

Restitution de biens par Argrimus, évêque de Langres, aux chanoines de Saint-Etienne, de 8 manses, sis à Arceau.

Anno Incarnationis Dominice D CCC VIIII, Indictione XII, cum ego, *sancte Lingonensis Ecclesie* humilis episcopus, *Divione* positus, *Agrimus*, eiusdem ecclesie causas et negocia, una cum fidelibus nostris, sollicite agerem et, inspirante Domino, ea que minus incedebant recto ordine pro viribus dirigere et emendare vellem, inter cetera que ibi ad iuste rationis tramitem reduximus, pervenit ad nostram noticiam, reclamantibus canonicis *Ecclesie sancti Stephani*, in predicto castello *Divionis* site, quasdam res eiusdem Ecclesie aliquandiu ab eorum connunione et mensa iniuste fuisse sublatas, VII videlicet mansa, in proximo pago *Atoariorum*, in villa *Acellis* posita ; pro quibus et aliis indebite ablatis sibi mansis, eorum communio paupertate non modica detineretur. Petentibus igitur eisdem canonicis, consulente etiam eorum preposito, fideli nostro archidiacono *Ratherio*, qui easdem res in beneficio retinebat : sed et aliis fidelibus nostris in hoc ipso concordantibus, considerantes rationis eorum iustam querimoniam, pietatis et caritatis intuitu, pro salute etiam et remedio anime nostre animarumque predecessorum et successorum nostrorum, restituimus easdem res, cum mancipiis utriusque sexus et quicquid ad ipsa octo mansa aspicit in terris pratis et silvis; ac reformando reddidimus iamdicte *Ecclesie sancti Stephani* et mense canonicorum, eo ratione tenoris ut, quamdiu idem noster fidelis *Ratherius* advixerit, ipsas res beneficii gratia retineat, solvens annis singulis eisdem canonicis in censu et vestitura, festivitate sancti Stephani, solidum unum argenti. Post discessum vero eius, cum omni integritate, sine ullius contradictione ad eiusdem *Ecclesie sancti Stephani* canonicos, quacumque auctoritate fultis, revocentur, profecture deinceps eorum usibus et necessitatibus. Oramusque et petimus, ac per caritatem Sancti Spiritus obtestamur successores nostros, quathenus ea que pro nobis eorumque salute et remuneratione stabilivimus inconvulsa manere permittant, ut nostre operationis participes sint. Nosque antecessorum nostrorum iuste *Ecclesie* episcopus subscripsi. *Geraldus* peccator et humilis *Sancte Matischonensis Ecclesie* episcopus subscripsi. Ego *Rago* hoc autoritatis decretum scripsi et subscripsi. Datum die IIII ferie mense Iulio, anno XIII regnante domno *Karolo, Francorum* rege.

Garnier, p. 135, n° I. — Cartul. XV.

N° 21.

Sans date.

Donation de vignes à Marsannay, faite par Aubertus à l'église de Saint-Etienne.

Sacrosancte Ecclesie sancti Stephani Prothomartyris Christi, que est constructa in *Divione* castro, ubi *Helgaudus* prepositus videtur esse, et *David* decanus una cum congregatione canonicorum ibidem Deo servire. Ego in Dei nomine *Aubertus,* dum terrena possideo, de celestibus cogitans, pro remedio anime mee et pro eterna retributione, atque ut ante tribunal Christi veniam peccatorum merear percipere, cedo aliquid de rebus meis cessumque ut in perpetuum maneat esse volo, hoc est in pago *Oscarense,* in fine *Longoviacense* et in villa *Mercenniaco* vineolas septem : quarum prima terminatur de uno latere et una fronte terra *sancti Benigni,* de altero latere terra *Rothaldi* et de alia fronte terra *sancti Petri* : habet in longo perticas agripedales VII, in transverso de una fronte perticas IV, in altera fronte perticas III pedes VI. Secunda vinea terminatur de uno latere terra *sancti Benigni,* de altero latus

Benedictus tenet, de una fronte de ipsa hereditate, de altera fronte strada publica : habet in longo perticas XIV, per transversum perticas VIII. Tertia vinea habet terminationes : de uno latere et una fronte terra *sancti Benigni*, de altero latere *Arnaldus* tenet de alia fronte via publica, habet in longo perticas XXX in una fronte per transversum perticas IV in alia fronte perticas III et pedes VI. Quarta vinea terminatur de ambobus lateribus ipsa hereditate, in una fronte terra *sancti Benigni*, in altera fronte strada publica : habet in longo perticas XIII, per transversum perticas IV. Quinta vinea habet terminationes, de uno latere et una fronte terra *sancti Benigni*, de alio latere *Ricardus* tenet, in altera fronte de ipsa hereditate, habet in longo perticas XII, per transversum perticas VI. Sexta vinea terminatur de uno latere terra *Amalrici*, de altero latere ipsa hereditate, in una fronte terra *sancti Benigni*, de altera fronte terra *Heldebelni* habet in longo perticas XXV, per transversum perticas II. Septima vinea terminatur, de uno latere terra *Heldeberni*, de alio latere terra *Acledranni*, in una fronte terra *sancti Benigni*, in altera fronte ipsa hereditate : habet in longo perticas XII, in transverso, de una fronte perticas VI et pedes VI, in alia fronte perticas V et pedes IV. Infra istas terminationes et perticationes, totum ad integrum dono, trado atque transfundo et de meo iure et dominatione, in potestatem supradictorum rectorum eiusdem Ecclesie transmitto atque transfundo : ita ut quicquid exinde, a die presenti, pro communi utilitate facere voluerint, liberam et firmissimam in Dei nomine habeant potestatem, nullo contradicente. Si quis vero, quod fieri non credo, si ego ipse aut ullus de heredibus meis vel proheredibus vel quelibet opposita persona, contra hanc cartam donationis venire et calumpniam inferre temptaverit aut aliquid repetere, non solum non valeat evindicare quod repetit, sed inferat partibus rectorum ipsius Ecclesie, una cum socio fisco, duplum tantum quantum ipse res valuerint aut auri libras II quod coactus et multatus persolvat et hec nichilominus donatio ista omni tempore firma et stabilis permaneat, stipulatione subnixa. Actum *Divione* castro, in altario sancte Stephani. Signum *Auberti*, qui hanc donationem fieri et firmari rogavit.

Pérard, p. 56. — Fyot, p. 49, n° 91. — Cartul. XVI.

N° 22.

912.

Sentence de condamnation, prononcée au synode tenu en l'église de Saint-Etienne, par Garnerius, évêque de Langres, contre le prêtre Airardus qui est contraint à restituer les paroisses dont il s'était emparé sans droit.

Anno dominice Incarnationis D CCC XII, indictione XV, mense Octobri, cum recedisset venerabilis et reverendus *sancte Lingonensis Ecclesie* episcopus *Garnerius*, successor domni *Agrimi* episcopi, in generali sua sinodo, in *Divione* castello et in *Ecclesia sancti Stephani*, congregata coram abbatibus, archidiaconibus, sacerdotibus et totius ecclesiastici ordinis ministris ac canonicis matris *Ecclesie Lingonensis*, inter cetera ecclesiastice rationis negotia que ibi iusto rationis moderamine proposita, tracta discussaque, et canonice diffinita ac stabilita sunt : quidam presbiteri, *Bertardus* scilicet, *Eraclius* et *Ledesius* ante eius presentiam et totius sinodi venientes, humiliter conquesti sunt, et reclamaverunt super quodam conpresbitero suo *Airardo*, qui ultra canonice rectitudinis lineam digitum extendens, partes parrochiarum illorum aliquandiu per pecunias indebite obtinuerat et veteres vicos antiquasque Ecclesias, propter novas suas capellas, contra canonicam auctoritatem destruere molitus fuerat. Querelam igitur illorum predictus pontifex et omnis Sinodus intente audiens, adstantem presbiterum predictum *Airardum* canonice convictum recedere fecit, consulante etiam et cohortante venerabili comite domno *Manasse*, qui presens erat et omnibus unanimiter concordantibus, ablatas iniuste parrochiarum partes presbisteris reclamantibus reddidit, atque ne amplius Ecclesie eorum, pro tali causa dispendium paterentur, huius decreti auctoritatem eis fieri iussit, quod propriis manibus roborans, suis canonicis et sacerdotibus firmandum tradidit.

Pérard, p. 59. — Fyot, p. 37, n° 66. — Cartul. XXIII.

N° 23.

913.

Charte illisible.

Cartul. XXII.

N° 24.

Sans date.

Notice par laquelle Garnier, évêque de Langres, décharge les habitants d'Ahuy d'une redevance d'une mesure de vin qui leur avait été imposée depuis l'invasion des Normands. — Procédure spéciale employée par lesdits habitants pour justifier leurs prétentions.

Notitia qualiter et quibus presentibus, et ante eos qui subter firmaverunt, venientes quidam homines servientes et fideles *Ecclesie sancti Stephani Divionensis*, de *Aqueducto* villa, in ipsum *Divionem* castrum, ante presentiam domni *Garnerii Lingonensis Ecclesie* reverendi antistis, ante etiam honorabilem virum archidiaconum et prepositum ipsius *Ecclesie sancti Stephani, Ratherium*, canonicosque eiusdem loci, *Hedierius* videlicet, maior predicte ville *Aqueducti* et ceteri servientes ex eadem villa, conquesti sunt et reclamaverunt humiliter dicentes, quod quidam eorum prepositi, *Hergaudus* videlicet et *Helias*, novello tempore post *Nortmannicam Invasionem* quoddam genus serviciti ex XIII eorum colonicis per occasionem et potestatem, ultra censum solitum quod legitime debebant, illis imposuerunt; modium videlicet musti ad opus prepositorum ex una quaque colonica vinum reddente, quod nunquam antea fecerant, nec ipsi, nec patres, aut avi eorum et per quosdam annos III et potestate hoc ab illis extorserunt, eosque in hoc facto afflixerunt, affirmantes se habere plurimos et veraces atque visores testes qui hoc ita verum esse scirent et super sanctorum reliquias et altaria sacramento comprobare possent, quod tales eulogias nullo modo deberent. Per commnedationem ergo predicti presulis, hac causa diligenter a prefato archidiacono veritatem satis bene amante, inquisita et investigata, coram plurimis qui in causis aderant, repertum est, ipsos servientes veritatem habere et quod occasionem eulogiarum ipsum modium musti pro vindemias nullo modo deberent. Audito ergo sacramento, quod super altare sancti Stephani, cum V testibus profecerunt, id est *Guillardo, Guarenfredo, Ingelmaro, Alexandro, Ingelramno*, et bene illo credito concesserunt et perdonaverunt eis predicti seniores, causa pietatis et equitatis intuitu et amore Dei ut lege, qua temporibus domni *Isaac* bone memorie episcopi et antecessorum suorum vixerant et de hac re nullo modo amplius molestarentur, atque in futuris temporibus sine aliqua repetitione manerent, pro eadem re, hoc auctoritatis sue scriptum et rationis firmitatem eis fieri rogaverunt, quod propriis manibus roborantes, suis, etiam aliis firmandum tradiderunt. *Guarnerius sancte Lingonensis Ecclesie* humilis episcopus, in Dei nomine roboravi et subscripsi, *Obertus* prepositus et archidiaconus subscripsi, *Barnardus* archidiaconus subscripsi *Euvrardus* decanus, *Arnaudus* archidiaconus, *Siquinus* diaconus, *Godo* presbiter. *Alemanus* presbiter.

Pérard, p. 60. — Fyot, p. 49, nº 92. — Cartul. XXIV.

N° 25.

Sans date.

Echange de serfs à Potangey et à Echirey entre l'église Saint-Etienne et l'abbaye de Saint-Bénigne de Dijon.

Placuit atque convenit inter *monasterii sancti Benigni* abbatem et *Raterium Ecclesie sancti Stephani* prepositum et monachos inibi degentium, nec non et canonicos, in eadem *Ecclesia sancti Stephani* Deo famulantium, ut quasdam mancipia pro communi utilitate inter se commutari deberent, quod et fecerunt Dedit igitur in primis iam dictus *Godrardus* venerabilis abbas *monasterii sancti Benigni*, et proprietate ipsius loci, dua mancipia, que conmanebant in villa que dicitur *Postengiacus*, ad partem *sancti Stephani* atque canonicorum eius, iure hereditaria perpetualiter ad abendum. Hecontra in recompensationem huius meriti, dedit prefatus *Ratherius*, iam pretaxate Ecclesie prepositus per consilium et ortamentum eiusdem loci canonicorum et proprio patrocinio ipsius Ecclesie, ad partem *sancti Benigni* atque monachorum eius, tria mancipia his nominibus, que morabantur in villa que nuncupatur *Iscoriacus*, firmissima lege finetenus ad possidendum. Ut autem eterne commutationes in invicem censum cumscripte omni tempore meliorem et valentiorem optineant vigorem, discernando decrevimus eam una cum nostris manibus bonorum hominum subtus corroborari, ut quicquid pars alteri parti dedit firmiter deinceps teneat et possideat et secundum suum libitum ut lex eorumdem preiudicat, ordinare presumat.

Pérard, p. 60. — Cartul. XXV.

N° 26.

Sans date.

Bail à cens en viager, consenti par les chanoines de Saint-Etienne à Ratherius, de pièces de vignes sises en divers lieux, et moyennant certaines charges.

Vuarnerius decanus, *Vuibertus*, *Archenboldus*, *Vulfremannus* atque *Rodericus* presbiteri, nec non et ceteri fratres inibi Deo, et protomartiris Christi Stephani, devote et benigne famulantes, dignum fore diximus, notificare omnibus nostro in loco degentibus maximeque illis, quos viscera paterne pietatis habere dinoscimus, qualiter veniens pius et venerabilis pater domnus *Ratherius*, eiusdem congregationis fronimus primicerius, nec non et fax omnibus ad bona currentibus ante nostros obtus, humiliter deprecatus est nostram serenitatem ac benignissimam fraternitatem, ut ei quasdam vineolas, que pertinebant ad nostram mensam, causa beneficii, ad sensum, per instrumentum litterarum concederemus. Ad cuius humilimam deprecationem aures nostras communiter accomodavimus atque non honerosam sed potius facillimam eius postulationem devote suscepimus : dignum fieri iudicamus, quod flagitabat, et ad effectum perducere hec que petebat quod et fecimus. Dedimus iam prenominato spirituali patri nostro atque preposito domno *Ratherio*, pro communi totius nostre congregationis hutilitate et ut haberet unde potius et melius inter nos conversare, nobisque quos fovere et administrare, ut pote piissimus rector, ea que necessaria adesse videntur, debet servire, quivisset, quasdam petiolas vinearum, que nobis, pro absolutione peccaminum predecessorum nostrorum largite fuerunt et ut ipse nobis ex suis daret, ut de inreriquum letaremur eo scilicet tenore, ut quamdiu ei vita comes fuerit, inde fructum legat, et in melius ea que dirupta et pene ad nichilum redacta esse videntur restaurat, et secundum suum valere immelioret et annis singulis in diebus anniversariorum illorum quibus fuerint, caritatem absque ulla retardatione fratribus ostendat, et in futuro ipse aliquam mercedem pietatis pro se et pro illis, pro eorum expiatione hec obtulit ab ipso domno recipiat. Sunt autem ipse petiole vinearum site in comitatu *Oscarense* et in villa que dicitur *Copiacus*, est vineola que fuit *Achini* et in *Patriniaco* illa que fuit *Rotberti* et in campo *Luvino*, alia petiola: in *Polliaco* vero alia que fuit *Alexandri*, in *Funtanas* alia illarum quam *Genulfus* dedit, in eadem quoque villa alia quam *Vuillelmus* fratribus largitus est et in *Aqueducto* una ex ipsis habetur. Has illi, quemadmodum superius insertum est, concessimus, ut quamdiu advixerit, teneat et possideat et post illius excessum cum omni immelioratione ad ius et dominium fratrum absque cuiuspiam hominis vetatione revertatur. Si quis vero eas ab eorum mensa temere abstrahere conaverit, maledictione eterne iudicis subiacetur et in iudicium, non ad premium sed ad supplicium resurgat, cum Datam quoque et Abyran catillatores, nec non cum Iuda proditore Domini, penas alti inferni sustineat et perpepualiter damnatur, ibi finitenus lugeat. Et ut hec nostra largitio firmiorem obtineat vigorem, manu propria eam firmavimus et cunctis fratribus nostre congregationis firmandam tradidimus.

Pérard, p. 61. — Cartul. XXVI.

N° 27.

Mercredi, mai 913.

Donation à l'église de Saint-Étienne par Genulfus, prêtre, et Gengulfus, de vignes sises sur le territoire de Fontaine. — Clause pénale.

Sacrosancte Ecclesie sancti Stephani Divionensis et canonicis ibi Deo famulantibus; ego in Dei nomine socius et confrater illorum *Genulfus* presbiter, pro amore Dei et sancti Stephani, vestraque dilectione, et anima mea salute, dono vobis, donatumque ut in perpetuum maneat esse volo : hoc est in pago *Divionense* et in villa *Fontanas :* ego quidem *Gengulfus* dono vobis petiolam de vinea in ipsa villa que supra est scripta, que terminatur : de uno latus et uno fronte strata publica pergit, de alio latere *Rudericus* tenet, ex alio fronte terra *sancte Marie :* ea videlicet ratione ipsam vineam do vobis ut sitis mei memores post obitum meum in diem tercium et VII et XXX et in revolutione anni gratam exinde refectionem canonicis fatiatis. Si quis vero, quod fieri non credo, ego aut ullus de heredibus meis, aut quelibet persona, contra hanc donationem venire aut calumpniam generare presumpserit, non valeat evindicare quod repetit, sed inferat vobis utrisque partibus una cum socio fisco auri denarios XXX, et hec donatio omni tempore firma et stabilis permaneat stipulatione subnixa. Actum *Divion* castro publice. Signum *Genulfo* presbiter, qui hanc donationem fieri et firmari rogavit. Signum *Otrannus.* Signum *Adalgis,* Signum *Dodonis.* Signum *Aduino.* Ego *Vinevadus* rogatus scripsi et subscripsi, die Mercurij, in mense Maio, anno XX regnante *Karolo* rege. Ego *Dominicus,* frater *Genulfi,* in audientia episcopi, et omnium qui aderant, hanc cartam consensi et firmavi.

Pérard, p. 62. — Cartul. XXVII.

N° 28.

Sans date.

Echange de terres sur le territoire de Longvic, fait entre Ragenaudus, vice-dominus, au nom de Saint-Etienne, et le prêtre Alnus et Torpuimus de Ravedone.

Ragenaudus vice dominus exquamiavit de beneficio et ratione *sancti Stephani,* campum I, qui est situs in pago

Oscarensi, in fine *Longoviana* et terminatur de utrisque partibus terra *sancti Stephani;* habet in longo perticas x et VII et in latus perticas IX et pedes VII, ex alia parte; dedit *Ainus*, presbiter, et *Torpuimus de Ravedane*, de suo proprio ad ius et rationem *sancti Stephani*, campum unum qui est situs in pago *Oscarensi*, in fine *Longoviana* et terminatur de utrisque lateribus terra *sancti Germani*, in uno fronte *Vualgeldis*, ex alio fronte terra *sancti Petri Besuensis:* habet in longum perticas XXXIX et dimidiam pedes VI et in latus perticas V. Hoc procammium inter ipsos factum, omni tempore firma et stabilis permaneat, stipulatione subnixa. Actum *Marcennaco* villa publice. Signum *Ragenardi* qui hoc procamium fieri et firmari rogavit. Signum *Aleranni* presbiteri. Signum *Airanni*. Signum *Eringo*. Signum *Leotulfo*. Signum *Laifruo*. Signum *Eldevaldo*. Signum *Matalaudo*. Ego *Varnibaudus*, clericus scripsi in mense Martio, die Dominico, regnante *Carrolo*.

Pérard, p. 62. — Cartul. XXVIII.

N° 29.

Mardi, mai 913.

Concession en usufruit par Rathier et les chanoines de Saint-Etienne au chanoine Gaubertus des vignes à Morveau, données par ledit Gaubertus à l'église de Saint-Etienne. Ils y ajoutent une vigne leur appartenant.

In nomine Domini Dei atque Salvatoris nostri Iesu Christi, nos heius servi huius *Ratherius* scilicet indignus archidiaconus atque prepositus Ecclesie atque congregationis canonicorum *sancti Stephani Divionensis* castri, omnisque fraternitas eiusdem Ecclesie, notum esse cupimus multis presentibus, multis atque futuris Ecclesie atque congregationis nostre fidelibus, quod quidam frater noster et canonicus devotus nobis et fidelis, nomine *Guibertus*, quasdam res sue proprietatis sitas in pago *Oscarense* in fine *Longoviana* et in villa *Mervelco* sicut in carta donationis loquitur et insertum est denominatas et determinatas nobis et Ecclesie nostre condonaverit in perpetuo habendas. Propterea ipsius fuit peticio omnium nostrorum concensus et voluntas ut eadem res ei usu fructuario dum adviveret concederemus et ei aliquid ex rebus proprietatis nostre in beneficio donaremus. Concessimus igitur ei easdem res et aliquid ei ex nostra proprietate auximus, hoc est vineolam unam sitam in predicto pago *Oscarense* et in villa nominata *Mervelco*, habentem in longo perticas anzigales XLV et in transversum in una fronte perticam I pedes X, in altera fronte perticam I. Terminatur de uno latere vinea *Odolmari*, de altero latere vinea ipsius *Guilberti*, presbiteri quam nobis donavit, de una fronte terra communi nostra, de altera fronte *Acledeus* et *Aldierius* tenent. Infra istas terminationes et perticationes totum ad integrum, cum illo quod nobis dedit, ea ratione concessimus, et tenore ut quandiu advixerit ea inmeliorare et condirigere studeat usuque fructuario ea retinens, nobis incensu et vestitura annis singulis sextarios vini II in festivitate sancti Stephani persolvat. Quod cum fecerit cum securitate quamdiu vixerit eas res teneat habeat et possideat. Post discessum vero eius cum omni integritate sine ullius contradictione ad nostram indiminicatam revocentur partem. Et ut hec nostre voluntatis concessio firmiorem futuris temporibus obtineat stabilitatem, manibus nostris subterfirmavimus nostrisque omnibus firmandam et roborandam tradidimus. *Ferlaicus* ac si indignus presbiter subscripsi. *Helbertus* presbiter subscripsi. *Genulfus* presbiter susucripsi. *Rudericus* presbiter subscripsi. *Girardus* presbiter subscripsi. *Adellelmus* presbiter subscripsi. Ego *Rago* rogatus scripsi et subscripsi. Data die III ferie mense Maio anno XX regnante *Carrolo* rege.

Garnier, p. 137, nº II. — Cartul. XXIX.

N° 30.

Sans date.

Donation aux chanoines de Saint-Etienne par le prévôt Rathier, de ce qu'il possède à Fontaine et à Echigey.

Ego in Dei nomine *Ratherius* humilis *sancte Lingonensis Ecclesie* vesterarius atque *Ecclesie protomartiris Christi Stephani*, que est infra menia *Divionis* castro sita, fidelissimus primicerius divino ut puto spiritu tactus, et ex ipsius vero lumine illustratus diu rimando ipso favente, infra cancaellos pectoris mei cogitare cepi, qualiter in futuro aliquid pietatis anime mee subvenire quivissem, et ne ipsa cogitatio imperfecta maneret, sed Christo amuniculante potius prevaleret, ex proprio predio, quod precio a quibusdam distractoribus adquisivi fratribus *Ecclesie* iam predicti *sancti Stephani* ditare dignum duxi, ut eorum sanctissimis precibus lautus merear, ab omni fece delictorum purificari et velamine carnis deposito tantorum precibus fulcitus valeam alta celorum scandere et ibi fixa statione percipere. Quapropter iam prætaxatis fratribus, mihique semper amatoribus, pro absolutione meorum atque illorum, qui mihi distractores extiterunt, damus atque consentimus in villa, que nuncupatur *Fontana*, et in altera villa, que vocatur *Solelgia*, iure hereditario ad habendum, eo scilicet tenore ut nemo res nostrorum in illorum sacris postulantibus extiterint, devote ac sinceriter in die obitus mei, in vinum collecti melodia psalmorum, cum debita vigilia canentes, et exinde refectionem paratam benigne sumentes. Statuimus etiam ut a nullum aliud opus nisi ad illud quod constitutum est, fructus istius terre colligatur, atque in promtuario reponatur. Denique si post corporis nostri dissolutionem quispiam herus vel consanguineus meus ceca cupiditate illectus aut aliqua ex adverso posita persona contra hanc largitionis mee elemosinam venire audaciter templaverit seu hoc opus misericordie crudeliter destruere conaverit non valeat evindicare quod nequiter repetit, sed inprimis iram omnipotentis Dei atque sancti Stephani, cui clerici sunt, qui hac possidere atque ad usum percipere debent, incurat et nullum effectam sua repeticio percipiat sed inanis finetenus permaneat et ab ipsis quos ledere temptaverit coactus libram auri componat et presens donatio firma et stabilis permaneat sipulatione subnixa vel perseverat.

Garnier, p. 138, nº III. — Cartul. XXX.

Nº 31.

Sans date.

Gandericus et Alcherius, prêtres, donnent aux chanoines de Saint-Etienne des vignes sur Meuilley. — Gandericus leur vend, en outre, le reste de ce qu'il possède à Meuilley pour trois cents sols. — Clause pénale.

Sacrosancte sancti Stephani Divionensis et canonicis ibi Domno famulantibus, nos in Dei nomine socii et cumfratres illorum, *Guandericus* et *Alcherius* presbiteri, pro amore Dei et sancti Stephani vestraque dilectione et animarum nostrarum salute, donamus vobis donatuinque ut in perpetuum maneat esse volumus, hoc est in pago *Belnense*, in fine et in villa *Mudeliaco* : ego quidem *Gandelricus*, duos iornales de vinea, scitos in monte *Moduno*, in loco, quem dicunt *Moreni Suulu;* similiter et ego *Alcherius*, dono vobis, in eodem monte *Moduno*, alteros duos iornales de vinea. Hec vobis ea ratione donamus ut sitis memores nostri post obitum nostrum et in die depositionis nostre, gratam exinde refectionem habentes, pium orationum officium animabus nostris impendatis. Ego etiam *Guandericus* vendidi vobis, in predicta villa *Mudiliaco* et in eius fine, mansum I cum supraposito et uno molendino et quicquid in ipsa villa et eius fine habere visusum aut de patre aut de matre mihi ibi remansit, aut per aliquod ingenuum ibi conquirere potui, in campis, vineis, olcis, pratis, silvis, pascuis, aquis, aquarumque decursibus, exis et regressis omnibusque perexquisitis rebus et acceptis a vobis precium valente in argento, vel in aliis causis solidos ccc. Propterea per ipso pretio easdem res per hanc venditionis cartam vobis donavi et tradidi et de meo iure et dominatione in vestram potestatem et dominationem transfudi, ita ut quicquid ex inde a die presenti pro communi utilitate facere volueritis liberam et firmissimam in omnibus et in Dei nomine habeatis potestatem nullo contradicente. Si quis vero quod fieri non credo ego ipse aut ullus de heredibus meis vel proheredibus aut alia quelibet opposita persona contra hanc donationis et venditionis cartam venire vel aliquid repetere aut calumpniam generare presumpserit, non valeat evindicare quod repetit, sed inferat vobis utrisque partibus una cum socio fisco auri libras v, quod coactus in multa componat, et hec nichilominus donatio et venditio ista omni tempore firma et stabilis permaneat stipulatione subnixa. Actum *Divione* castello publice. Signum *Guanderici* et *Alcherii* presbiteri, qui hanc donationem et venditionem fieri et firmari rogaverunt.

Garnier, p. 139, nº iv. — Cartul. XXXI.

Nº 32.

Sans date.

Enumération des vignes que tient Ratherius à Brochon et mention d'un manse à Cromois.

Tenet *Ratherius* in Briscono, de vineis *sancti Petri*, iornales III. Unus iornalis habet terminationes vel perticationes, de uno latere terra *sancti Secani*, de alio *Vualcaudus* et

Arnaudus tenent, de uno fronte *Hermoinus* tenet, de alio fronte *sanctus Benignus* et *Vualcaudus* tenent. Habet in longum perticas XXXIIII et pedes VI. Per transversum, de una fronte, perticas III et pedes III, de alio fronte, perticas duas, et pedes X. In *Carusco* iornales II et habent terminationes: de uno latere terra *sancte Marie* et *Olboldei*, de alio latere terra *sancti Simphoriani* et *sancti Georgii* et *sancti Manmetis*, de ambobus frontibus terra *Francorum*. Habent in logum perticas IIII XXIIII et pedes II, per transversum, de uno fronte perticas V et pedes X, de uno fronte perticas VI et pedes X. Mansus qui est in *Cromiacho* villa habet terminationes de ambobus lateribus ratio *sancti Benigni*, de uno fronte strata publica, ex alio fronte terra *sancti Benigni*. Et in medio ipsius terre, paginola de vinea *sancti Petri Flaviniaco*. Habet in longum perticas VIII per transversum perticas VII, servientes tres cum infantibus eorum.

Garnier, p. 140, nº V. — Cartul. XXXII.

Nº 33.

Lundi, octobre 923.

Donation faite au chapitre des chanoines de Saint-Etienne par Archenbaldus, prêtre, d'une pièce de vigne, située sur Fixey. — Clause pénale.

Sacrosancte Ecclesie sancti Stephani Divionensis et canonicis ibi Domino famulantibus, ego in Dei nomine *Archendbaldus* presbiter dono Deo et *sancto Stephano*, petiola de vinea, pro remedium anime matris mee *Valdielt*, hoc est impago *Oscarense*, in fine *Fissiascense* vel in ipsa villa *Fissiaco*; qui terminet de uno latus terra *sancti Petri de Lutero*, de alio latus terra *Francorum Ingellulfus* tenet. De uno fronte terra *sancti Manmetis*, ex alio fronte terra *sancti Petri Besuensis* et exo conmunale et habet in longum perticas agripedales XXX, per transversum, de uno latus perticas III, de alio latus perticas II et pedes X. Infra istas terminationes vel perticationes, dono Deo et *sancto Stephano* ad mensum fratrum totum ad integrum. Si ego ipse aut ullus de heredibus meis, vel preheredes, seu quislibet ullra aposita persona, qui contra hanc donationem venire aut calumpniam agere, vel regenerare voluerit, non valeat evindicare quod repetit, sed insuper infero vobis utrisque heres et una cum tercia fissi auri libram I componet et hec donatione ista omnique tempore firma et stabilis permaneat stipulatione subnixa. Hactum in atrio *sancti Stephani*. Signum *Archambodo* presbitero qui hanc donationem fieri et firmare rogavi. Signum *Adumo* et *Ragenulfo* qui consenserunt. Signum *Fedeualt*. Signum *Archenrico*. Signum *Ingalmaro*. Signum *Ololgerio*. *Agenulfo*. Signum *Giraldo*. Ego *Vumenaldus* roitus scripsi et subscripsi datavi die Lunis in mense October anno primo regnante *Rodulfo* rege.

Garnier, p. 140, nº VI. — Cartul. XXXIII.

Nº 34.

12 avril 928.

Achinus, prêtre, donne à l'église de Saint-Etienne Arlevergiane, sa serve, et ses deux fils.

Achinus, misericordia Dei indignus presbiter, recogitante indulgentia remissione peccatorum suorum : quapropter ad obitum suum donavit gloriosissimi *beati Stephani Divionensis castro* de cuius familia natus fuit, mancipiis his nominibus : *Arlevergiane* et infantibus suis *Vualdo et Gandalbaldo* ut in eius solempnitatem VII kalendas Ianuarii unusquisque per annos singulos duos denarios in cera persolvat pro me simulque parentorum meorum, qui eis michi tribuant hanc scripturam remœdioque factam et omni tempore firma stabilisque permaneat. Ut si quis de heredibus meis ullus calumpniari presumat libram I de auri componat ad rectoribus eadem Ecclesie. Actum *Ecclesia sancte Marie, Carentiaco* villa. Signum *Achino* presbitero qui han donationem fecit et firmare rogavit. Signum *Elrado* presbiter. Signum *Turoino* presbiter. Signum *Waymbranno* presbiter. Signum *Constancii* presbiter. Signum *Gilvertus* presbiter. Signum *Valterius*. Signum *Valdrada*. Ego *Adalgerius* precatus scripsi et subscripsi. In die Veneris data III XV Kalendas Maii anno V regnante *Rodulfo* rege.

Garnier, p. 141, nº VII. — Cartul. XXXIV.

Nº 35.

Novembre 933.

Donation en aumône faite par le lévite Teutbaldus, Gotmannus et Dominicus, à l'église Saint-Etienne, d'une vigne située à Fontaine. — Clause pénale.

Sacrosancta Ecclesia sancte Stephane que est constructa in *Divion* castro ubi sacras reliquias requiescunt, ab uno nos, in Dei nomine *Teubaldus* levita et *Gotmanus* et *Dominicus* in simul advenit nos bona voluntas ut aliquid de res nostras proprias in elemosina *Vulfemanno* presbitero pro loco sepultura ad ipso altario sancto Stephano ubi venerabilis vir *Ratherius* preesse prepositus eiusque congregatio fratrum, donamus iornalem I de vinea ad mensa fratrum qui est in pago *Divionense*, in fine *Fontanense*, prope villa *Fontanas*. Terminatur de uno latus terra *sancti Benigni*, de alio latus terra *sancti Stephani*, de uno fronte terra *sancti Martini*, ex alio fronte strada publica pergit. Habet in longum perticas XXVII, pedes IIII. In una fronte, in latum perticas IIII et pedes II, in alio fronte similiter. Infra istas terminationes vel perticationes totum et integrum donamus ad mensam fratrum tradimus atque transfundimus diem presentem ad possidendum vel quicquid volueritis facientem nullum contradicentem Si quis vero, quod minime esse non credo, si nos ipsis aut ullus de heredibus vel proheredes, seu quislibet ulla emissa persona, qui contra hanc donationem elemosina, *Vulfemanno* presbitero facta, ullum quam tempore aliqua calumpnia agere vel generare presumpserit, non valeat evindicare quod repetit, sed insuper inferamus nobis nostrisque heredes in duplum, tantum quantum et una cum tertio auri libre duas componet, et hec donatio pro anima illa facta omni tempore firma et stabilis permaneat, stipulatione subnixa Hactum *Divioni* castro in *atrio sancti Stephani*. Signum *Teutbaldi* levita et *Gotmannus* et *Dominicus* qui istam donationem pro anima *Vulfemanno* presbitero fecerunt vel firmare rogaverunt. Signum *Ingelmaro*. Signum *Benedicto*. Signum *Armunno*. Signum *Benedicto*. Signum *Sicebelmo*. Signum *Adumo*. Signum *Abomo*. Signum *Milono* Ego *Arbertus* presbiter scripsi et subscripsi. Datum die Iuno mense Novembris annos x regnante *Rodulfo* rege *Francorum* feliciter.

Garnier, p. 142, n° VIII. — Cartul. XXXV.

N° 36.

8 avril 934.

Hericus, évêque de Langres, garantit aux chanoines de Saint-Etienne, la restitution des dîmes de l'abbatiole de Saint-Martin, usurpées par Ricardus, son fidèle.

Cum in cunctis legitimis largitionibus idonea sint adhibenda testimonia, ob secularium tantorum diversitates, necesse est, ut quod unanimis concedit assensus, scripturam commendetur titulus, ne postmodum callidorum possit obviari versutiis. Quamobrem ego *Hericus*, divina propitiante miseratione humilis *Lingonensis Ecclesie* episcopus, notum esse volumus, omnibus Dei et sancte Ecclesie fidelibus, tam presentibus quam et futuris, quoniam canonici Ecclesie prothomartiris *Divionensis* castri, venerunt ante optutus nostre serenitatis proclamantes, se ex decimis *Abbatiole sancti Martini*, quas *Ricardus* noster fidelis tirannice crudeliterque usurpabat, et illi ex antiquitate per auctoritates predecessorum nostrorum canonice tenebant et huc usque absque cuiuspiam vetatione posessos habent; quorum proclamationem benigne suscipientes, eorumque auctoritates libenter audientes, causam huius rei diligenter exquisivimus et fideli nostro precipiendo iussimus, ne se de iam dictis decimis intermitteret, sed predictis canonicis, quemadmodum decet, frui nullo modo contradiceret. Denique ut eum erga illos omni tempore benivolum habere quivissent, per consilium domni *Ratherii* archidiaconi, atque prepositi illius loci, pro beneficio quod ipse tenebat, muneribus studuerat placare, placatumque pariter cum illis ante nos pro perfectione huius rei adducere. Qui nostram adiens maiestatem, humiliter deprecatus est, ut fratribus prescripte *Ecclesie Divionensis* beneficium *Abbatiole sancti Martini*, decimasque nostras ex parte concederemus et libellum securitatis eis facere iuberemus : unde ad petitionem ipsius iussimus, hoc nostre institutionis privilegium fieri : cuius auctoritate concedimus, ut supra signatam Ecclesiam, cum decimis memorati canonici teneant et possideant et pro absolutione nostrorum peccaminum, orare non negligant, rebusque illius bene et pacifice diebus vite illorum potiantur et iure pastorali, nullo contradicente vel impediente dominetur. Ergo ut hec nostra institutio pleniorem in Dei nomine obtineat firmitatem, manu nostra eam firmavimus et fidelibus nostris corroborandam tradidimus. Signum *Hyricus sancte Lingonensis Ecclesie* humilis episcopus in Christi nomine roboravi et subscripsi. *Albertus* prepositus subscripsi. Signum *Arnaldus*, decanus. Signum *Vuandelmarus*. Signum *Vuineranus*. Signum *Vualdricus*. Signum *Ysoardus*. Signum *Bero*. Signum *Arnaudus* archidiaconus. Signum *Amerlannus* archidiaconus. Signum *Oricus*. Signum *Berno*. Signum *Ricardus* qui consensit. Signum *Ricardus* levita. Signum *Vuinandus* levita. Ego levita indignus hanc securitatem dictavi et subscripsi VI Id. Aprilis, anno XI regnante *Rodulfo* rege.

Pérard, p. 62. — Fyot, p. 38, n° 67. — Cartul. XXXVI.

N° 37.

Samedi, mai 936.

Vente faite aux chanoines de Saint-Etienne par Euvrardus, sa femme et leur fils, d'une pièce de vigne et de terre arable à Morveau. — Clause pénale.

In Christo et nomine, sancti Stephani *Divionensis*, ego *Vuarnerius*, humilis decanus, nec non et ceteri canonici ibidem Deo famulantium, emptores legitimi : nos vero *Eurardus* et *Madalgeldis* et filius ipsius femine *Vuarnerius* nomine, venditores vendidimus vobis constat et ita vendidimus petiola de vinea, de terra arabile que est sita in pago *Oscarense*, in centena *Roringorum* in villa *Intrulco*. Et habet terminationes de ambobus lateribus et uno fronte ratio *sancti Stephani*. Ex alio fronte predicti venditores tenent. Et habet in longum perticas agripedales VIII, per transversum perticas II. Infra istas terminationes vel perticationes totum ad integrum vobis vendimus, tradimus atque transfundimus et accepimus a vobis precium sicut inter nos convenit et nobis bene complacuit valente in argente solidos I ; de nostram iure et dominatione, a die presenti in vestram tradimus potestate, et dominatione, iure perpetuo ad possidendum, nullo contradicente. Si quis vero, quod futurum esse non credimus, si nos ipsi aut ullus de heredibus nostris vel proheredes seu quislibet ulla aposita persona contra hanc venditionem venire aut calumpniare voluerit, non valeat evindicare quod nequiter repetit, sed insuper eis cui litem impresserit, uncias II de auro componat, et sua repeticio nil valeat. Et hec venditio omni tempore firma et stabilis permaneat, stipulatione subnixa. Actum infra *Ecclesia sancti Stephani Divionensis*. Signum *Euvrardi* et uxore sua *Madalgeldis* et filio eiusdem femine *Vuarnerio* qui hanc venditionem fecerunt et firmare rogaverunt. Signum *Almarico*. Signum *Bernardi*. Signum *Iasmo*. Signum *Martino*. Signum *Electeo* et *Teutfredo* presibtero. Ego *Constantius* exiguus levita rogatus scripsi et subscripsi. Datavi die Sabbato III kalendas Maij, Indictione X anno I regnante *Ludovico* rege.

Cartul. XXXVII.

N° 38.

11 décembre 934.

Concession à précaire à perpétuité, par le comte Gislebertus, à Guitbaldus, à sa femme et à leurs fils, et à la demande de Rotbertus, d'un manse, sous la condition d'en payer les dîmes à Saint-Etienne. — Laudatio de la femme et de la fille de Gislebertus. — Clause pénale.

Cum in cunctis legitimis largitionibus idonea sint adhibenda testimonia, ob secularium rerum diversitates cavendas necesse est, ut quod hunanimis concedit a sensu scripturarum commenderetur titulis, ne postmodum callidorum possit obviari versutiis. Quamobrem ego *Gislebertus* divina largiente clementia, comes *Heduensis*, atque aliarum patriis, notum esse volo, ut sit omnibus nostris fidelibus, tam presentibus quam et futuris, qualiter pervenit ad aures nostre pietatis, humillima deprecatio *Rotberti Divionensis*, nostrique per omnia fidelissimi, de quodam suo fidele, *Guitbaldus* nomine, nec non de eius coniuge *Rutrudis*, ac filiorum eorum ut eis largiremur aliquid de terris nostris pertinentibus. Ad cuius humillimam postulationem aures nostras inclinantes et devote suscipientes, hoc quod petebat gaudenter studuimus agiliter adimplere. Ergo donamus eis a die presenti mansum unum et dimidium de terris, ex ratione *sancti Stephani*, qui est de adiacentia *Blasiaco* villa, per consensum *Ratherij* archidiaconi et canonicorum eius et nonas et decimas omni tempore, sicut statutum, predicta Ecclesia recipiat. Et coniacet iam dictus mansus et dimidius, in pago *Cavilensium*, in villa *Mercoriaco*, seu in ipsa villa, et habent terminationes : de ambobus lateribus ratio *sancti Martini*, de uno fronte terra *sancti Marcelli*, ex alio vero strada publica : infra istas terminationes, totum ad integrum, cum clausis et vineis, et pratis, et terris, atque celariis seu aquis aquarumque decursibus et omnia quicquid pertinent ad iam dicto manso et dimidio, a die presenti, vobis dono ac filiorum vestrorum iure perpetuo ad possidendum nullo impediente. Si quis autem successorum meorum hanc institutionem vel precariam, ceca cupiditate accensus, tyrannide abolere, seu infringere voluerit, non valeat evindicare quod nequiter repetit, sed insuper ei cui litem impresserit, libras VI de auro purissimo componat, et sua repeticio minime valeat. Et ut hec securitas in Dei nomine omni tempore firmiorem obtineat stabilitatis vigorem, manu propria eam firmavi et nobilium omnium fidelium nostrorum unanimes consentientes, firmare iussimus, quatinus per inconvulsa tempora firma stabilisque permaneat stipulatione subnixa. Actum *Belnensis* castro. Signum *Gisleberti*, comitis, qui hanc securitatem iussit scribere et firmare rogavit. Signum *Ermengardi* qui consensit. Signum *Adaledis*, filiam eorum similiter qui consensit, signum *Rotberti* qui hanc precariam studuit poposcere. Signum *Hengeltrudis*, signum *Rodulfi* filio predicti *Rotberti*. *Adabeltus* decanus. Signum *Euvrardus* levita. Signum *Umbertus*, presbiter. Signum *Ayrardus* levita. Signum *Manegradus* presbiter. Signum *Rodulphus* levita *Vuarnerius* cliens exiguus. Signum *Gibuinus* clericus atque puer. Signum *Gotsaldus* clericus. Ego *Constantius*, exiguus levita, hanc institutionem datavi et subscripsi III Idus Decembris Indictione XIV anno VII regnante *Ludovico* rege feliciter.

Pérard, p. 63. — Fyot, p. 55, n° 97. — Cartul. XXXVIII.

N° 39.

Sans date.

Donation à Saint-Etienne, par le seigneur Bernilo et sa femme, avec le consentement de son frère, d'un alleu à Corgoloin. — Tradition symbolique.

Hanc donationem fecit domnus *Bernilo* et uxor sua *Ingelburga sancto Stephano*, de alodo quem habebant in pago *Belnensi*, in villa que nuncupatur *Curtegodelano* consentiente fratre suo nomine *Bligerio*, et in presentia aliorum bonorum hominum clericorum, nec non et laïcorum, quorum hec sunt nomina : *Humbertus*. *Elerius*. *Valterius*. *Gotefridus*. *Anricus*. *Odo*. *Tambertus*. *Ysaac*. *Mo*. *Rotbertus*. *Albreda* femina. *Wulserius*. *Valnerius*. *Iotserius*. *Ragundis* femina. *Christianus*. Per vuadio hoc est per suum cultellum et festucam et per hoc pargamenum, largitori venia, fraudanti anathema. Ego *Constantius* exiguus levita scripsi et subscripsi die Mercurij in mense Maio.

Pérard, p. 64. — Cartul. XXXIX.

N° 40.

Dimanche, mai 944.

Concession, moyennant un cens, d'une vigne et d'une terre à Domois, consentie par le prévôt Ratherius à son fidèle Sequinus. — Clause pénale.

In nomine Sancte et Individue Trinitatis, *Ratherius* humilis archidiaconus *Ecclesie Divionensis prothomartiri Stephani*, atque humillima congregatio eidem Ecclesie : notum esse volumus ut sit omnibus presentibus demum et futuris, qualiter pervenit ad aures nostre pietatis humillima precatio de quodam nostro fidele, *Sequino* nomine, ut ei adtribueremus casalo I parvulo et petiolam de vinea et de terra arabile aliam petiolam. Et sunt site in pago *Oscarense* in fine *Longoviana* in villa *Ducmense*. Ad cuius postulationem pari consilio aures nostre inclinantes et libenti animo suscipientes, hoc quod poscebat studuimus gaudenter impleri, et ut securius meliusve, omni tempore callidorum versutias de hac re vitare valeat, et sibimet omnis agnatio studuit nobis placare munera optima, et in censum omni anno denarios IIII, in festivitate sancti predicti martiris, libenter ad mensam fratrum persolvere. Si autem neglexerit in duplum componat et hec precatio omni tempore vite sue et suorum omnium successorum firma stabilisque permaneat. Et ut hec institutio firmiorem optineat stabilitatis vigorem manu propria eam adsignavimus et aliis firmari iussimus. *Teufredus* presbiter et decanus subscripsit. *Varnerius* custos pignoris subscripsit. *Acledeus* presbiter subscripsit. *Manegradus* presbiter subscripsit. *Rudericus* presbiter subscripsit. *Ferlanis* levita subscripsit. *Anfredus*, *Euvrardus* levita. *Rodulfus* levita. *Adalbertus* levita. *Warnierius Exiguus* subscripsit. *Gauthunius* subscripsit. *Hengerricus* clericus. *Aganus* clericus. *Arnaudus* clericus. *Adallaudus* clericus subscripserunt. Isti sunt villani de *Dumense* :

Aygrannus, *Eribertus*, *Berardus*, *Ragenardus*, *Berthoanus*, *Adargaudus*, *Adrianus*. Ego in Dei nomine *Constantius*, indignus levita, scripsi et subscripsi. Data die Dominico in mense Maio anno VIII regnante *Ludovico* rege *Francorum* feliciter.

Garnier, p. 143, nº IX. — Cartul. XL.

Nº 41.

17 juin 945.

Donation en aumône, par le chevalier Odolricus, aux chanoines de Saint-Etienne, d'une pièce de vigne sise à Barges. — Clause pénale.

In nomine Domini Dei et Salvatoris nostri Jesu Christi, ego *Odolricus* a die presenti, dono ad *Ecclesiam sancti Stephani Divionensis*, seu ad mensam fratrum, ob remedium anime mee, seu genitoris mei ac genitricis, nec non et consanguineis, petiola de vinea, que est sita in pago *Oscarense* in villa nuncupante *Bargas*, et habet terminationes, de uno latus et una fronte, rectores eidem Ecclesie tenent, ex alia vero fronte *Odo* miles tenet, de alio latere strada publica pergit : infra istas terminationes totum ad integrum ad Ecclesiam iam dictam dono, trado atque transfirmo perpetualiter finitenus, legitime ad possidendum, nullo contradicente. Si quis autem, quod minime optamus, hanc elemosinam ceca cupiditate orbatus, infringere voluerit, qualiscumque persona non valeat evindicare quod nequiter repetit, sed insuper ei cui litem impresserit, iure legis constructus, libram auri purissimi componat, et sua repetitio minime valeat et iram Dei omnipotentis atque sancti Stephani incurrat. Et ut hec elemosina, omni tempore firmiorem obtineat stabilitatis vigorem, manu propria eam firmavi, et bonis ac Dominum timentibus firmare precavi. Signum *Odolrici* dilecto milite qui hanc libenter largivit. Signum *Umberti* qui consensit. Signum *Frotdonis* similiter qui consensit. Signum *Taimberti* simul qui consensit. Signum *Heldeberti*. Signum *Remigij*. Signum *Ingallardi*. Signum *Rebotdoni*. Signum *Cristiani*. Signum *Plectrudis*. Signum *Mainfredi*. Ego in Dei nomine *Constantius*, minister Christi indignus, rogitus scripsi et subscripsi. Data mense Iulio xv kalendas Iulij anno IX regnante *Ludovico* rege, Indictione III. Actum super ripam *Barmoni*.

Pérard, p. 64. — Cartul. XLI.

N° 42.

Dimanche, juin 952.

Notice par laquelle le comte Raoul réintègre le lévite Adalbertus en possession de biens situés en divers lieux.

Notitia qualiter vel quibus presentibus et ante eos qui subterfirmaverunt. Notum sit omnibus pluribus atque presentibus, qualiter *Rodulfus* comes, res *Adalberti* levite, quas mater sua ei dedit, et ipsa legitime secundum legem romanam in coniugio adquisivit, de *Archemrado* videlicet seniore suo, per malivolum consilium ad terram quam de *Solario* tenet, ex ratione *sancti Stephani*, cupit revocare ipsas res. Coniacent in pago *Oscarense*, in villa *Patriniaco*, hoc est mansus unus, cum supraposito et vinea que ad ipso manso et omnia quicquid ad ipsum mansum aspicit; et in comitatu *Belnense*, in villa *Gibriaco*, petiolas duas de vinea. Tunc ipse *Adalbertus*, in antea fuit et testes satis idoneos habuit, qui olim per sacramentum probare volebant, quod plus per legem et rectum, hec omnia ipse *Adalbertus* tenere deberet, quam ad terram que ad solarium pertinet, reddere. Quo inventa eius rectitudo per consensum fidelium suorum et pro remedium anime sue et genitori suo, ut remunerator omnium munus vite eterne ei tribuat, iussit ei notitiam fieri ut a presenti vite et deinceps quicquid quod ex iam dictas res facere voluerit, liberam ac firmissimam in Dei nomine habeat potestatem et per festucam et fustum se per omnia exitum fecit. Et ut certius securiusque eas res tenere non dubitet, sibimet manu firmavit et fidelium suorum firmari precepit. Actum *Divioni* castro. Signum *Rodulfo* comiti qui hanc noticiam fieri precavit. Signum *Rotberto* fratre suo. Signum *Wittbaldo.* Signum *Walono.* Signum *Amricho.* Signum *Rotberto.* Signum *Eldierio.* Signum *Berardo.* Signum *Aclenardo* Signum *Simphoriano.* Signum idem *Rotberto.* Signum *Teutdono.* Isti sunt testes : *Rodrous. Eldebertus. Ragenardus. Alseus. Gasenius. Arannus. Constantius. Vido. Arbertus.* Ego in Dei nomine *Vuarnerius* levita scripsi et subscripsi. Data die Dominico, mense Iunii anno XVI regnante *Ludovico* rege feliciter.

Pérard, p. 64. — Cartul. XLIII.

N° 43.

Dimanche, 952.

Donation en aumône à Saint-Etienne, par Durannus, de plusieurs serfs avec leur famille et d'un manse à Ouges. — Clause pénale.

Quicquid per subsequentia tempora, ad unius cuiusque utilitatem desidantur mansurum, ita oportet scripturarum testamentis muniri ne postmodum aliqua possit contrarietate impugnari : quamobrem ego in Dei nomine *Durannus,* dono pro remedium anime mee et pro eterna retributione, ut remunerator omnium munus eterne vite michimet in futuro tribuat, ad *Ecclesiam sancti* scilicet *Stephani* seu ad mensam fratrum servum unum nomine *Anscherio,* cum uxore sua et infantibus illorum *Otolgerio* et *Rotlanno* et dono alium servum, nomine *Vualterio,* cum uxore sua, nomine *Biliarda* et infantibus illorum, *Matalberto* et *Girbergia*. Similiter dono alium servum, nomine *Gotselmo*, cum uxore sua, nomine *Maria*, et filium illorum, nomine *Johannem*, et dono alios servos, nomine *Bertheruda* et *Eudo* et *Eldeberto*, et item *Anscherio* filio *Lamberto*, eo namque tenore ut unusquisque in festivitate sancti Stephani denarios II persolvant ad mensam fratrum. Et dono in comitate *Oscarensi*, in villa *Olgio* mansum unum, cum vinea et quicquid ad ipsum mansum aspicit. Hec omnia superius nominata servis et mansum, de mea iure et dominatione, ad Ecclesiam iam prenotata, trado potestate iure perpetuum ad possidendum, nullum contradicentem. Si quis vero quod futurum minime esse non credo, si ego ipse, aut ullus aliqua suspecta persona, contra hanc elemosinam, ceca cupiditate orbatus, infringere aut subtrahere voluerit, a mensam fratrum non valeat evindicare, quod nequiter repetit, sed ira Dei omnipotentis atque sancti Stephani incurrat et sua proclamatio nichil valeat, et hec donatio omni tempore firma et stabilis permaneat stipulatione subnixa. Actum *Divion* castro. Signum *Duranno* qui hanc donationem fecit et firmare rogavit. Signum *Cristiano*. Signum *Goardo*. Signum *Remigio*. Signum *Amalrico*. Signum *Constancio*. Signum *Teutgisio*. Ego in Dei nomine *Warnerius* humilis levita scripsi et subscripsi. Data die Dominico, Indictione XI anno XVI regnante *Ludovico* rege feliciter.

Garnier, p. 143, n° x. — Cartul. XLII.

N° 44.

Sans date.

Concession, moyennant diverses charges et rétributions, par Achardus, évêque de Langres, à un chanoine de Saint-Mamès et à son neveu, d'une partie de l'église de Noiron, appartenant à Saint-Etienne.

In nomine summe et individue Trinitatis, ego *Achardus*, sancte *Lingonensis Ecclesie*, humilis episcopus, notum esse volo omnibus, maximeque Ecclesie nostre filiis et fidelibus, quod dum in gremio matris Ecclesie nobis a Christo commisse residerem, et de statu eiusdem Ecclesie, una cum consilio et voluntate nostrorum fidelium, quatinus, Domino auctore, in melius aucmentaretur, sinceriter investigando perquirerem : inter plura qui tunc temporis mihi stabiliendo difinivimus, ecce adiit serenitatis nostre obtutus, quidam noster fidelis *Teudo*, abbas et archidiaconus, humili efflagitatione nostram exposcens serenitatem, quatinus eam partem de *Ecclesia Ville Neronis*, que ad iuris dominium pertinet *Ecclesie sancti Stephani Divionensis castri*, *Rotberto sancti Manmetis* canonico, suoque nepoti *Unenco*, cum consilio et voluntate canonicorum, in eadem Ecclesia famulantium, per auctoritatem nostrorum apicum, pie et misericorditer non dedignaremur. Cuius vocem iuste implorationis benigniter suscipientes et eius obsecrationem in aures nostre dignitatis inclinantes, voluntatem illius iuste petitionis ad effectum perducere studuimus ; concedentes et condonantes predicto *Rotberto* suoque nepoti, sicut supra exaratum habetur eam partem que ad rationem pertinet *sancti Stephani*, cum decimis sibi aspicientibus, faventibus nostris fidelibus et consentientibus eiusdem Ecclesie canonicis : ea videlicet auctoritate parilique tenore, ut quamdiu advixerint, ambo prefinitas res teneant et possideant, ipsamque Ecclesiam, que videtur esse consecrata in honore *sancte Marie*, secundum virium suarum qualitatem, quantum ad partem Ecclesie pertinet, in melius in condignis famulantibus corrigere et instruere non pigeant, debitumque servitium, quod nobis debetur, statutis temporibus nobis nostrisque exauctoribus persolvere non tardant. Decernando etiam stabilivimus, ut si quis alterum supervixerit, absque ullius inquietudine et contradictione ex predictis rebus dominator et possessor existat : denique ne ab aliquo successore nostro seu fraudatore hec pietatis clementiam in reliquum corrumpatur, si semper in Dei nomine tutiorem obtineat firmitatis vigorem, hanc securitatem nostrarum litterarum eis facere iussimus, quam manu propria roborantes, nostrorum fidelium manibus firmandam tradidimus. Signum *Achardi* episcopi. Signum *Teudo*, archidiaconus. Signum *Teudo*. Signum *Undricus* levita. Signum *Aymo*. Signum *Beraldus* prepositus. Signum *Bertibodus*. Signum *Oricus*. Signum *Valterius*. Signum *Rodulfus*. Signum *Constantius*. Signum *Remigius*. Signum *Adalaldus*. Ego *Vuermantius* levita indignus hanc scripturam scripsi et subscripsi. Datum XIII. Kalendas Iunij, regnante *Lotario* rege.

Pérard, p. 65. -- Fyot, p. 39, n° 68. — Cartul. XLIV.

N° 45.

Mardi, mars 972.

Concession précaire, moyennant un cens annuel, faite par l'archidiacre Teudo à Bernardus et à ses fils, d'un pécule composé de plusieurs serfs. — Clause pénale.

In nomine sancte et individue Trinitatis, *Teudo* humilis archidiaconus *Ecclesie sancte Divionensis prothomartiris Christi Stephani*, atque humillima congregatio eiusdem Ecclesie, notum esse volumus, ut sit omnibus presentibus, demum et futuris, qualiter pervenit ad aures nostre pietatis, humillima precatio de quodam fidele nostro, *Bernardo* nomine, seu *Eldeardus*, ut ei et duobus sibimet filiis, *Vualterium* videlicet nec non et *Gerardo* concederemus hos servientes, manentes in villa, que nuncupatur *Vedranicas*, ad mensam fratrum pertinentia, *Durannum* videlicet et *Iohannem*, *Vulfaldum*, *Teutberga* et infantibus suis, *Alcherio*, *Ingelberga* et infantibus suis, *Archemrico*, *Reimberga* et infantibus suis, *Giselendus* et infantibus suis, *Hedila* et infantibus suis, *Alcherio*, *Eurelda* et infontibus suis VI, *Teutberga* et infantibus IV, *Ermembertum*, *Basmonem*, *Grimoanum*, *Ingelberga*, *Arnulfum*, *Teutberga*, *Ragenelda*, *Archentrudis* et infantibus suis, *Teuteldis* et infantibus suis, *Alerico*, *Beringerio*, *Arnulfo*, *Teutberga* et infantibus suis : ad cuius postulationem aures nostre inclinantes, et devote suscipientes, hoc quod poscebat studuimus gaudenter impleri ; adeo ut ipse *Bernardus* et coniux sua et sibimet proli supra memorati, quamdiu vixerint, hoc peculium quod nos deberent, absque ulla vetatione teneant et possideant. Postquam vero hominem exierint sine ulla fraudatione ad mensam fratrum omnis agnatio remaneat, et in censum omni anno in Inventione sancti Stephani, ad mensam fratrum denarios XII persolvant. Si autem neglegentes extiterint, in duplum componant. Et hec precatio omni tempore vite eorum firma et stabilis permaneat. Et ut hec institutio firmiorem obtineat stabilitatis vigorem, manu propria eam assignavimus et aliis firmandam tradidimus. Signum *Teudo* abbas. *Golsaldus* levita. *Ingerricus*. *Gripho*. *Varnerius*. *Constantius*. *Eurardus*. *Lambertus* levita. *Amadus* levita. *Vulfricus* levita. *Ariodus* presbiter. *Durannus* presbiter, item *Durannus* presbiter. *Arnaudus* presbiter. *Vicherius*. Ego *Remigius* levita scripsi et subscripsi. Datum die Martis in mense Martio, anno XVIII regnante *Lothario* rege feliciter.

Pérard, p. 65. — Cartul. XLV.

N° 46.

Samedi, mai 973.

Echange de terres à Quetigny, entre l'église de Saint-Etienne et le chevalier Heldierius.

Teudo Ecclesie prepositus *almi Stephani Divionensis* et congregatio ipsius Ecclesie, et ab alia parte, quidam miles, *Heldierius* nomine, voluerunt inter se, pro communi utilitate, aliquid de rebus propriis commutare, quod et fecerunt. Dedit igitur, in primis, *Eldierius*, de rebus propriis, iam dicte Ecclesie et eiusdem rectoribus, iornalem I qui cumiacet in pago *Divionense* seu in fine et in villa *Quintiniacense*. Habet terminationes de uno latus ipse aquisitor tenet, ex alio latus *Valterius* tenet, de uno fronte ratio *sancti Petri*, ex alio fronte *Viniterius* tenet. Similiter ecumtra in recumpensatione huius meriti dederunt, iam dictus *Teudo* et ceteri fratres, petiolam unam de terra arabile, prenominato milite *Eldierio*, in ipsius fine, et in eadem villa terminante de uno latus, et uno fronte ipse communator possidet, ex alio latus ratio *sancti Benigni*, ex alio fronte *sancti Stephani*; hec omnia superius nominata sic pars alteri contulit parti, ut unusquisque, de hoc quod suum est, quicquid sibi visum recto ordine fuerit, faciat, nullo contradicente, et in omnibus secundum suum libitum ordinet omnibus diebus. Denique ne ab ullo successore nostro hec commutatio in futurum violetur, hanc securitatem ei facere iussimus et manu propria corroboravimus, et fratribus Ecclesie nostre firmandam tradidimus. Actum *Divioni* castro. Ego *Teudo* humilis prepositus in Christi nomine corroboravi et subscripsi. Signum *Varnierii* levite. Signum *Amadei* decani. Signum *Ingelrici* presbiteri. Signum *Griphoni* presbiteri. Signum *Duranni* presbiteri. Signum *Constanti* presbiteri. Signum *Lamberti* presbiteri. Signum *Vuarnerii* levite. Signum *Vicherii* levite. Signum *Euvrardi* levite. Ego *Edulfus* levita, ad vicem cancellarij *Remigii* scripsi et subscripsi. Datavi die Sabbati in mense Maio, anno XVIII regnante *Lothario* rege.

Pérard, p. 66. — Cartul. XLVIII.

N° 47.

Jeudi, 23 août 973.

Echange de terres à Sully, entre l'église de Saint-Etienne et Ingelrannus.

Venerabilis prepositus *Teudo*, *Ecclesie almi Stephani Divionensis* et omnis congregatio ipsius loci, cum *Ingelranno* quodam, pro communi utilitate quasdam res inter se cummutarunt. Dedit igitur in primis *Ingelrannus* de rebus propriis suis que sunt site in pago *Divionense* in fine *Aguiliaco*, seu in villa *Suliaco*, in loco qui dicitur *Iorcannaio*, iornales II de terra arabile, qui terminent de uno latus et uno fronte de ipsa hereditate, ex alio vero latere terra *sancti Benigni*, ex alio fronte rivulus decurrit. Dedit igitur in alio loco, in fine et in villa *Aguiliaco*, tercium iornalem de terra arabile, de ambis latis et uno fronte de ipsa hereditate, ex alio fronte *Hugo* tenet. Similiter eccontra, in recompensatione huius meriti, dedit iam dictus prepositus, per consensum et voluntatem omnium fratrum inibi adsistendum, prenominato homine *Ingelranno*, scilicet excolonicam ad sacris tigiam adiacente, quam ipse et frater suus tenebant servicium inferendo iornalem I et dimidium de terra arabile, in ipsius fine et in ipsius villule, habet terminationes : de uno latere et uno fronte ratio *sancti Manmetis*. Ex alio vero latere *sancti Stephani*, ex alio fronte strada : hec omnia superius nominata, sic pars alteri contulit parti ut unusquisque de hoc quod suum est, quicquid sibi visum recto ordine fuerit, fatiat, nullo contradicente ; et in omnibus secundum suum libitum ordinet diebus vite sue. Denique ne ab ullo successore nostro hoc opus pietatis in futurum violetur, hoc instrumentum litterarum ei facere iussi, quas manu propria corroboravi, et omnibus fratribus Ecclesie nostre firmandam tradidi. Actum *Divionis* castri. Signum *Teudoni* prepositi. *Amadei* decani levite. *Warnerij* levite. *Iotsaldi* levite. *Wuarnerii* levite. *Grifoni* presbiteri. *Duranni* presbiteri. *Ingelrici* presbiteri. *Euvrardi* levite. Item *Euvrardi* levite. *Vicherii* levite. *Arnaldi* presbiteri. *Lamberti* presbiteri. *Constantii* presbitere. *Umberti* subdiaconi. *Girardi* subdiaconi. *Valerici* acoliti. *Gotsunii* acoliti. Ego *Eldulfus* levita ad vicem cancellarij *Remigii* scripsi et subscripsi. Datavi die Iovis x Calendas Septembris. xviii regnante *Lothario* rege.

Garnier, p. 146, n° xiii. — Cartul. II.

N° 48.

Sans date.

Concession à cens faite par Teudo à Gosbertus, d'une vigne à Domois. — Clause pénale.

In nomine Domni nostri Jesu Christi notum esse volumus omnibus sanctis fidelibus Dei Ecclesie, quod veniens quidam homo, nomine *Gosbertus*, precibus suis adquisivit sibi iornalem unum de vinea consentiente preposito *Teudone* et ceteris ipsius congregationis fratribus. Et sunt petiole iii de vinea que sunt site in pago *Oscarensi*, vel in villa que dicitur *Dumense*, eo scilicet tenore ut omni anno in Ascensione Domini, iiii denarios in censum persolvat, et si negligens extiterit, in duplum componat. Et hec petitio firma permaneat, ego *Teudo* prepositus manu propria eam corroboravi. Signum *Warnerius* decanus. *Gotsaldus* levita. *Amadeus* levita. *Barnardus* levita. *Vuarnerius* levita. *Gripho* presbiter.

Constantius presbiter. *Eurardus* levita. *Wido*. *Valaricus*. *Vilencus*. *Lanbertus* presbiter. *Gotsunius*. *Varnerius*. *Durannus* presbiter.

Garnier, p. 145, nº XII. — Cartul. XLVII.

Nº 49.

Samedi, 3 août 977.

Concession précaire, moyennant un cens annuel fait par Teudo à Vuido, de sa domesticité, de journaux de vigne à Pouilly.

In nomine sancte et individue Trinitatis, *Teudo*, humilis prepositus *Ecclesie sancte Divionensis prothomartiris Stephani*, atque humillima congregatio eiusdem Ecclesie. Notum esse volumus ut sit omnibus presentibus demum et futuris, qualiter pervenit ad aures nostre pietatis humillima deprecatio de quodam nostra ex familiaritate *Vuidono* nomine, ut ei concederemus, ex rebus Ecclesie supra texata, qui coniacent impago *Divionense* seu in villa *Poliaco*. Largimus itaque ei, in primis, iornales III de vineis, cum curtiles simul tenentibus : habent terminationes de uno latus *sancti Manmetis*, ex alio latus et una fronte strata publica, ex alio fronte conturnes. Concedimus ei igitur alios iornales II de vinea, in loco que vocant *Longafamam*, qui terminatur, de uno latus et ambis frontis ratio *sancti Manmetis;* ex alio latere *Ingelmarus* tenet, et ex aliis terris arabilibus in ipsa fine, continentibus iornales VII. Ad cuius postulationem pari consilio aures nostre inclinantes, et libenti animo suscipientes, hoc quod poscebat, studuimus gaudenter impleri. Denique concedimus supra memorato *Vuidono* ut diebus quibus advixerit, teneat et possideat. Et si agnatio ex eo procreaverit in ipsa concessione finetenus permaneat. Et ut securius melius ve omni tempore callidorum versutias de hac re vitare valeant ipse et suis posteris omni anno festivitate sanctorum Apostolorum Petri videlicet et Pauli, incensi solidorum II denariorum ad mensam fratrum diligenter persolvantur, et hec preconcessio omni tempore vite sue et suorum omnium successorum firma stabilisque permaneat. Et ut hec institutio firmiorem obtineat stabilitatis vigorem manu propria eam adsignavimus, et aliis firmandam tradidimus. Actum *Divionis* castri. *Teudo* prepositus subscripsit. *Vuarnierius* decanus subscripsit. *Golfaldus* subscripsit. *Ingelricus* subscripsit. *Amedeus* levita. *Varnerius* levita. *Gripho* presbiter. *Amaricus* presbiter. *Lambertus* presbiter. *Durannus* presbiter. *Constantius* presbiter. *Bernardus* levita. *Odolmarus* levita. *Vicherius* levita. *Euvrardus* levita. Item *Euvrardus* levita. Signum *Teudonis. Arlebadi. Vaudrici. Rodulfi.* Ego *Remigius* indignus levita scripsi et subscripsi. Data die Sabati III nonas Augusti. Anno XXIII regnante *Lothario* rege.

Garnier, p. 144, n° XI. — Cartul. XLVI.

N° 50.

Samedi, 4 mars 990.

Bail à cens, consenti par Teudo, abbé de Saint-Etienne, à Euvrardus pour ses fidèles Aginonus et Vualdonus, de vignes et de terres à Bray, moyennant un cens annuel de deux sols. — Clause pénale.

Superni arbitris divina miseratione *Teudo* abbas cenobij sancti *Stephani* Divionensis. Notum esse volumus ut sit omnibus presentibus demum et futuris, omnibusque nostram posteritatem insequentibus innotescere cupimus. *Euvrardus* nomine humiliter explorans nostram piissimam benevolentiam quo concederemus eis fideles suos nomine *Aginoni* nec nun et *Vualdoni* ex ratione *sancti Stephani*, in comitatu *Oscarense* vel in villa que dicitur *Bieis* mansum I et vinea insimul continet et in alio loco, in ipsa villa, I de vinea edificata. Similiter in ipsa fine iornales V de terra arabile : nos autem ipsius nostri fratris *Euvrardi*, ad cuius humillimam deprecationem aures nostre inclinantes, et devote suscipientes, hoc quod predictus frater noster petebat, studuimus libenter largiremus; talisque scilicet tenore ut omnibus annis cathedra *sancti Petri* solidos II in censum persolvant, et si negligentes extiterint in duplum componant. Quatenus securius meliusve omni tempore teneant et ut hoc factum a nobis et a fratribus statutum stabile permaneat in futuro, hoc eis facere iussimus scriptum, nostra auctoritate roboratum. Ego *Teudo* abbas, manu propria firmavi. Signum *Vuarnerii*. Signum *Bernardi* levite. *Gotsaldi* levite. *Varnerii* levite. *Amadei* levite. *Aclenardi* subdiaconi. *Johanni* levite. *Grifoni* presbiteri. *Constantii* presbiteri. *Lamberti* presbiteri. *Lamberti* subdiaconi. *Magenfredi* subdiaconi. *Vuilencci* subdiaconi. *Varnerii* clerici, *Widoni* subdiaconi. Item *Vidoni* clerici. *Enrici* subdiaconi. *Vicherius* levita. Ego *Eldulfus* levita, scripsi et subscripsi. Datavi die Sabbati IIII Idus Martii. Anno IIII regnante *Hugoni* rege. *Odolmari* levita.

Fyot, p. 56, n° 98. — Cartul. L.

N° 51.

Dimanche, 14 février 998.

Bail à cens, consenti par Teudo, abbé de Saint-Etienne, au prêtre Teudricus et à ses héritiers, d'une colonie sise à Sennecey et à Morveau, moyennant un cens annuel de deux sols. — Clause pénale.

In nomine Regis eterni et Salvatoris nostri Jesu Christi, ego *Teudo* archidiaconus et ceteri huius congregatio *sancti Stephani* Prothomartiris Christi *Divionensis* Ecclesie, notum esse volumus, ut sit omnibus presentibus demum et futuris, qualiter pervenit ad aures nostre humillima deprecatio de quodam fidele nostro nomine *Teudrici* presbiteri, et heredes suos videlicet *Amalrici* nuncupante nec non et *Sufficiane*, ut illis concederemus colonicam unam que est sita in pago *Oscarense* vel in villa que dicitur *Sciliciaco*, seu et in *Mervelco*, quia ipse ob obsequium servitutis, de nobis tenebat. Sunt denique in ipsa colonica, campis, vineis et una petiola de prato et quicquid ab ipsa colonica aspicit. Ad cuius humillimam deprecationem pari consilio aures nostre inclinantes et libenti animo suscipientes hoc quod predictus fidelis noster petebat, studuimus libenter eis largiremus, talique scilicet tenore, ut omnibus annis, in festivitate *Omnium Sanctorum* solidos II dederint ad mensam fratrum in censum persolvant, et si neglegentes extiterint in duplum componant et plus ea teneant. Ego *Teudo* archidiaconus, manu propria eam firmavi et ceteri ipsius congregationis firmare iussi. Signum *Varneri* prepositi. Signum *Amadei*, *Varnerii*, levite. *Vuilenci*, subdiaconi. Item *Vuarnerii*, *Bernardi*, *Vidoni*, *Vicherii* levite. *Gotsuni* levite. *Euvrardi*, *Grifoni* presbiteri. *Constantini* presbiteri. *Lamberti* presbiteri. *Rodulfi*, *Euvrardi* levite. *Romei*. Ego *Eldulfus* per iussionem *Teudoni* scripsi et subscripsi. Datavi die dominico XVI Kalendas Martij, in refectorio *sancti Stephani*, anno II regnante *Roberto* rege.

Pérard, p. 66. — Cartul. LII.

N° 52.

Jeudi, 10 juin 1003.

Bail à moitié, consenti par l'abbé Teudo à son fidèle Constantius, à sa femme et à son fils, d'une terre à Visinnio, lieu dit « Aqua Mortua ».

In nomine Domini nostri Jesu Christi ego in Dei nomine *Teudo* archidiaconus, et ceteri fratres *sancti Ste-*

phanii Divionensis Ecclesie, notum esse volumus omnibus hominibus sancte Dei Ecclesie fidelibus, de quodam fidele nostro nomine *Constantio* cum uxore sua *Gislane* et filio suo *Enrici* clerici, ut illis concederemus aliquid ex terre *sancti Stephani* qui est in pago *Oscarense*, in villa que dicitur *Visinnio*, in loco qui vocatur *Mortua Aqua*, hoc est, iornalem I de terra arabile ad plantare atque edificare, vel instruere ad medietatem, qui terminet de uno latus ratio *sancti Mauricii* ex alio latere *Constantius* tenet, de uno fronte *sancti Benigni*, ex alio vero fronte ipsa *Aqua Mortua* : infra istas terminationes, totum causa plantationis illi damus cum uxore sua et filio suo hoc quod fidelis noster petebat gratanter ei concedimus. Hec omnia sicut superius ita insertum est ad plantare atque instruere non dubitent ad medietatem. Ut autem omni tempore vite illorum teneant et ad congregationem *sancti Stephani* facta recognoscant, ego *Teudo* archidiaconus manu propria firmavi et ceteris fratribus firmare rogavi. Signum *Wilenco* prepositus. *Warnerii* levita *Warnerii* levite. *Widoni* subdiaconi. *Romei* subdiaconi. *Grifoni* presbiteri. *Euvrardi* presbiteri. *Lamberti* subdiaconi. *Waldierii* presbiteri. *Ursoni* presbiteri. *Constantii* presbiteri. *Gotescali*. *Gotsuini* diaconi. *Rotberti* diaconi. *Duranni* presbiteri. *Umberti* subdiaconi. *Lamberti* layci. *Gonselini* layci. *Teubaldi* layci. *Rodulfi* subdiaconi. Ego in Dei nomine *Eldulfus* sacerdos per iussione *Wilenco* prepositus scripsi et subscripsi. Datavi die Iovis III Idus Ianuarii anno VII regnante *Roberto* rege.

Garnier, p. 147, nº XIV. — **Cartul. LI.**

N° 53.

(En double.)

N° 54.

Lundi, 23 février 1005.

Bail à cens, consenti par l'abbé Teudo, le prévôt Vuilencus et les autres chanoines de Saint-Etienne, à leur fidèle Rotbertus et à ses fils, de terres sises à Bray, moyennant un cens annuel de deux sols.

In nomine Regis eterni et Salvatoris nostri Iesu Christi, ego *Teudo*, archidiaconus nec non et *Vuilencus* prepositus, et ceteri fratres *sancti Stephani Divionensis Ecclesie*, notum esse volumus omnibus sancte Dei Ecclesie nostre fidelibus, de quodam fidele nostro nomine *Rotberti* cum filiis suis II, *Ricardo* nomine et *Aginoni*, ut illis concederemus aliquid ex terra *sancti Stephani*, hoc sunt iornales v, de terra arabile IIII ad edificare et alterum ad laborare. Et est ipsa terra in pago *Hoscarense* in villa que dicitur *Bicis* ad edificare vel meliorare non dubitent, ut omnibus diebus vite illorum teneant atque possideant; eo scilicet tenore ut omnibus annis quibus advixerint, in festivitate sancti Petri VIII Kalendas Martii solidos II in censum persolvant, et si neglegentes extiterint, in duplum componant. Ad cuius humillimam postulationem, aures nostre inclinantes et devote suscipientes, quatinus securius meliusve omni tempore vite illorum teneant atque possideant; post dicessum vero illorum et *Bernardi* qui censum recepit ad mensam fratrum revertit. Et hec securitas omni tempore firma et stabilis permaneat, ego *Teudo* archidiaconus manu propria firmavi et ceteri fratres firmaverunt. Signum *Wilenco* prepositi. *Varnerij* levite. *Warnerij* levite. *Widoni* subdiaconi. *Bernardi* levite. *Grifoni* presbiteri. *Constantii* presbiteri. *Duranni* presbiteri. *Ursoni* presbiteri. *Waldierii* presbiteri. *Euvrard* presbiteri. *Wicherij* levite. *Rodulfi* presbiteri. *Hugoni* subdiaconi. Ego *Eldulfus* sacerdos per iussionem *Vilenco* prepositi scripsi et subscripsi. Datavi die Lunis VII Kalendas Martii anno VIII regnante *Roberto* rege.

Garnier, p. 148, n° XV. — Cartul. LIV.

N° 55.

Novembre 1006.

Bruno, évêque de Langres, contraint Odo et ses fils à restituer aux chanoines de Saint-Etienne, la terre et la chapelle d'Arcelot, qu'ils avaient usurpées.

In nomine summi Iudicis et individue Trinitatis, que semper est spes omnibus credentibus. Quamobrem ego *Bruno* humilis Lingonensis Ecclesie presul, omnibus sancte Dei Ecclesie fidelibus notum esse volumus tam presentibus quam et futuris, dum essem apud castrum *Divion*, intra claustra Ecclesie Protomartiris, et intentus in divina miseratione, venerunt ante nostre serenitatis, canonici ipsius loci, proclamantes se ex rebus unde vivere debent, quas ab iniquis pastoribus crudeliter et iniuste fuissent sublate, scilicet terra que sita est in *Acellis* villa et capella que est in *Vadrana* cum omnibus his apendiliis, atque ipsi ex antiquitate canonice, per auctoritatem predecessorum nostrorum tenebant, et huc usque cœca cupiditate successores iniquorum habebant. Eorum autem dum audivimus proclamacionem, benigne suscepimus et auctoritatem illorum libenter inquirimus, et privilegiis atque preceptis afferri iussimus, causam huius rei diligenter exquisivimus, excommunicationem atque anathematizationem abbatis, qui fraudenter utabant in his, invenimus. Quo audito, fidelibus nostris, *Odoni* cum filiis suis statim iussimus magna cupiditate, ne se de iam dictis rebus intermitterent, sed predictis canonicis, quemadmodum decet frui, nullo modo contradicerent, quoniam potius dampnarent animas quam nutrirent corpora. Denique ut illi omni tempore firmiter potuissent habere, per benivolum consilium domni *Teudonis* archidiacôni atque abbatis ipsius loci qui iniuste sociavit se a predicto milite : studuerunt namque prefati canonici muneribus ei placare et placatum pariter cum illis ante nos, pro perfectione huius rei adducere. Qui predictus abbas, nostram adiens maiestatem, humiliter deprecatus est, ut fratribus predicte Ecclesie indulgentiam ei prebeant et animas sui predecessorum veniam postulant : post dicessum vero eius, fideliter Dominum implorent et ex parte nostra concederemus, noticium securitatis eis facere iuberemus. Unde peticionem ipsius libenter recepimus et nostre institutionis privilegium fieri iussimus, cuius auctoritate concedimus ut his rebus predicti canonici possideant et perpetue teneant et pro absolutione nostrorum peccaminum orare non neglegant, et easdem bene et pacifice diebus vite potiantur et iure pastorali, nullo contradicente. Ergo ut hec in Dei nomine obtineat firmitatem et institutio pleniorem, manu nostra eam firmavimus et fidelibus nostris utriusque ordinis, corroborandam tradidimus. Ego *Bruno* episcopus. *Teudo* archidiaconus. *Ayrardus* archidiaconus. *Wido* archidiaconus. *Beraldus* levita, item *Beraldus* levita. *Bruno* levita. *Lambertus* prepositus. *Vilencus* laycus. *Wildricus* laicus. *Vualterius* laicus. *Bedunon, Walterius, Umbertus, Hugo, Vuido.* Ego *Eldulfus*, sacerdos indignus, per iussionem *Airardi* cancellarii *sancti Manmetis*, scripsi et subscripsi. Datavi Idus Novembris anno x regnante *Roberto* rege.

Pérard, p. 67. — Fyot, p. 40, nº 70. — Cartul. LV.

N° 56.

Sans date.

Restitution, moyennant un prix, par Vuarnierius et Volfreius, à l'église de Saint-Etienne, de vignes sises à Gevrey. — Clause pénale.

Ego *Vuarnierius* et *Volfreius* reddimus vobis iornales II de vinea que est in pago *Hoscarensi*, in villa *Gibriaco*, quos vobis calumpniabamus : habet terminationes : de uno latus *sancta Maria*, ex alio latus *Beraldus* clericus, pro uno fronte terra fiscale, ex fronte strada : infra istas terminationes vobis redimus talem calumpniam, quam contra vos facimus, propter amorem et bonam volumtatem et accepimus de vobis precium, solidos XVIII. Si quis vero quod futurum esse non credo, si nos ipsi aut ullus de heredibus nostris, qui contra hanc venire aut reclamare voluerit, unctias XX componat. Actum *Divioni* castro. Signum *Warnierii*, *Wolferii* et *Constantij*, qui vuirpitionem fecerunt et firmari precaverunt.

Garnier, p. 148, n° XVI. — Cartul. LVI.

N° 57.

Sans date.

Exécution d'une vente de vignes à Gevrey, lieu dit « In Campo », faite par Leutbodus à Saint-Etienne. - Réception du prix et guirpitio.

Decimo tertio Kalendas Aprilis, venit *Leutbaudus* filius *Bavo* feria VII, in claustro sancti Stephani et accepit precium denarios VIII, propter vineas que sunt in villa *Gibriaco* in loco qui dicitur In Campo iornales II et guirpivit *sancto Stephano*.

Cartul. LVII.

N° 58.

Sans date.

Constantius et son fils abandonnent à l'église de Saint-Etienne une vigne et reçoivent en échange un vêtement et douze deniers.

Ego *Constantius*, de duobus iornalibus de vinea talem partem, que ad me pervenit, vuirpivi et filius meus *Humbertus sancto Stephano* et ad fratres ipsius congregationis et accepi in servitio, unum vestimentum et denarios xII in argento, his presentibus, vigilia sancti Iohannis Baptiste. Signum *Dominicus. Ratbaldus. Constantius. Bassus. Magnaldus. Borgaldus. Deudadus. Bertrannus. Adelerii Rogerij. Euvrardus. Bernardus. Ebroinus. Odolerius. Durannus* presbiter. *Rodulfus* subdiaconus. *Hugo. Amalricus. Constantius. Gotsuinus* levita scripsit et subscripsit. Datavi die Veneris, in mense Febriario, anno xv regnante *Roberto* rege.

Garnier, p. 149, n° xvII. — Cartul. LVIII.

N° 59.

Sans date.

Donation en aumône de serfs, faite aux chanoines de Saint-Etienne par Humbertus, prêtre, son frère Sansonus et Raginardus, leur cousin. — Clause pénale.

In Christi nomine eterni regis et Salvatoris nostri Iesu Christi, ego *Humbertus*, sacerdos et frater meus *Sansonus* scilicet et consobrinus noster *Raginardus*, notum esse volumus, qualiter pervenit ad aures nostre humillima deprecatio de quodam servo nostro nomine *Wichelmo* et infantibus suis et heredes illorum, ut illis aclinemus sive donamus, ad mensam fratrum *sancti Stephani Divionensis Ecclesie* pro remedium anime nostre vel parentum nostrorum et pro eterna retributione, ut Deus omnipotens retributor sit nobis ante tribunal Christi, in die iudicii, eo scilicet tenore ut omnibus annis, in festivitate sancti Stephani, prope natalis Domini de suo capite ad mensam fratrum, denarios III in censum persolvat et heredes sui, que de ipsis procreati fuerint, sive masculi, sive femine, denarios II ad ipsam festivitatem persolvant. Et si neglegentes extiterint, in duplum componant. Si quis vero quod futurum minime esse non credimus, si nos ipsi aut ullus de heredibus nostris qui contra hanc elemosinam sive donationem aliquid contradicere aut repetere voluerit, non hoc valeat evindicare, sed insuper ei cui litem impresserit, uncias V de auro componat, et sua reclamacio minime valeat. Et hec elemosina omnique tempore firma stabilisque permaneat, stipulatione subnixa. Actum *Divionis* castri. Signum *Humbertus* et *Sanson*, nec non et *Raginardus* qui hanc donationem fecere et firmare rogaverit. Signum *Hugonis* qui consensit. *Rotbertus. Adaldo. Amalgerio. Landri. Wicheram. Raginerius. Teutlanus.* Ego *Eldulfus* sacerdos scripsi et subscripsi. Datavi die Martis mense Febro, regnante *Roberto* rege annos XXIIII.

Garnier, p. 149, nº XVIII. — Cartul. LIX.

Nº 60.

Sans date.

Bail à cens de terres et de vignes, à Perrigny et à Fontaine, par Beraldus, abbé de Saint-Etienne, à ses fidèles Richardus et Heldebertus, moyennant une redevance annuelle d'une mesure de vin.

In nomine Regis eterni et Salvatoris nostri Iesu Christi. Ego *Beraldus* abbas, et ceteri huius Congregationis *sancti Stephani Divionensis Ecclesie*, notum sit omnibus hominibus, qualiter pervenit ad aures nostras humillima deprecatio de quodam fidele nostro, *Richardo* scilicet, et *Heldeberto*, ut illis concederemus aliquid ex terre sancti Stephani quam *Vuarnerius* levita tradidit, pro remedium anime sue, que est sita in pago *Hoscarense*, sive in *Divionense* vel in villa que dicitur *Patriniaco*, sive in fine *Longoviaco*, nec non in villa *Fontanas*, seu in vineis, seu in campis, ad perquirendum ea parte que ad se pertinere debet, per suum quoque assensum et deprecationem, ut suos vocabulos largiremus ob firmitatem tenendi. Ad cuius humillimam deprecationem aures nostre inclinantes et devote suscipientes, talique scilicet tenore ut uno quoque anno solvantur tempore vindemie, de vini modium I ad mensam fratrum persolvant, quatenus securius omni tempore vite illorum et unus heres, que de illis procreati fuerint, ipsam firmitatem habeant. Et si ignatio de illis non fuerint procreati, ad mensam fratrum revertit. Et hec securitas omnique tempore firmiorem obtineat stabilitatis vigorem, manu propria eam firmavimus et aliis hominibus firmare iussimus.

Pérard, p. 68. — Fyot, p. 57, n° 61. — Cartul. LX.

N° 61.

Sans date.

Notice d'une vente faite par Bertinus à Raaldus, moyennant quinze sols, d'une vigne sise dans le clos Sumbardescha.

Notum sit omnibus presentibus atque futuris, quod ego *Raaldus* quamdam vineam, id est medietatem unius iornalis, emo de quodam homine, qui vocatur *Bertinus*, et est sita in clauso qui vocatur vinea *Sumbardescha*, que ita terminatur et accepit ipse prefatus venditor a me quindecim solidos. Ab Oriente est terra *sancti Marcerli* et ab Occidente et a parte Boree terra *sancti Stephani* et ab

Australi parte via publica. Signum *Bertini* venditoris. *Valonis. Ermenaldi. Hunfredi. Warnerij. Aalosi. Constantii. Johanni.*

Pérard, p. 68. — Cartul. LXI.

N° 62.

Sans date.

Donation faite à Saint-Etienne, par le prévôt Garnier, d'un alleu à Villotte avec ses dépendances, et d'un autre alleu à Arcey. — Clause pénale.

In nomine sancte et individue Trinitatis. Omnes, qui ad supernam tendunt hereditatem, et cum Christo heredes eius effici cupiunt, eius vestigia subsequantur oportet, in quantum fragilitas humana promittit fieri posse. Eius autem est vestigia subsequi et eum imitari misericordie operibus, insistere omnis Christiani ordinis ut se diligere, laborantibus in Dei servitio adsistere et pro posse indigentium usibus in Dei nomine ministrare. Sanctorum vero, quos iam per bonorum operum consummationem ad celeste regnum migrasse cognovimus, suffragia postulanda sunt eisque est reverentia totius devotionis impendenda, ut eorum adiuti precibus, iam dicte hereditatis, cum illis participes esse possint. Unde ego *Vuarnerius sacrosancte Ecclesie Divionensis* prepositus, eius perpetue possessionis participari Christi pietate cupiens, partem prediorum meorum *sancto Stephano* Christi Protomartiri, in cuius honore idem locus constare dinoscitur, ob remedium anime matris mee et *Vidonis* fratris mei et ob salutem anime mee donare cupio, ut eum habeamus adiutorem apud Deum, ad eternam vitam adipiscendam. Igitur dono *sancto Stephano,* alodum in comitatu, in villa que dicitur *Villula,* cum terris cultis et incultis, et omnibus rebus ad eum pertinentibus, tali videlicet ratione, ut fratres *sancto*

Stephano servientes, usum fructum eius habeant, et usibus suis subministrent et memoriam mei, matrisque et fratris non negligant. Dono etiam alodum in comitatu, in villa que vocatur *Arceis*, cum terris videlicet cultis et incultis et omnibus ad eum pertinentibus, ita ut predicti fratres illum teneant et perpetuo in dominio suo possideant. Si quis vero parentum meorum aut aliorum hoc donum *sancto Stephano* et fratribus ei servientibus calumpniare presumpserit, legibus convictus, auri libras x persolvat et hoc donum stabile permaneat. Actum publice *Divioni* xxx anno regni *Roberti*, episcopatus vero *Lamberti* IV, Indictione XV, anno ab Incarnatione Domini MXVII regnante Domino nostro per omnia secula seculorum. Amen.

Pérard, p. 68. — Cartul. LXII.

Nº 63.

Sans date.

Notice d'une donation faite à l'église de Saint-Etienne par son prévôt Garnier, de serfs, de pièces de terre et de vignes, sis en divers lieux.

Notum sit omnibus, quia ego *Warnerius*, dono *sancto Stephano* villetam, cum servis utriusque sexus : *Quintiniaco* dono omnem hereditatem quam possideo. Apud *Cavaniacum*, unum pratum, *Cyriaciaco* unum mansum, cum omnibus pertinentibus ad eum, *Mervelo* terram quam habeo. *Cromolex* unum pratum. Item de servis dono *Gislam et Bertram*, cum filio et *Waldricum* capellum; in villa *Sampaniaco* una opera de vinea et dimidia : apud *Divion* I mansum super rivam *Susionis*.

Pérard, p. 69. — Cartul. LXIII.

N° 64.

Jeudi, 24 juin 1038.

Erection par Hugo, évêque de Langres, à la demande d'Aimo, d'un prieuré dans l'église de Saint-Florent de Til-Châtel, qu'il met sous la protection de l'abbaye de Saint-Etienne.

Postquam sanctorum Apostolorum predicationem, ut in eorum actibus legimus, multi sua pro Christo relinquentes, nichil se in mundo possidere gaudebant, ut celestibus in futuro premiis ditarentur, mos inolevit ut plerique relictis omnibus, monastice se traderent discipline, plerique retentis suis, canonice, in Congregationibus Deo militare satagerent. Laicorum quoque fidelium devotio eterne recompensationis participari cum talibus ambiens, suis facultatibus ac beneficiis, ad Dei servitutem liberius exercendam propensius eis ministrare curavit. Unde ego *Hugo*, sacrosancte *Lingonensis Ecclesie* Dei dignatione pontifex, notum fieri Ecclesie filiis presentibus vel futuris cupio, quod quidam noster fidelis, ex nostra Ecclesia filius, me in eadem Ecclesia residentem adiens, humiliter petiit quatinus in quadam Ecclesia quam de me beneficiali iure tenebat, ad Dei servitutem faciendam et sancto eius martiri *Florentio*, qui ibi requiescit, venerationem exhibendam clericos canonice viventes aggregare procurarem et *Abbatie sancti Stephani Divionensis* castri, Ecclesiam cum clericis perpetuo deditam esse constituerem. Cuius peticionem libentissime suscipiens adimplere protinus studui. Dedi igitur secundum militis, nomine *Aimonis*, peticionem altare illud cum beneficio cuidam Clerico predicte *Abbatie sancti Stephani* preposito, nomine *Vuarnerio*, vice clericorum in iam dicta Ecclesia sancti Martiris *Florentii* aggregandorum, cum servis utriusque sexus ad *Sanctum* pertinentibus, cum decimis et omnium rerum oblationibus, cum mercato quoque, teloneum videlicet, et quicquid de mercato consuetudinario iure persolvi solitum est, ut canonici illius loci perpetualiter teneant, atque possideant, et Domino servitutem debitamque Martiri venerationem congruentem reddant ; subiectionem vero *Abbatie sancti Stephani* prelatis exhibere non neglegant et secundum eorum iussionem, loci ordinatio et rerum ad eum pertinentium dispensatio, sine contradicente liberaliter fiat. Interdicimus quoque, Dei omni potentis virtute et Sanctorum omnium auctoritate et a Deo nobis collata potestate, ne aliquis presumat amodo, hec que Dei obsequio donata sunt, suis propriis usibus rapere, et ab eius servitio separare, alioquin anathema fiat maranata. Si quis autem huius nostre regalis, proque Deo facte donationis auctoritatem et pontificalis decreti corroborationem, diabolico instinctu infringere, vel in aliquo violare temptaverit, sicut diximus, eterne maledictioni subiaceat, nisi resipiscens *sancto prothomartiri Stephano*, canonicisque eius *Divionensi* in castro degentibus, satisfecerit. Signum *Hugonis* Lingonice civitatis episcopi. Signum *Aimonis* huius donationis et auctoris et laudatoris. Signum *Hildegardis* uxoris eius. Signum *Otberti* fratris eiusdem *Aymonis*. Signum *Warini* presbiteri. Signum *Aduini* militis. Signum *Ulgerij*. Signum *Humberti*. Signum *Vuitberti* prepositi. Signum *Vuidonis* militis et filii eius. Signum *Udelerij*. Signum *Stephani*. Signum *Vualterij* clerici et filius eius. Signum *Orgaudi*. Signum *Petri* et filii eius. Signum *Teutbaldi*. Actum *Tile Castro* publice, anno Incarnationis Dominice MXXXIII, Indictione I Epacta XVII, die nativitatis sancti Baptiste Ioannis, feria V, mense Iunio, regnante *Henrico* Francorum rege, anno VII regni eius. Ego *Odolricus* dictavi et manu propria firmavi.

Pérard, p. 69. — Fyot, p. 41, nº 71. — Cartul. LXV.

N°. 65.

1046.

Approbation par Hugo, évêque de Langres, d'une donation faite à Saint-Etienne par Lambertus, Fulco et Wuido.

Gratia Dei presul *Hugo*, nostre diocesi famulantibus sive presentibus seu absentibus, notifico domnum *Lanbertum* dictum clericum fidelem nostrum, *Fulcone* dictum seniorem suum adisse et quendam hominem dictum vocitatum *Vuidonem*, quem de eo tenebat in beneficio, ut in conmunis servitii dono canonicorum *Divioni* prothomartiri Stephano devote obsequentii traderet subiectioni exposcisse; hoc ille libenter ut annuit me utrique adierunt et auctoritate nostra quatinus corroboratu etiam scripto permaneret poposcerunt. Quod ego cernens Ecclesie in nullo obesse, immo proficuum fore et assensum illis ad presens dedi et demium Divione apud illos constitus *Rocelino Bernardoque* pridem calumpniantibus, tunc tamen cum stipulatione laudantibus per me meosque auctorizabile ut obtant feci. Acta sunt hec *Divioni* anno dominice Incarnationis millesimo quadragesimo sexto, Indictione quarta (decima) regnante *Henrico* Francorum.

Garnier, p. 150, n° XIX. — Cartul. LXIV.

N° 66.

Sans date.

Aldo, fils d'Aymo, rend et transmet à l'église de Saint-Florent et aux chanoines de Saint-Etienne, un moulin qui leur avait été donné précédemment et y ajoute un manse et un pré.

Ego *Aldo*, predicti *Aimonis* filius, reddo atque dono *sancto Florentio*, canonicisque *sancti Stephani*, ob remedium eius anime meeque, molendinum sub monasterio situm, iam ab eo donatum, cum manso et secus litus adiacente prato. Signum *Aldonis* et *Elisabet* uxoris eius. Signum *Galonis*, *Ulderij*, *Odonis*, *Aymonis*, *Guidonis*, *Oberti*, *Hugonis*, *Aimonis* canonici.

Pérard, p. 70. — Petit, p 363, nº 22. — Cartul. LXVI.

Nº 67.

Sans date.

Donation d'eux-mêmes à Saint-Etienne, par Rodulfus et sa femme, moyennant deux deniers.

Rodulfus et uxor sua *Sufficia* dederunt se *sancto Stephano* ad duos denarios, *Warnerio* preposito et *Waldierio* sacerdote et *Hunfredo* sacerdote et aliis canonicis videntibus, *Rodulfo* layco ministro.

Garnier, p. 150, nº xx. — Cartul. LXVII.

Nº 68.

Sans date.

Restitution, à charge de prières, faite par Gibuinus à Saint-Etienne, de la métairie de Varua avec ses dépendances. Il y ajoute un droit de pâturage et la colonie d'Alfredus.

Auctoritate divina statum est, ut consuetudines, que a pravis hominibus, super sanctuarium Dei iniuste sunt posite, iudicio fidelium Christianorum deleantur, tirannorum sublata successione. Quapropter ego *Gibuinus* notum esse volo omnibus fidelibus, vivis et futuris, quod consuetudinem quam *Hugo Satellus* nomine et *Hugo* nepos eius, de quo pater meus *Hugo* comes, predium, quod *Vuarua* vocitatur, iure hereditario comparavit, per violentiam super *Ecclesiam sancti Petri* iniuste posuerunt, pro remedio animarum iam dicti patris mei *Hugonis* comitis et matris mee *Hermingardis* et fratris mei *Norduini* et filiorum eius *Odonis* et *Hugonis* et mee, dimitto propter amorem sancti Stephani prothomartiris, ad cuius Abbatiam iam nominata *Ecclesia Sancti* pertinet. Insuper trado et concedo *Ecclesie sancti Stephani Divionensis*, ratam publicam per silvam, per pascua de cunctis hominibus, qui super terram *sancti Petri*, sive *sancti Stephani* manserint, quatenus deinceps legitime possideant quod antea arripere non audebant. Preterea concedo *sancto Stephano* coloniam *Alfredi* quem *Alfredum* dudum dederam eidem *sancto Stephano*, pro *Hugone* nepote meo, pro remedio anime mee et parentum, quos supra nominavi, ut videlicet in die Iudicii advocatum habere possimus sanctum Protomartirem Stephanum ante conspectum divine Maiestatis. Ergo ut scriptio hec firmius permaneat, manu propria firmavi, propinquis et fidelibus firmare rogavi. Signum *Roberti* ducis et uxoris sue. Signum *Bernardi*, *Oldoni*, *Ulrici*, *Teoderici*, *Humberti*, *Vidonis*, *Umberti*.

Pérard, p. 70. — Fyot, p. 388. — Petit, p. 362, n° 21. — Cartul. LXVIII.

Nº 69.

Sans date.

Donation faite à Saint-Etienne par Hugo Foardus de tout ce qu'il possède à Couternon, Carco et à Quetigny.

Ego *Hugo Foardus*, dono *sancto Stephano Divionensi*, et fratribus eiusdem Ecclesie servientibus, pro amore Dei, quicquid habeo apud *Cortarnulfi*, infra villam et in circuitu ville, in nemoribus et plano, in villa *Cortarnulfi*, iustitiam quam habeo et latronem et falsam mensuram et corvatam et venationes nemorum et procursus aquarum et molendinum a manso *Gunzonis*, in antea quocumque loco voluerint ad faciendum; in prato quod vulgo dicitur *Brul* quartam partem, in prato *Calmarum* dimidiam partem, in prato *Putei* dimidiam partem, et iusta quercum duas secaturas prati, et iuxta viam unum pratum, et iusta *Basmontem*, pratum et campum. Hec omnia Deo et *sancto Stephano* et supradictis fratribus, absolute et liberaliter dono et concedo. In memore quoque *Mortbizit* dono eis quartam partem; in nemore vero *Carmeli* de tercia parte dono eis terciam partem. In villa *Carcolli*, dono eis dimidiam partem; in nemore *Scothi* dimidiam partem et in *Astatis* locis quicquid habeo, eis concedo. Apud *Quintiniacum*, quicquid habeo in nemoribus et plano eis dono. In omnibus istis nemoribus supradictis ad *Cortarnulfi* pertinentibus, dono eis venationem et ceparium, si in terra steterit, sine parte alterius, eis concedo.

Pérard, p. 70. — Cartul. LXIX.

N° 70.

Sans date.

Charte de donation, moyennant un prix, par Raitmodis à Saint-Etienne d'un droit, d'un serf et de différents biens. Son fils Grivolt y ajoute un manse et reçoit dix sols en échange.

Hec est carta, quam fieri fecit *Raimotdis*, uxor *Vuidonis Crassi* de *Longo Campo*, de honore quem habebat apud *Quintiniacum*, in nemoribus et plano. Dedit etenim supradicta *Raitmodis beato Stephano* et fratribus eiusdem loci, pro amore Dei et remissione peccatorum suorum, et pro animabus antecessorum suorum, et ut Deus custodiret filium suum, qui *Iherosolimam* ibat, hunc honorem et insuper *Grivolt* et progeniem suam : propter hoc canonici dederunt ei et marito suo IIII libras denariorum. Signum *Hugonis de Marchiaco*. Signum *Widonis de Gilliaco* et *Aldonis* militis. Preterea *Ulricus*, filius eiusdem domine, dedit *sancto Stephano* quod habebat aput *Sulliacum*, in uno manso et quod ad mansum pertinebat. Unde habuit x solidos. Signum *Hugonis* et ex parte canonicorum signum *Oltranni* et *Rodulfi.*

Pérard, p. 71. — Cartul. LXX.

N° 71.

Sans date.

Partage d'enfants nés et à naître de serfs appartenant au seigneur Wido et à l'église de Saint-Etienne.

Notum sit omnibus tam futuris, quam presentibus, quod *Beraudus* servus *Widonis*, de *Elena* videlicet sancti Stephani ancilla de mala custodia, duos filios habuit, *Humbertum* nomine et *Evam* quos sanctus Stephanus retinet dominico iure. Deinde idem *Beraudus* laude canonicorum et *Warnerii* prepositi et domni *Widonis*, cuius servus erat sub legali matrimonio illam duxit, tali conditione ut nascitura soboles a supra dictis domnis partiretur equaliter.

Pérard, p. 71. — Cartul. LXXI.

N° 72.

Sans date.

Dénombrement des serfs donnés à Saint-Etienne par le chevalier Mauricius.

Hec sunt nomina servorum *sancti Stephani*, quos *Mauricius* miles dedit eis ad mensam fratrum : *Letaldus* et infantes illius, *Alburgia, Giburgia, Eva, Engelburtus* et infantes eius, *Humbertus, Floda, Plectruda, Rodulfus* et infantes ipsius, *Constantius, Engelbertus, Warinus.*

Pérard, p. 71. — Cartul. LXXII.

N° 73.

Sans date.

Donation d'un manse à Asnières par Vuido aux chanoines de Saint-Etienne. — Laudatio de sa femme, de son fils et de ses parents.

Bonum est litterarum scientia posteris illud notificare, quod peccatorum suorum remissione fidelium devotio donat sancte Dei Ecclesie, quatenus ad rei noticiam presentium atque successorum, animus facilius revocetur, si aliquando cogitationum exageratione oblivioni datum fuerit. Quapropter ita posteris, quemadmodum et presentibus, notum esse volumus, donum, quod *Vuido Ecclesie sancti prothomartiris Stephani Divionensis* dedit, pro Dei amore animeque eius redemptione, atque loco sepulture, scilicet unum mansum cum vinea, terreque arabilis II iornales in comitatu *Divionensis* et in villa nomine *Asnerias, Eva* ipsius uxore laudante et *Mauricio* filio eius et *Almarico*, cum utriusque partis parentibus.

Pérard, p. 71. — Cartul. LXXIII.

N° 74.

Sans date.

Donation et tradition à Saint-Etienne, à Chaignot, par Hugo, d'une colonie, d'un serf et d'un moulin avec le droit de pêche, par Nocher, son neveu, d'une autre colonie, et par Lecilinia, au nom de son fils, de deux courtils.

In Christi nomine, sancte *prothomartiris Stephani Divionensis Ecclesie* canonicisque vobis ibidem degentibus, nos vestri cum fratres *Hugo*, misericordia Dei sacerdos, et ego *Nocherius* levita, nepos eius, pro veri iudicis amore ac prothomartiris vestraque dilectione, ad vestram communem mensam, donamus vobis imperpetuum in pago *Oscharensi* et in villa *Casneacho* : ego *Hugo* : I coloniam

Alrei, cum quodam servo nomine *Fucredo* unoque cum piscatione, molendino. Ego vero *Nocherius* aliam coloniam *Lanberti* : itaque tradimus vobis in agris, oleis, pratis, silvis, pascuis, aquis aquarumque decursibus, exis, regressiis, nemini servitium dantes. Hec vobis prebemus ut nostri memores sitis, post obitum nostrum piumque orationum officium animabus nostris impendatis. Item in *Casneaco*, ego *Lecilinia* pro *Hugone* filio meo anime mee remedio, dono vobis curtiles duos.

Garnier, p. 151. nº XXI. — Cartul. LXXIV.

Nº 75.

Sans date.

Donation testamentaire par Wido, dit Dives, à l'abbaye de Saint-Etienne, d'un maix à Brochon, libre de tout service. — Laudatio de ses parents et de plusieurs chevaliers de Dijon.

Cum omnia orta occidant, actaque senescant et cum decus iuventutis, videlicet flos etatis, dumque fluxa et fragilis habeatur gloria temporalis, cuncta quoque creatura, in hoc mundo subsistat terminalis, necesse est ut creatura rationis et mortalitatis capax, cui Creatoris dono universa subditur, communis creatura vite tenax, qua male usurpando offendit maiestatem Regis eterni, unde vivit homo mendax, ut semetipsam abnegando, de malefactis penitendo, hereditariis quoque rebus renunciando, pauperibus etiam pro Dei amore et Ecclesiis conferendo, ut secure cum Psalmista dicere possit : Tu es qui restitues hereditatem meam mihi, sibi supremum Iudicem conciliet, ut audire mereatur in ultimo examine, euge serve bone et fidelis, quia super pauca fuisti fidelis, supra multa te constituam, intra in gaudium Domini tui. Quocirca ego *Wido* generoso genere genitus miles, prenomine vocitatus *Dives*, in suprema positus sorte, reddendo debita nature corporali morte, testamentum atestatione astantium testanti de patria hereditate facere disposuis, Deo et *Ecclesie Divionensi* in honore C... fabricate prothomartiris Stephani, quatinus pro me fundat apud Dominum preces miserrimorum peccatore, qui in morte exoravit pro pessimo persecutore: hinc quoque in primis venerabili Clero Deo et Dei amico obsequium spiritale conferenti, dono sine alicuius servitutis dono, et coram filiis et palam notis et propinquis confero nullum debitum, nullam exactionem, nullum exenium alicui viventi reddendo vel futuro postero in villa *Brischoni I* mansum et quicquid ad ipsum pertinet, videlicet agros, vineas, prata, silvas, molendinum et servos et servas et filiis et filiabus ipsum mansum culturantes, et in eo habitantes : scilicet laudantibus meis filiis, *Warnerio* supra dicte Ecclesie Abbate, *Walterio* proconsule et *Hugone* eorum fratre et *Widone* eorum nepote et quampluribus *Divionis* castri oppidanis militibus, supradictum etenim mansum *Olradus* tenuit.

Pérard, p. 71. — Petit, p. 381, nº 37. — Fyot, p. 71, nº 107. — Cartul. LXXV.

Nº 76.

Sans date.

Donation par Rocelinus à l'abbaye de Saint-Etienne d'un alleu à Fixin et de manses à Barges, à Perrigny et à Corcelles.

Sciant omnes tam futuri quam presentes, quia *Rocelinus*, quod *Romestannus* vocabatur, dedit *sancto Stephano*, in prima donatione, quam dedit Martiri alodum de *Fisciniaco*, quem tenebat *Nunius* clericus in vadimonium et mansum quem *Wirelcus*, in vadimonium *de Bargas* tenebat, cum vineis et omnibus manso pertinentibus et cum omnibus, que in *Bargas* habebat; et in *Patriniaco*, quicquid in vineis et in campis et in aliis rebus tenebat, aut aliquis per eum : et ad *Corcellas* unum mansum cum vineis et omnibus manso pertinentibus, et cuncta que ibi habebat, que tenebat *Odelmarus Brunus* in vadimonium et *Boscum Versantem* et servum *Aldonem*, cum infantibus in vestituram. Post hec, alia vice dedit Prothomartiri silve, nomine *Carmelis*, partem suam et suam partem silve *Calsarum*, et de petra communi et de calcenolea et de nois que ex parte *Bosci Versantis* sunt, partem suam cum terra ibidem adiacente et *Adgrisce* mansum *Alchenrici* cum omnibus manso pertinentibus, scilicet terra, campis, silvis, pratis, aquis, exis et regressis : item *Quintiniaco* mansiolum cum omnibus manso pertinentibus, quem *Aymo Rusticus* tenebat in vadimonium.

Pérard, p. 72. — Cartul. LXXVI.

Nº 77.

Sans date.

Robert, duc de Bourgogne, voulant recevoir l'absolution de ses fautes, rend à Saint-Etienne un cellier, sis dans une vigne près de Dijon, dont il avait usurpé la possession.

Auctor pietatis medicamenta adhibens, varia peccatricis anime vulneribus disponensque eius piis consolari remediis doloribus, infidelitatis errori devolute fidei lumen exhibuit fide precepta rursus, in culpa lapse antidotum confessionis attribuit, qua adepta, per mundane largitionem sustantie concupiscere patriam eterne hereditatis premonuit dicens : Facite vobis amicos de mammona iniquitatis, ut cum defeceritis, recipiant vos in eterna tabernacula. Ad huiusmodi etenim vocis exortationem, auditus *Roberti* Burgundiorum ducis, audacis Principis intentus, spes quoque illius in melius erecta, suorum reminiscens pravorum operum expavescens saluti anime immanitatem rapinarum, disposuit in animo suo adire Apostolorum limina, quatinus illorum interventione precum adiutus solvant suarum cathenas culparum. Hec enim premeditans, divino munere preventus, humili devotione, prius positis mundanis negociis, petiit *Ecclesiam beati Stephani prothomartiris Divionensem*, cuius advocato *Clero*, in hec verba prorupit : Quoniam multiplicata est super me iniquitas ignorantie mee et iniurie mee hanc adversus Ecclesiam, timens ne descendat hec iniquitas super verticem meam, edificationem vinee insuperurbio *Divionensis* castri versus Aquilonem site, pro amore Dei vobis reddo hic precioso Prothomartiris iugiter famulantibus, eo inquam pacto ut amodo neque ego, neque aliquis post me in Ducatu succedens, vi aut ex aliqua exactione de communione fratrum temptet distrahere.

Pérard, p. 72. — Petit, p. 383, nº 39. — Fyot, p. 44, nº 77. — Cartul. LXXVII.

Nº 78.

Sans date.

Confirmation de l'exemption du droit de gîte, accordée par le duc Robert au monastère de Saint-Michel, fondé par ses ancêtres. — Clause pénale.

Omnibus sancte Dei Ecclesie fidelibus, secundum catholice fidei institutionem degentibus, notum hoc esse volumus, quoniam prope muros *Divionis* castri, habetur monasterium in honore sancti Michaelis constitutum honorifice, antecessoribus tempore *Rotberti* Regis, sueque uxoris detentum sine Principis hospitalitate ; quapropter poscit *sancti Stephani* clericorum conventus duci *Roberto*, ut in tali eos liceat persistere honore, in quali eos reppe-rit illo veniente. Recepit enim illorum petitio, quod devote poscitur ab eo. Novit namque hoc egisse quod nunc facit sua familia, per peccata : iubet ne amplius hospitalitatis potestatem, illic vi, neque pacem ullus suorum sumat. Si quis amodo faciat, excomunicatione fidelium feriatur perpetua, si autem violaverit, aut aliquid inde violentia detraxerit, solvat x libras auri, loci conventu.

Pérard, p. 73. — Petit, p. 378, nº 34. — Cartul. LXXVIII.

Nº 79.

Sans date.

Donation aux chanoines de Saint-Etienne de trois manses à Marsannay et d'un esclave, par Anna. — Laudatio de ses deux fils.

Notum sit omnibus tam futuris quam presentibus, quod *Anna*, Christi famula, cuius mentionem paulo hic inferius facimus, infra comitatum *Hoscarensem* in villa que vocatur *Marcilleis*, dedit *Ecclesie almi Prothomartiris Stephani Divionensis*, ad communem mensam canonicorum ibi Deo famulantium, pro peccatorum suorum remissione, animeque sue redemptione, III mansos, quos sub eius potestate videbantur possidere, *Constantius* et *Vitbertus* atque *Ricardus*, cum vineis, silvis, terris cultis et incultis, omnibusque rebus nec non et consuetudinibus, ad eosdem mansos pertinentibus, laudantibus filiis suis, scilicet *Fulcone*, supra dicte Ecclesie canonico et alio nomine *Warnerio*. Similiter quoque dederunt eidem Ecclesie, eadem *Anna* filiique sui supranominati, servum unum, nomine *Maygonum*, *Occhlonis* filium.

Pérard, p. 73. — Cartul. LXXIX.

N° 80.

1059.

Concession faite à Saint-Etienne par Harduinus, évêque de Langres, de l'église de Darois, sur la demande de l'archidiacre Girardus et de l'abbé Warnerius, archidiacre du Bassigny.

In nomine Patris et Filii et Spiritus Sancti, ego *Harduinus* sancte *Lingonensis Ecclesie*, gratia Dei episcopus, notum esse volo omnibus Dei fidelibus, *Girardum* archidiaconum *Divionensem* et *Warnerium*, similiter archidiaconum *Bassiniacensem* et abbatem sancti *Stephani Divionensis Ecclesie*, nostre serenitatis adiisse obtutus et epetisse, quatinus concederemus altare in *Darilla* villa, constitutum in honore *sancti Genesii Divionensi, Ecclesie sancti Stephani prothomartiris*. Quorum petitionibus concessi eidem Ecclesie, tali tenore ut tempore synodi debita persolvat. Hactum hoc *Lingonis*, millesimo quinquagesimo nono anno Dominice Incarnationis in die XII regnante *Henrico* rege Francorum, anno XXXIII. Signum *Girardi* archidiaconi. Signum *Warnerii* abbatis. *Heuvrardi* decani. *Herlerii*, archidiaconi. *Roberti. Hugonis. Saiferii. Golzelini. Gibuini. Milonis. Helmarici. Iohannis. Hugonis.*

Pérard, p. 73. — Fyot, p. 42, n° 72. — Cartul. LXXX.

N° 81.

Sans date.

Délaissement par le duc Robert à Arduinus, évêque de Langres, de l'atrium de l'église de Sennecey, et maintien de la justice de Saint-Etienne sur les hommes qui habitent aux alentours.

Tam presentibus quam future posteritati canonicorum *Divionensium* providentia innotescere voluit, quod domnus *Arcardus Cabilonensis* episcopus, *Ecclesiam de Ciliciaco* dedicavit, suasu domni *Arduini Lingonensis* episcopi et *Rocelini* de *sancto Iuliano* eius decani. Quippe domnus *Arduinus* ad has partes non audebat propter infestationem *Roberti* duci accedere, sed hoc firmiter retinendum quod supra dictam Ecclesiam noluit ante benedicere, nisi prius domnus *Stephanus* atrium illius Ecclesie ab omni sua suorumque successorum dominatione et potestate tutum et quietum redderet et homines *sancti Stephani*, qui in ipsa villa habebant domicilium et haberent amodo et deinceps. Ita tamen quod si quis de hominibus *sancti Stephani* infra atrium, sive extra positus, illi sive cuilibet iniuriam faceret, per manum canonicorum iusticiam reciperet. Quod supradictus *Stephanus* denominative, pro requie patris sui *Teoderici* prompto concessit animo, nec non et suorum antecessorum animarum remedio. Facto hoc dono adsistentis plebis suffragio, domnus *Acardus* episcopus, omnes illos posuit sub anathemate, quicumque hoc donum violarent et previdit eis perpetuum ve. Huius rei sunt testes canonici Divionenses : cantor *Guschelinus*, *Olbertus*, *Durannus*, *Goncelinus,* sacerdos eiusdem Ecclesie. Layci quoque *Galo de Tremulo*, *Wido de Acellulis*, *Ingellio Gallicus*, qui ipsam Ecclesiam fecit, *Humbertus*, *Gaudebertus* et alii quamplures qui huic dedicationi interfuere; regnante rege *Henrico* in Francia, *Roberto* fratre eius ente duce in *Burgondia*, *Arduino* supradicto presule *Lingonensibus* presidente.

Pérard, p. 73. — Petit, p. 382, nº 38. — Cartul. LXXXI.

N° 82.

Sans date.

Donation par Henri, fils du duc de Bourgogne, à l'église de Saint-Etienne de droits d'usage dans la forêt de Saint-Julien. — Laudatio d'Hugo et d'Odo.

Henricus Roberti ducis *filius Burgundie* tribuit sancto *Divionensi Stephano*, et suis servitoribus, usuarium in nemus, quod apud *sanctum Iulianum* habetur, ad opus porcorum sive ad focum faciendum, tectaque cooperienda, laudante *Hugone* atque *Odone*.

Pérard, p. 74. — Petit, p. 386, n° 42. — Fyot, p. 45, n° 80. — Cartul. LXXXII.

N° 83.

Sans date.

Don par Gérardus de Grancey en faveur de Saint-Etienne, des droits qu'il prétendait avoir sur Teza d'Ahuy, et ses descendants.

Canonici *Divionenses* his notulis voluerunt conmendare tenaci memorie quod *Girardus de Granciaco*, pro suorum venia delictorum atque parentum, dedit *prothomartiri Stephano* absolute, quicquid servitutis exigebat in *Tesa de Aquodio* et eius sobole. Factum est autem hoc donum *Lingonis* in *Ecclesia beati Manmetis*, ante altare sancti Iohannis ad *Fontes*, in presentia *Arduini*, episcopi super *Fontes* adpodiati nec non *Warnerii* abbatis *Ecclesie Divionensis*, astantibus quatuor canonicis *Divionensibus*, scilicet : *Roberto, Duranno, Oberto, Manardo* grammatico et imo layco *Ricardo* de familia sancti Stephani.

Fyot, p. 74, n° 111. — Pérard, p. 74. — Cartul. LXXXIII.

N° 84.

Sans date,

Même donation en faveur de Saint-Etienne par Wido de Grancey : il renonce à invoquer des droits litigieux.

Provida cura *Divionensium* canonicorum, tam future posteritati quam presentibus, sub istarum testimonio litterarum notificare curavit, domnum scilicet *Widonem de Grancyacho* et eumdem comitem de *Salico*, pro remissione suorum peccatorum, nec non suorum antecessorum, *Ecclesie beati Stephani Divionensis* donasse, quicquid calumpniabatur, scilicet *Tezam* et suam sobolem super homines apud *Aquodium* conmemorantes. Huic profecto laudi atque favori, ex nostra parte *Odo*, dux Burgundie interfuit et *Almardus*. Ex parte vero *Widonis*, *Gosbertus*, *Rufus de Castelione* et *Scimaudus de Tylocastro*, et quod dederat Ecclesie, ut firmum atque ratum in eternum perseveraret hoc rodulo donum fecit super altare, presentibus supra memorato duce, *Almardo*, *Gemelino*, nostra de parte, nec non maxima parte Cleri Ecclesie, quorum hec sunt nomina *Cuschelinus*, *Paganus*, *Valterus*, *Humbertus* et de familia *Oddemarus*, *Tebertus*, *Petrus*, *Oldierius*, *Rodulfus*.

Pérard, p. 74. — Petit, p. 393, n° 56. — Fyot, p. 44, n° 78. — Cartul. LXXXIV.

N° 85.

Sans date.

Raynardus, évêque de Langres, voulant rétablir l'église de Saint-Etienne dévastée par la persécution, lui cède la trésorerie, sur la demande de l'abbé Guarnerius.

In nomine sancte et individue Trinitatis, Patris et Spiritus sancti. Amen. Cum ferre universa, in quibus in hoc mundo luctamur et vana videantur et sint, preter aliqua, si Deo redduntur, servitia, vel que sibi servientibus impenduntur beneficia, studeat quisquis fidelis, dum tempus est, Deo servire, mandatis illius in quantum poterit non desistat obedire. Quod qui fecerit Deoque famulantibus aliquas elemosinas contulerit, certus sit de impetrenda peccatorum suorum remissione et de multiplici non dubitet remuneratione. Ego igitur *Raynardus* Dei misericordia *Lingonensis* episcopus, videns *Ecclesiam beati Stephani Divionensis monasterii*, tyrannorum persequtione vastatam, populorum insaniam, per pastorum incuriam, a pristina divitiarum opulentia deiectam, volens ei in aliquo subvenire, thesauriam, que a multis temporibus in manu abbatis eiusdem loci fuerat, intercedente *Guarnerio* abbate, in conmunes sumptus, canonicis premisse Ecclesie tradimus habendam, pro remedio anime mee et anniversario post dicessum meum, uno quoque anno celebrando. Cuius rei testes sunt : *Guarnerius* abbas, *Amalricus* decanus, *Gozelinus* archidiaconus, *Girardus*, archidiaconus, *Germundus* prepositus, *Bernardus* eiusdem loci prepositus, et thesaurarius. Acta sunt hec *Gregorio* papa existente. *Phylippo* regnante, *Stephano* cancellario dictante.

Pérard, p. 74. — Fyot, p. 42, n° 73. — Cartul. LXXXV.

N° 86

Sans date.

Wido, maire de Dole, ayant usurpé la terre de Crecey appartenant aux chanoines de Saint-Etienne, ceux-ci se font remettre en possession par l'intermédiaire de Wilelmus, comte de Bourgogne.

Ad memoriam future posteritatis, est traditum, quod *Wilelmi* comitis tempore, *Wido*, maior de *Dolio*, *sancti Stephani*, terram apud *Creceiacum* sitam, et homines in ea habitantes, calumpniari et iniuste tractare cepit. Propter quam iniuriam, supradictum comitem, canonici adierunt, ibique et in eius et suorum principum presentia, causam suam diligenter tractaverunt. Qua bene ex utraque parte ventilata atque discussa, fuit cognitum, quod comes *Wilelmus*, vel quilibet alter, excepto *sancto Stephano* dumtaxat, nec ius, nec consuetudinem nec usuale, in ea terra, nec in hominibus in ea habitantibus habebat. Ita quod *Albertus de Folcherens* voluit ostendere ita esse, vel iureiurando, vel pugnando. Et hoc monitu domni *Widonis* et fratris eius *Raynardi* fatiebat, de quorum antecessoribus ista terra *sancto Stephano* remanserat. Tamen de quodam libero homine qui supradicti *Widonis* terram deseruerat, et ad mansum *sancti Stephani* se contulerat, iudicatum fuit quod medietatem census eius debebat habere, et *sanctus Stephanus* reliquam partem cum rustico retineret. Igitur comes et *Wido* de facta iniuria valde penituerunt, et penitendo indulgentiam a canonicis expetierunt et ne ulterius tale quid fieret, Deo et *sancto Stephano* voverunt.

Pérard, p. 76. — Fyot, p. 45, n° 79. Cartul. LXXXVI.

N° 87.

Sans date.

Donations faites aux chanoines de Saint-Etienne, de manses et de terres en divers lieux par Walterius Emmalricus et Ponzo de Bargas.

Apud villam *Carlam*, dedit *Walterius* miles, unum mansum, cum terra arabili et pratis et silvis, et servis, in eadem *Barrochia*. Apud *Iz* villam, dedit *Emmalricus* miles, ex parte *Rarerius* III iornales terre arabiles, pro anima filii sui *Walterii*, quem occiderunt milites de *Monte Salvio*, et apud *Corcellas*, in silva dedit idem I mansum, cum terra arabili et pratis, et silvis, et unam ancillam nomine *Aledem*. *Ponzo de Bargas* dedit *sancto Stephano* Prothomartiri I mansum de graverio apud *Bargas* et *Osannam* . filiam *Marie* de *Platea*. Signum *Duranni* cantoris, *Magnerii* C. ex parte ipsius *Wirrici*, *Lucie* uxoris proconsulis. Signum *Erlebaudi* parvi et uxoris eius.

Pérard, p. 77. — Cartul. LXXXVII.

N° 88.

Sans date.

Etienne de Dijon donne à Saint-Etienne un champ et un manse à Sennecey.

Stephanus Divionensis dedit *beato Stephano*, pro remedio anime sue et parentum suorum, campum ante suam portam. *Siliciaco* dedit suum maximum pratum et campum desuper et mansum *de Perario* et terram sibi pertinentem.

Pérard, p. 77. — Cartul. LXXXVIII.

N° 89.

Sans date.

Donation par Aldierius de diverses pièces de terre à Crecey et Musis Villarium.

Apud *Quintiniacum*, dedit *Aldierius* III iornales terre arabilis, II iornales et dimidium, in uno prata, alium dimidium super *Criccium*. Et hoc fecit pro anima patris et matris et hoc ad laudem *Hugonis de Marceio* et suarum sororum. Teste *Garnerio* preposito et *Odone de Manerio* et *Bernone* presbitero et *Otranno* et *Girardo*. Et pro *Berengario* fratre suo dedit I iornalem apud *Musim Villarium*.

Cartul. LXXXIX.

N° 90.

Sans date.

Mention de donations faites par divers aux chanoines de Saint-Etienne, sur les finages de Saulon, Barges, Domois et Fixin.

Monte Fonteanello iornalem I, in fine *Salon*, in summitate montis, iornalem I, in fine *Bargis*, iornales II. Apud *Dumes* habet *sanctus Stephanus* mansum I de primis donis. Apud *Dumeam* villam, dedit *Iocelmus sancto Stephano* I mansum cum vineis et campis et pratis et servis utriusque sexus, in fine supra *Vuauram*, terre ipsius mansi adiacente I iornalem. *In Crays* dimidium, in vinea *Belesem*, dimidium iornalem, in platea dimidium iornalem. Ad *Quartem* I iornalem, ad *Solium*, iornalem, *in Tasnerias* II iornales, in via *sancti Antonii* I iornalem, ad *Vulpeam* I iornalem, unum iornalem in *Charel*. In fine ultra caminum III iornales, iusta terra *Acardi*, ad campum *Iscuiulium* I iornalem. Ad semitam *Parriniaco* I iornalem, in *Cassaneis* II et dimiduim, ad *Spinam* I iornalem, in *Cunba* II iornales, in *Alusia* II iornales. In eadem villa dedit *Wido sancto Stephano* I iornalem vinee et I iornalem terre arabilis. In eadem villa, dedit in *Crais Arrius sancto Stephano* dimidium iornalem Item in eadem villa, dedit *sancto Stephano Constantius* dimidium iornalem et duas operas vinee et IX iornalia terre arabilis. In eadem villa, dederunt et vendiderunt *Berno* et *Eldierius* et mater eorum *Rayneldis* et filia eius *Eldesendis sancto Stephano*, duas operas vinee, in clauso *Iocelini*, accipientes a quodam canonico, nomine *Benigno* VI solidos denariorum. Testes *Humbertus*, *Anxius* et *Iohannes*. Item in eadem villa dedit *Hugo sancto Stephano* dimidium iornale in clauso *Iocelini*. Apud *Bargas* ad *Folcimagnam*, habet *sanctus Stephanus* unum mansum cum vinea. Apud *Bargas*, *Morondus*, *Eldierius*, et

Hugo, tres fratres, et *Robertus* filius *Eldierii*, dederunt *sancto Stephano* unum mansum cum vinea. In eadem villa, dedit *Odo in Preis*, *sancto Stephano*, unum iornalem terre arabilis et I iornalem in *Preis*. In eadem villa, et termino *Salaon*, dedit sacerdos *Teubaldus sancto Stephano*, I iornalem terre arabilis et unum iornalem in *Preis*. In eadem villa dedit *Oa sancto Stephano* II operas vinee. In eadem villa ad *Noerium* dedit clericus *Iarlannus sancto Stephano* unum iornalem terre arabilis. In eadem villa dedit *Retruda* I mansum *sancto Stephano*. In *Folcimagna*, dedit *Bono sancto Stephano* medietatem unius mansi et in predicta villa totam hereditatem partis sue. In eadem villa, in vico *Bonaldi* dedit *Willerius* II operas vinee. In eadem villa, in *Verneo*, dedit, prothomartiri *Andreas* I operam vinee. In termino *Saloon*, in *Fontenello* monte, dedit *Walterius* II iornales terre arabilis, in *Montiolo* I iornalem, in eadem villa, ad plantam *Alcherii* dedit *Wido* I operam vinee : in extremitate vici *Bonaldi*, dedit *Berco* dimidiam operam vinee. Apud *Saloon* dedit *Humbertus* miles *prothomartiri Stephano* I mansum cum vineis, et campis, et silvis, et omnibus consuetudinibus alio nemini aliquod servitium debent. Apud *Bargas* in fine *Folcimagne* terre ipsius mansi dimidium iornalem iacet. In termino *Idumeo* apud *Praelem*, tercia pars II iornaliorum habetur. Ad vineam *Vuarini*, tercia pars I iornalis. Ad *Carmel* I iornalem, in eodem termino, iuxta *Censons* terre, tercia pars, que est sita infra terram *sancti Baudelii* et *sancti Manmetis*, predicto manso pertinet, et a terra *sancti Petri*, usque ad caminum, tercia pars. In termino *Coche*, ad *Graveriam*, I iornalem; in termino *Cavenniacho*, ad pratum mansi I et dimidium iornalem, in termino *Fisciniaco*, ad villare, I iornalem, *Cassanolie* silve tercia pars, que est sita infra terram *sancti Benigni* et *sancti Manmetis* et usque ad caminum; de *Noa* silva tercia pars. Dimidia silva de campo *Giliranni*, predicto manso pertinet. In *Prohencheria* medietas terre, que sita infra terram *sancte Marie* et *sancti Marcelli*, ad *Cannellum* I iornalem habetur. In *Valam* dimidium in omnibus terminis et locis supranominatis, in silvis et campis, absque manso et absque I dimidium iornalem, de eadem hereditate, quam partiebantur cum *Humberto*, dederunt *Vuarnerius* et *Eldesendis* uxor eius et *Landricus* filius eorum prothomartiri, tantum similiter quantum *Humbertus*, accipientes a canonicis loci ipsius XXV solidos nummorum. Testes *Benignus* canonicus, *Robertus* canonicus, et *Hugo* canonicus, *Latone* abbas, *Ricardus* laycus, *Giraudus*. In eadem villa dedit *Arbertus* in *Vala*, prothomartiri dimidium iornalem. Apud *Saloon*, sub terrorem dedit *Lebrannus* medietatem partis sue hereditatis, in manso, in campis, et vineis et pratis et consuetudinibus.

Pérard, p. 77. — Cartul. XC.

N° 91.

Sans date.

Donation à Saint-Etienne de la monnaie de Dijon, par Robert, duc de Bourgogne, et sa femme.

Kalendas Iulias, feria VI donavit *Robertus* dux et uxor sua *Hylia*, *sancto Stephano*, monetam de *Divion* et donavit in vestitura denarios XV et dimidium pro baculo.

Pérard, p. 78. — Petit, p. 377, n° 33. — Cartul. XCI.

N° 92.

Sans date.

Mention de donations de vignes à Saint-Etienne par divers à Quetigny et à Gevrey. — Enumération des biens de Saint-Etienne à Basmont, Orgeux et Chaignot ; de ses églises à Couchey, Marsannay, Perrigny, Varois ; de terres à Arcelot, Pruntiaco, Corbeton, Renève et divers autres lieux ; des terres du secrétaire à Cromois et mention d'une donation à Barges.

Ad vineas *Retrudis*, dedit *Aymo* quidam *Reusticus* de *Quintiniaco sancto Stephano*, I petiolam de vinee iuxta viam, ex parte *Parriniaco*. Apud *Giure* dedit *Anna* uxor *Humberti* militis, pro *Humberto* et filiis suis *Eustatio* et *Theoderico*, *sancto Stephano*, in campo *Arvei* V iornales vinee : in termino *Briscon* in *Charuc* dedit dimidiam operam vinee, in *Vineto* II operas; in vinea *Sumbardesca* II operas vinee; in *Praelis* II operas bipartitas; in *Causalo Adrual*, I operam. In *Giure* dedit in vinea *Barmart* femina *Letuisia*, prothomartiri I iornalem; in eadem villa, in *Crays*, dedit *Aaldus* canonicus I operam et in villa I curtille. Igitur in eadem villa, paulo superius nominata, emit *Vualterius* et *Benigna* eius coniux, duas operas vinee, in loco qui vocatur *Vinetus*, de *Ricardo* et *Gondrada* uxore sua. Mortuo autem *Vualterio* et paulo post *Andrea*, eius filio dederunt *Benigna* supra memorati coniux et *Galo* illorum filius, easdem vinee operas Ecclesie almi prothomartiris *Stephani Divionensis*, pro redemptione anime viri sui et pro loco sepulture predicti *Andree*. In termino *Briscon*, dedit *Teburgia* in *Vineto* prothomartiri dimidium iornalem vinee. In eodem termino dedit *Eldierius* dedit in *Charuc* prothomartiri II operas vinee. Item in *Charuc* dedit *Erminrea*, pro filia sua, cuius hereditas erat, dimidium medietatis unius iornalis apud *Briscon* : in *Causalis* dedit canonicus *Ornadus* pro uxore sua, cuius hereditas erat, almo

Stephano, unam operam. Terra *sancti Stephani* ultra *Bassum* montem ad pratum aceris IIII iornales. Terra *Humberti Descherrus* hinc et terra *Milonis de Bellomonte* inde : Item in *Mancino* III iornales, in prato de *Craas* II secture, in *Noa de Salvaniaco* IIII secturas; in *Chimino* IIII iornalia, apud *Urgeolum* mansus *Nerduini* calicis; apud *Chasniacum* III mansi de terra *Hugonis Capeti*, cum IIII iornalibus et cum I prato ad ipsos mansos pertinentibus. In prato *Duini* quarta pars. Hoc pertinet ad abbatiam *sancti Stephani*, ecclesia de *Cootchiaco* et due capelle una de *Mercenniaco* et altera de *Patriniaco* et Ecclesia de *Varua* et terra de *Acellis* et quicquid ad eam pertinet, et ad *Pruntiaco* mansum I ad *Curtebetoni* mansum I et terra de *Renanis de Chilgis* mansum unum, et homines de *Vetrangas* et capella de *Cortharno*. Hec est terra *sancti Stephani* sita in confinio de *Missiniaco*, ad campum de *Spina* III iornales, in *Elual* V iornales, ad *Stultium Vuilensti* IIII iornales. In campo de *Groseleto* VII iornales, ad *Vinetum* II iornales : in campo *Grimaudi* I iornalem, ad campum *Bithud* I iornalem, de terra *Iezuni* II olchias ad *Pirum* IIII iornales, ad campum de *Noerio* VI iornales, in campum *Mulchis* III iornales, de terra *Constantini Portarii* II iornales, in campo *Aseraulo* VIII iornales, in *Aquosis* III iornales et in eodem loco I iornalem separatum; in campo de *Puseolis* VIII iornales, de terra quam *Oldemarus* dedit pro matre sua, I iornalem, de terra *Aranni* II iornales, ad *Exclusam* X iornales, in *Planchia Bernardi* III iornales, apud *Cavaniacum* III iornales. Hec est terra ad secretarium pertinens : apud *Cromaium* in *Craio* de *Pomerio* V iornales, in *Calmo* de *Furistellis* dimidium iornalem, in *Crais* de *Craori* I, in *Crais* de *Corilo* II, in *Golgonna* II, in *Triseris* II, in fine de *Ulmo* III, in fine de *Quintiniaco* II, in fine de *Acerno* I. Ad fontem *Ulmi* I, in *Craio de Runtia* I. Ex alia parte ville, in *Albina* de *Iali* III in

Mortua Aqua II, in *Pirrerio* II, in *Vallis* III, in *Rua Bernonis* I, in *Canaderio* et in *Magno Campo*, et in *Vinerio* fit I. Hec est terra *sancti Stephani* in *Ast*, in confinio *sancti Apollinaris*, adiacens : mansus unus de terra *Constantii Celebran* apud *Sanctum Apollinarem*, iuxta furnum, qui est in terra *sancti Stephani*; inter terram *sancti Leodegarii*, et *sancti Petri*.... dimidium iornalem, in campo *Iotram* II, que dedit *Romestanus* et *Vuido* filius eius, in campo *Aignurii* I, ad campum de *Corilo* I, quod dedit *Ermenrea;* in eodem I quod dedit *Theodericus*, ad fontem *Cogneth* I de *Maria;* in eodem I de *Theoderico Franco ;* in eodem I de *Roberto* de *sancto Martino;* in campo de *Gulata* I et pratum ad *Capud;* in campo *Alimari* I propter *Mariam Grossam;* in *Albinis* de *Tasneris* II que dedit *Albricus ;* ad fontem *Britonis* I de *Ermenrea*, adiacens terre *Theoderici;* in *Crais* super *Tastieri* III propter uxorem *Amarici*. Ecce XVI iornales et dimidium. Hec est donatio hereditatis, quam dedit *Humbertus* filius *Aaldi*, *sancto Stephano*, adiacentem in locis infra scriptis, scilicet iuxta montem *Bargis*, tres partes unius iornalis : in clauso de *Salidos* dimidium iornale, in fine *Saloon* II iornales de hereditate *Sicherii*, in *Longo Campo* I iornale, ad boscum *Enralo* I iornale, de quo medietatem dedit *Berardus sancto Stephano*. Si quis hoc contradixerit, anathema sit. In villa que dicitur *Cortanico* mansum unum, in campo *Gensuerii* I iornale, in campo *Morense* IIII iornales; in ipsa fine, iornaliorum XX. In fine *Ugunerii* iornales IV de pratis duas secturas; in *Longifame* iornale I, in *Vezoza* II iornales ; in fine *Poliaco* iornales XII in fine *Moncello* iornales VIII. Hec est terra in villa *Siliciaco* in fine ipsius, in prato *Dodoni*, *Enricus* donavit *sancto Stephano* iornales II de terra arabili, de uxore sua iornales II, in fine *Varennis*, *Alricus* pro uxore sua iornales III, in fine *Ponpetra*, *Remigius* pro infantibus suis, iornalem I et dimidium, in fine ipsius ville, *Lilla* I iornalem *Teuricus* iornalem I, *Eldear* iornalem I, de *Ricardo* iornales III, item in *Braia* fine, unum iornalem de *Constantino*, *Siliciaco* et *Merulis* iornales III. In *Merulis* villa, de *Valdrico* et suo filio, iornales III, de *Culardo* iornalem I, de *Stephano* iornalem I, de *Oldear* defuncto iornalem I, de mancipiis *sancti Stephani*, de *Berto* iornalem I, de *Aledo* iornalem I. *Suffisia Varinus* et eius uxor *Sufisia Durannus* et sua uxor *Eldiburgis*, *Consuelis* et *Maineldis*, *Symeon* testis illorum et pueri ipsorum. Hec est donatio per quam supradicti homines tradiderunt *Vuarnerio* preposito, terram quam habebant in villam *Sampaniaco* in loco qui dicitur *Cumbis*, scilicet quantum duobus sufficit operariis. Donatio quam fecit *Rodulfus* canonicus, de suo beneficio, *sancto Stephano*, in villa *Patriniaco* mansum I et de altero manso, petiola una et de tercio manso petiola una, in *Vignolis* de vinea una opera, in *Desertum* S opera, ad *Casnum* opera una, ad clausum *Roberti*.

Pérard, p. 79. — Cartul. XCII.

N° 93.

Sans date.

Donation d'un manse à Baissey par le chevalier Jofredus à Saint-Etienne.

Iofredus miles, dedit prothomartiri *Stephano Divionensi* apud villam que vocatur *Baysses*, mansum unum et servum, nomine *Walonem*, cum filiis et filiabus suis, ita generatos, quemadmodum illos quos erat geniturus, nichilominus omnia ad prescriptum mansum pertinentia, videlicet prata, silvas, terras cultas et incultas, aquas et decursus aquarum et per lignum fecit donationem.

Pérard, p. 80. — Cartul. XCIII.

N° 94.

Sans date.

Autre donation d'une terre à Sully, par Rotruda. — Laudatio de ses parents.

Ego *Rotruda* dedi *sancto Stephano*, pro remedio anime mee, I iornalem terre arabili, apud villam *Sulliacum*, in fine *Chasnerie*, laudante marito meo, cum filiis et fratribus parentibusque meis. Ex uno capite via publica est, ex alio capite ac ex utroque latere terra *sancti Stephani* habetur.

Cartul. XCIV.

N° 95.

Sans date.

Affranchissement de la serve Ameline, par la dame Aveline, qui retient l'enfant de ladite serve, né d'un commerce incestueux.

Manifestum fieri volumus, quod *Ebrardus Tormalauda*, servus *sancti Stephani*, *Avelinam* villicam de *Disto*, in uxorem accepit. Predictus *Ebrardus*, unum filium ex alia uxore habuit, et *Avelina* unam filiam ex alio coniuge. Isti duo tanto illicito amore se dilexerunt, quod filius *Ebrardi*, *Galo* videlicet, promisit se ducere in uxorem *Amelinam* filiam *Aveline*, si eius voluntatem vellet adimplere : cuius verbis illa convenienter respondit, hoc nunquam se facturam, nisi com iuramento confirmaret quod dixerat, teste audiente. Ille vero, hoc audito, iuramentum fecit, teste *Engerranno* cognato eiusdem, ut maritali copula iungerentur. Filiam habuerunt, quod parentes mulieris grave ferentes, illum interficere voluerunt, qui etiam iusiurandum disseruit. Antequam vero, quod ille comperiens se ducturum eam in uxorem legaliter promisit, si libera posset fieri. Hoc parentes mulieris audientes et frater eius *Arembertus*, laboraverunt ut fieret libera a servitute domne *Anneline*, que ex Deo et beato Stephano illam in pace concessit, filiis suis laudantibus, *Galone*, *Wirrico*, *Hugone*, *Aimone*; filiam vero que de incestu orta est sibi retinuit. Hoc ut superius premissum est factum fuit in claustro *sancti Stephani*, coram canonicis eiusdem Ecclesie. Signum *Benigni*, *Cuschilmi*, *Arnulfi*, *Odonis*, *Humberti*, *Valterii*, *Buriot*. Item *Valterii*, *Duranni*, *Odemari*, *Arberti*, *Faverici*.

Pérard, p. 80. — Cartul. XCV.

N° 96.

Sans date.

Donation d'une serve à Saint-Etienne par Girardus. — Laudatio de ses fils et de sa femme.

Notum sit omnibus, tam futuris quam presentibus, quod ego *Girardus*, dono *beato Stephano*, *Divionensis* cenobii, ad mensam fratrum quandam ancillam nomine *Engeltrudam*, pro remedio anime mee et parentum meorum, laudantibus filiis meis cum matre eorum *Anna* scilicet, *Vuidone* clerico, *Humberto* milite, *Teoderico* milite, *Teobaudo* milite.

Pérard, p. 80. — Cartul. XCVI.

N° 97.

Sans date.

Abandon, par Richard et sa femme, à Saint-Etienne de tout ce qu'ils prétendaient sur Lambertus et sa progéniture.

Notum sit omnibus quod *Ricardus* miles, cum uxore sua nomine *Sibilla*, quicquid in *Lanberto* et in omni progenie *Gonterii* patris sui, iuste sive iniuste calumniabatur, *sancto Stephano* concessit, et pro rodulum donum fecit ex parte sua, astante et laudante *Milone* suo patre et *Odone de Escherio* et *Ricardo* famulo suo, astantibus vero canonicis *Widone*, archidiacono, *Pagano*, decano, *Duranno* cantore, *Humberto* et de familia *Petro*, *Rodulfo*, *Humberto*.

Pérard, p. 81. — Cartul XCVII.

Nº 98.

1098.

Synode tenu à Langres par l'évêque Robert, dans lequel celui-ci accorde à Saint-Etienne les églises d'Ahuy, Quetigny et Sennecey, et ce qu'il a de droit sur celles de Saint-Etienne et de Saint-Michel.

Anno millesimo nonagesimo VIII dominice Incarnationis, Indictione VI, domno et serenissimo *Philipo* in *Galliis* imperante, facta est sinodus in *sancta Lingonensi Ecclesia*, presidente in ea reverentissimo episcopo *Roberto*, cum religiosis, abbatibus et clericis nec non canonicis eiusdem. Cum supra dicta sancta sinodo cunsilium cepit, qualiter res *sancti Stephani* prothomartiris *Divionensis* Ecclesie nimium anichilatas, in melius restaurari posset. Impertivit canonicis ipsius *Divionensis Ecclesie* qui in ea Domino famulari solebant, quasdam res et ut ibi perpetuo, sine alicuius diminutione vel subtractione permanere possent, scripto sue auctoritatis confirmavit. Que res sunt site in pago *Divionensi* et *Oscarensi*, iuxta *castrum Divionense*, in villa que dicitur *Aqueductus*, capellam cum paratis et eulogiis. In villa quoque *Quintiniaco* et *Siliciaco* dedit supradictis canonicis capellas et paratas et quecunque ad ipsum pertinebant; insuper et quicquid habebat in *Ecclesia sancti Michaelis* que sita est iuxta muros ipsius castri et in *Ecclesia sancti Stephani* prothomartiris que est intra muros, necessitatibus eorum largitus est. Signum *Guilenci*, archidiaconi *Gocelmi*, archidiaconi, *Emmalrici* archidiaconi, *Varnerii* archidiaconi et abbatis eiusdem loci. Signum *Vidonis* archipresbiteri.

Pérard, p. 81. — Fyot, p. 42, n° 74. — Cartul. XCVIII.

TABLE GÉNÉRALE

DES

NOMS DE PERSONNES, NOMS DE LIEUX

ACTES ET FAITS JURIDIQUES

PROFESSIONS, MESURES, MONNAIES, CHAPELLES, ÉGLISES, ETC.

Contenus dans le Cartulaire de l'Abbaye de Saint-Etienne,

DES VIIIe, IXe, X^{e} et XIe SIÈCLES.

Les numéros renvoient aux numéros d'ordre en tête des chartes

---

B

C

D

F

G

I

N

O

P

S

T

U

V

Y

TABLE DES CONCORDANCES

Les chiffres ordinaires indiquent les numéros des chartes telles qu'elles sont placées dans le présent ouvrage. Les chiffres romains donnent l'ordre dans lequel ces mêmes chartes se trouvent dans le cartulaire.

1. Mai 793	I
2. Jeudi 822..	II
3. Mars 849	III
4. 19 août 869.........	IV
5. Mardi, novembre 882	IX
6. Sans date..........	X
7. Lundi 10 juillet 883.	VIII
8. 18 mai 885..........	VII
9. 15 janvier 887.......	XV
10. 18 mai 887..........	XVI
11. Dimanche février 888	XVII
12. Lundi, juin 889.....	XVIII
13. Jeudi 23 octobre 890	XIX
14. Dimanche 26 février 896...............	XXIII
15. Vendredi 29 octobre 898..............	XX
16. 6 juin 899	XXI
17. Mardi, septembre 903	V
18. Dimanche, mai 904.	VI
19. Septembre 906......	XI
20. Mardi, juillet 909 ...	XII
21. Sans date..........	XIII
22. 897	XIV
23. 913..	XXII
24. Sans date..........	XXIV
25. *Ibid*	XXV
26. *Ibid.*	XXVI
27. Mercredi, mai 913 ..	XXVII
28. Sans date ....,	XXVIII
29. Mai, mardi 913	XXIX
30. Sans date	XXX
31. *Ibid.*	XXXI
32. *Ibid.*	XXXII
33. Lundi, octobre 923..	XXXIII
34. 12 avril 928.........	XXXIV
35. Novembre-juin 933..	XXXV
36. 8 avril 934..........	XXXXI
37. Samedi, mai 936....	XXXVII
38. 11 décembre 943....	XXXVIII
39. Sans date..........	XXXIX
40. Dimanche, mai 944.	XL
41. 17 juin 945..........	XLI
42. Dimanche, juin 952.	XLIII
43. 952	XLII
44. Sans date..........,	XLIV
45. 972	XLV
46. 973	XLIX
47. 974, 23 août..	XLVIII
48. Sans date..........	XLVI
49. Samedi, 3 août 977.	XLVII
50. 4 mars 990	L
51. 14 février 998.......	LII
52. 10 juin 1003	LI
53.	...
54. 23 février 1005......	LIV
55. Novembre 1006	LV
56. Sans date	LVI

57.	Sans date...........	LVII
58.	*Ibid*................	LVIII
59.	*Ibiu*................	LIX
60.	*Ibid*................	LX
61.	*Ibid*................	LXI
62.	*Ibid*................	LXII
63.	*Ibid*................	LXIII
64.	Jeudi, 24 juin 1038..	LXV
65.	1046................	LXIV
66.	Sans date	LXVI
67.	*Ibid*................	LXVII
68.	*Ibid*................	LXVIII
69.	*Ibid*................	LXIX
70.	*Ibid*................	LXX
71.	*Ibid*................	LXXI
72.	*Ibid*................	LXXII
73.	*Ibid*................	LXXIII
74.	*Ibid*................	LXXIV
75.	*Ibid*................	LXXV
76.	*Ibid*................	LXXVI
77.	*Ibid*................	LXXVII
78	Sans date...........	LXXVIII
79.	*Ibid*................	LXXIX
80.	*Ibid*................	LXXX
81.	*Ibid*................	LXXXI
82.	*Ibid*................	LXXXII
83.	*Ibid*................	LXXXIII
84.	*Ibid*................	LXXXIV
85.	*Ibid*................	LXXXV
86.	*Ibid*................	LXXXVI
87.	*Ibid*................	LXXXVII
88.	*Ibid*................	LXXXVIII
89.	*Ibid*................	LXXXIX
90.	*Ibid*................	XC
91.	*Ibid*................	XCI
92.	*Ibid*................	XCII
93	*Ibid*................	XCIII
94.	*Ibid*................	XCIV
95.	*Ibid*................	XCV
96.	*Ibid*................	XCVI
97.	*Ibid*................	XCVII
98.	1098..............	XCVIII

DIJON, IMP. JOBARD

www.ingramcontent.com/pod-product-compliance
Ingram Content Group UK Ltd.
Pitfield, Milton Keynes, MK11 3LW, UK
UKHW020107200726
13856UKWH00002B/429